Daniel Schütz
TRADING FÜR EINSTEIGER – simplified

## TITEL DER SIMPLIFIED-BUCHREIHE

Daniel Schütz

# TRADING FÜR EINSTEIGER

## Erfolgreich zum ersten Trade

simplified

Bibliografische Information der Deutschen Nationalbibliothek: Die Deutsche Nationalbibliothek verzeichnet diese Publikation in der Deutschen Nationalbibliografie; detaillierte bibliografische Daten sind im Internet über **http://d-nb.de** abrufbar.

Lektorat: Ulrike Kroneck
Satz: Georg Stadler, München
Druck: GGP Media GmbH, Pößneck
Printed in Germany

5. Auflage 2018
© 2013 FinanzBuch Verlag, ein Imprint der Münchner Verlagsgruppe GmbH
Nymphenburger Straße 86
80636 München
Tel. 089 651285-0
Fax 089 652096

Für Fragen und Anregungen:
**info@finanzbuchverlag.de**

ISBN Print 978-3-89879-643-9
ISBN E-Book (PDF) 978-3-86248-504-8
ISBN E-Book (EPUB, Mobi) 978-3-86248-505-5

**www.finanzbuchverlag.de**
Beachten Sie auch unsere weiteren Verlage unter
www.m-vg.de

# Inhalt

# simplified

# Vorwort

Vorsicht! Dieses Buch ist ein Reiseführer. Da Sie dieses Buch lesen, wollen Sie sich tatsächlich auf eine Reise begeben. Bei den meisten Reisen wissen Sie, wohin es Sie zieht, was Sie dort erwartet und warum Sie genau dorthin reisen möchten. Sie kennen vermutlich die Route, haben sich über die Transportmittel informiert und die notwendigen Formalien geregelt. Auch die Kosten können Sie abschätzen und überblicken. Für alle Fälle schließen Sie eine Reiserücktrittsversicherung ab und lassen sich gegebenenfalls gegen allerlei Krankheiten impfen. Zu guter Letzt wird das Bündel geschnürt – und los geht's.

Die Reise in Ihr persönliches Handelsland sieht anders aus. Sie wissen nicht mit Sicherheit, wohin es Sie verschlagen wird. Sie haben keine Ahnung, was genau Sie auf dieser Reise erwartet. Die Route ist Ihnen unbekannt, die Transportmittel funktionieren alle nur bedingt. Einzig die Formalien sind schnell geregelt. Sie eröffnen ein Konto und schon kann Ihr Broker damit beginnen, Ihr Reiseguthaben in Gebühren umzuwandeln. Die Kosten sind vielfältig und schwer im Griff zu behalten. Versicherungen sind zu teuer und impfen können Sie sich leider auch nicht. Auch wie Sie Ihr Bündel schnüren ist von erheblicher Bedeutung.

Verleitet zu dieser Reise werden die meisten durch die vielen Erzählungen, Sagen und Halbwahrheiten, die seit Jahrhunderten alle Glücksritter beflügeln. Es sind die Geschichten von Menschen, die es geschafft haben, dem tristen Alltag ein Schnippchen zu schlagen. Von Menschen, die mit wenig Aufwand sehr reich wurden.

Es sind die Geschichten von Menschen, die den Marktkräften genauso die Stirn bieten, wie einst die Helden eines kleinen gallischen Dorfes den Römern widerstanden. Damals ging das Geheimnis dieses Erfolgs nur von Druidenmund zu Druidenohr. Heute bieten viele Markt-Druiden ihren Service für vergleichsweise geringe Gebühren an. Hauen müssen Sie sich leider immer noch selbst. Und so effektiv wie damals scheint die Rezeptur auch nicht mehr.

Überhaupt wird Ihr Reiseziel als sehr anstrengend, unsicher und kämpferisch beschrieben. Aber es ist wie bei allen Reiseberichten: Nicht alles, was die Autoren kolportieren, stimmt auch. Oftmals wird vom Hörensagen übernommen. Manches wird erdichtet, damit die Geschichte erstaunlicher wirkt. Vielleicht handelt es sich auch nicht immer um einen persönlichen Erfahrungsbericht.

Was ist denn, wenn die Reise gar nicht so beschwerlich wird? Wenn im Markt weder ein Kampf stattfindet, noch der Wissensvorsprung der selbsternannten Experten eine wesentliche Rolle spielt? Dann könnte es ja tatsächlich eine sehr interessante Reise werden?

Dieser Reiseführer legt Ihnen nahe, sich zunächst über die wesentlichen Dinge zu informieren. Dann fordert er Sie dazu auf, ohne Reue Ihre Reise zu beginnen. Er zeigt, welche groben Schnitzer Sie vermeiden können, und lässt Ihnen trotzdem Raum, die unvermeidbaren Fehler zu begehen. Aber er animiert auch, daraus zu lernen. Er nimmt Sie an die Hand und trägt Ihnen auf, sich über den Weg zu freuen und an den Stellen länger zu verweilen, die Ihnen am besten zusagen.

Er verspricht nicht das Blaue vom Himmel und kommt auch ansonsten nicht sehr marktschreierisch daher. Dafür klingt vieles in dem Buch aus meiner Sicht sehr vernünftig. Und darauf kommt es doch letztlich an.

Dr. Rolf Wetzer

President of IFTA (International Federation of Technical Analysts)

# Über dieses Buch

Die Liste der Bücher, die sich mit dem Thema der Technischen Analyse befassen, ist mittlerweile sehr umfassend geworden. Es muss nicht mehr auf die Literatur aus dem angelsächsischen oder angloamerikanischen Bereich zurückgegriffen werden. Denn auch im deutschen Sprachraum gibt es viel qualitativ gute Literatur. Daher ist die Frage berechtigt, ob es eines weiteren Buches zu diesem Thema bedarf. Für mich als Autor ist die Antwort auf diese Frage eindeutig und klar. Sie lautet schlicht JA!

Aber lassen Sie mich kurz erläutern, warum dies so ist. Dieses Buch ist anders. Denn dieses Buch habe ich nicht am Schreibtisch entwickelt, sondern jedes einzelne Kapitel stammt aus der Praxis. Der Schwerpunkt der Darstellung liegt nicht auf der Theorie, sondern in der praktischen Umsetzung der Technischen Analyse, im täglichen Trading. Denn das Buch ist nicht von einem Trader allein entwickelt worden, sondern es vereint auf seinen Seiten die Ideen, Fragen und Anregungen von vielen Praktikern. Es werden keine hoch theoretischen Fragestellungen behandelt, sondern ich konzentriere mich auf die Basics. Denn nach meinem Dafürhalten unterscheidet sich der erfolgreiche Trader von den nicht ganz so erfolgreichen dadurch, dass der Erfolgreiche die Grundlagen, die Basics besser beherrscht als die übrigen.

Ich sprach eben davon, dass Ideen, Fragen und Anregungen vieler Praktiker in diesem Buch stecken. Dies rührt daher, dass ich die Anregungen, Fragen und Vorschläge meiner PATA-Stunde bei der VTAD (Vereinigung Technischer Analysten Deutschlands e. V.) mit in dieses Buch habe einfließen lassen. PATA – dieses Akronym steht für **P**rinciples of **A**pplied **T**echnical **A**nalysis oder die **P**rinzipien (Basics) der **A**ngewandten **T**echnischen **A**nalyse.

Lassen Sie mich aber zuerst kurz erzählen, wie es zu diesem Buch kam. Die Wurzeln meines Handels mit Finanzprodukten liegen in der Praxis. Ich habe zuerst mit dem Trading begonnen und mich erst danach für die

Technische Analyse interessiert, da ich diese – je mehr ich damit in Berührung kam – für eine sehr faszinierende Materie hielt und auch heute noch halte.

Eines Tages kam ich mit Karin Roller ins Gespräch und erzählte ihr von der Idee, eine Art Fragestunde für private Trader zu gründen, in der Fragen gestellt und Probleme diskutiert werden können. Es sollte eine Stunde sein, in der ohne Furcht vor Blöße einfach alles angesprochen werden kann, was den privaten Trader beschäftigt. Denn wie ich aus eigener Erfahrung weiß, kann Trading phasenweise ganz schön einsam sein.

So entstand die Idee einer Lehrstunde. Um etwas strukturierter vorzugehen, entschloss ich mich, einen Fahrplan aufzustellen. Angefangen von der Brokerwahl bis hin zum ersten Trade. Ich gab das Thema vor, und die Teilnehmer der Lehrstunde durften ihre Fragen und Probleme zur Diskussion stellen.

Die Lehrstunde fand und findet immer noch bei Karin Roller beim monatlichen Treffen der VTAD in Stuttgart statt. Jeden Monat diskutierten wir Themen rund um das Trading mit der Technischen Analyse als Hilfsmittel. Dabei erhoben sich Fragen, die ich auf den ersten Blick nicht als problematisch erkannt hätte, und vermeintlich Problematisches erwies sich als anscheinend weit verbreitetes Wissen. Diese Art von Fragen und Problemen habe ich in den einzelnen Kapiteln des Buches zusammengefasst und aufgearbeitet.

An dieser Stelle meinen herzlichen Dank an all die Teilnehmer der Stunde: Ohne sie und ihre Beiträge wäre dieses Buch nicht möglich gewesen.

Das Buch richtet sich an all diejenigen, die am Beckenrand stehen und »nur« beim Trading zusehen. Schwimmen Sie mit! Verdienen Sie mit der Technischen Analyse Geld, und sehen Sie diese nicht nur als theoretischen Zeitvertreib!

Hierfür brauchen Sie keine hochkomplizierten Handelssysteme oder Charts mit vielen bunten Linien und Strichen. Beginnen Sie mit den Basics! Wie man im englischen Sprachgebrauch sagt: Trading is simple but it is not easy! Trading ist einfach, aber es ist nicht leicht! Lassen Sie sich hiervon nicht entmutigen, sondern nutzen Sie dies als Ansporn! *Beginnen Sie mit den Basics.* Lernen Sie, diese richtig zu verstehen und zu begreifen. Denn wenn Sie die Basics richtig beherrschen, haben sie das richtige Fundament für Ihr Trading gelegt.

## Gebrauchsanweisung

Eigentlich halte ich nichts von Zitaten. Denn sie werden zu oft von den Menschen einfach nachgekaut, ohne dass diese selbst reflektieren, was denn dieses Zitat eigentlich aussagen möchte. Gute Zitate komprimieren in wenigen Worten einen großen Kern an Weisheit. Und gerade hier liegt das Schwierige. Ich muss eine eigene Leistung erbringen, diesen Kern für mich zu entdecken und zu nutzen.

*»Wer nichts weiß, muss alles glauben«*

*– Marie von Ebner-Eschenbach –*

Verstehen Sie das Buch bitte nicht als vorgefertigtes Werk, nach dessen Lektüre Sie sich einfach an Ihren Trading-Computer setzen und loslegen werden, die perfekte Strategie an der Hand. Denn nach meiner Auffassung gibt es die perfekte Strategie nicht. Märkte ändern sich, und so kann es vorkommen, dass auch Strategien von Zeit zu Zeit überdacht werden müssen. Auch sollte Ihnen klar sein, dass es keine Strategie gibt, die eine einhundertprozentige Trefferquote aufweist.

Das Buch hat einen »roten Faden«: den Fibonacci Double Flip Trade. Ich habe ihn aus zwei Gründen ausgesucht. Er ist einfach zu erlernen und funktioniert sowohl auf kleineren wie auch größeren Zeitebenen. Das ist keine super anspruchsvolle Handelsstrategie, aber sie ist einfach und war in meinem eigenen Trading bisher erfolgreich. Dieser Trade zieht sich durch fast alle Kapitel des Buches. An ihm wird die Theorie in der Praxis gezeigt.

Die einzelnen Kapitel bauen aufeinander auf und sind bewusst in dieser Reihenfolge angeordnet. So ist es zum Beispiel kein Zufall, dass der Trade-Ausstieg vor dem Trade-Einstieg behandelt wird.

Ziel des Buches ist es, dem Trading-Einsteiger aufzuzeigen, wie man sich der Thematik »Trading« nähert, welche Elemente wichtig sind und warum. Das Buch zeigt, wie ich eine Trading-Idee in die Praxis umsetze.

Ich ermuntere Sie, mir kein Wort zu glauben! Sondern überprüfen Sie das, was ich sage, genau. Bevor Sie Geld im Markt investieren, sollten Sie genau wissen, was und warum Sie es tun. Führen Sie nicht einfach das aus, was Ihnen jemand vorgekaut hat. Ob ich dies nun bin oder ein anderer. Es gab vor mir Trading-Advisors, und es wird sie nach mir geben. Aber wenn ich Sie dafür sensibilisieren kann, alles zu überprüfen und erst dann anzuwenden, wenn Sie verstanden haben, warum es und wie es funktioniert, werte ich dies als Erfolg.

Gleich vorweg, es gibt nicht *die* Methode, das Trading zu erlernen. Was ich Ihnen hier vorstelle, ist lediglich eine davon. Es gibt noch viele weitere, die zielführend sind. Jedoch war es genau die Methode, die ich Ihnen im Folgenden darstelle, die mein eigenes Trading wesentlich verbessert hat.

## Was werden Sie in diesem Buch lernen?

Wir werden uns mit den Grundzügen der Dow-Theorie befassen. Wir werden unser Arbeitsmittel und unsere Geschäftspartner unter die Lupe nehmen. Mit Hilfe von Fibonacci-Ratios werden wir den Fibonacci Double Flip Trade identifizieren, mittels eines Indikators und des KTPS einen Trade-Einstieg finden. Wir definieren unser Risiko und unsere Gewinnziele. Diese werden wir in einen Trading-Plan schreiben und uns mit dem Backtesting beschäftigen. Danach sind Sie bereit für den ersten eigenen Trade.

## Für wen ist dieses Buch geeignet?

Dieses Buch ist nur geeignet für Leser, die sich ihre eigenen Gedanken machen wollen und bereit sind zu hinterfragen, warum eine Trading-Entscheidung getroffen wird.

Dieses Buch ist nur geeignet für Leser, die ihre Trading-Entscheidung nicht von anderen abhängig machen möchten.

Dieses Buch ist nur geeignet für Leser, die sich nicht von einem Pipausrufer abhängig machen möchten, der ihnen sagt, wann sie einen Trade zu platzieren haben und wo sie den Gewinn mitnehmen müssen.

Dieses Buch ist nur geeignet für Leser, die unabhängig und selbstständig ihre Trading-Entscheidung treffen möchten.

Dieses Buch ist nur geeignet für Leser, die gerne die Verantwortung für ihre Trading-Entscheidung übernehmen möchten.

Ich freue mich über Ihr Feedback an danny@technicaltrader.de

# Einleitung

Bevor wir beginnen, sollten wir – ganz kurz – auf einige Grundbegriffe eingehen. Ich gehe davon aus, dass Sie sich schon zumindest ein wenig mit der Thematik des »Trading« beschäftigt haben, wenn Sie zu diesem Buchtitel gegriffen haben. Dennoch sollen auch diejenigen einen Zugang zu diesem Buch erhalten, denen der Begriff neu ist.

## Was ist Trading?

Der Duden[1] umschreibt das Wort Trading mit »Handel« für den Bereich der Wirtschaft und für den Bereich des »Börsenwesens« mit »Ausnutzen kurzfristiger Kursschwankungen durch häufige Käufe und Verkäufe von Wertpapieren«.

Um Letzteres soll es in diesem Buch gehen. Es befasst sich mit dem Handel von Finanzprodukten auf einer kurzfristigen Basis. Finanzprodukte sind hierbei mehr als nur Wertpapiere. Denn getradet werden nicht nur Wertpapiere wie zum Beispiel Aktien, sondern auch Futures, Währungen im Rolling-Spot oder als CFDs usw. Diese stellen keine Wertpapiere im eigentlichen, engeren Sinne dar, da mit ihnen kein verbrieftes Recht verbunden ist.

Auch findet das Trading nicht nur an der Börse, sondern – und das immer mehr – im außerbörslichen Handel, dem sogenannten Interbankenhandel statt.

Vom Trading zu unterscheiden ist auf der einen Seite das »Investing« auf der langfristigen Ebene und das sogenannte »Scalping« auf der kurzfristigen Ebene.

---

[1] Online Wortsuche www.duden.de

Beim Investing hat der Marktteilnehmer einen langen Anlagehorizont, meist von mehreren Wochen, Monaten oder gar Jahren.

Beim Scalping dagegen werden kleine oder kleinste Kursschwankungen ausgenutzt. Die scalpenden Marktteilnehmer bleiben häufig nur wenige Sekunden bis wenige Minuten im Markt.

Die Zeitspanne des Engagements beim Trading, mit dem wir uns in diesem Buch beschäftigen, liegt im Minuten-, Stunden- oder Tagesbereich[2], je nach Strategie oder persönlicher Vorliebe.

Sie sehen, die Umschreibung kurzfristig ist relativ.

## Was benötige ich zum Traden?

Das Wichtigste, was Sie zum Trading benötigen, ist ein Handelskonto bei einem Finanzdienstleister. Dies kann Ihre Bank, Sparkasse oder ein spezieller Forex-, CFD- oder Future-Broker sein, um nur einige Beispiele zu nennen.

Als Zweites benötigen Sie eine Marktmeinung. Das heißt, Sie müssen eine Entscheidung treffen, ob die Kurse fallen oder steigen werden.

Im Prinzip wären das schon alle Voraussetzungen, die Sie für das Trading benötigen. Denn – rein theoretisch – könnten Sie sich jetzt in die Schalterhalle Ihrer Bank oder Sparkasse setzen und dem Mitarbeiter zurufen, dass er für Sie ein Finanzinstrument – zum Beispiel eine Aktie – kaufen soll. Einige Minuten oder Stunden später rufen Sie dem Bankmitarbeiter zu, dass er die Aktie für Sie nun wieder verkaufen soll. In diesem Falle haben Sie getradet.

Dass dies heute im Großteil der Fälle nicht mehr so abläuft, versteht sich von selbst. Im Zeitalter von Computer und Internet wird nicht mehr in der Schalterhalle der Bank getradet, sondern vom heimischen Schreibtisch via elektronischem Zugang auf die Server des Brokers. Aber auch dies stellt kein Hindernis dar, um am Trading teilzunehmen. Denn viele

---

[2] Dann Swing-Trading

Banken stellen kostenlose Software zur Verfügung, über die von den meisten Computern, Tablets oder gar Smartphones Kauf- und Verkaufsaufträge an die Bank weitergeleitet werden können. Somit ist die Teilnahme mit einem handelsüblichen Computer möglich, der den durchschnittlichen Anforderungen der Zeit entspricht.

Grob gesagt, wären das bereits sämtliche Voraussetzungen.

## Arten, die Trading-Entscheidung zu treffen

Im Grunde lassen sich zwei Arten der Entscheidungsfindung unterteilen. Auf der einen Seite steht die Fundamentale Analyse, auf der anderen Seite die sogenannte Technische Analyse.

Die Fundamentale Analyse stellt auf Kennzahlen ab, die analysiert und ausgewertet werden. So zum Beispiel bei der Analyse eines Aktienunternehmens auf den Geschäftsbericht, die Gewinnerwartung, das KGV oder ähnliche Kennzahlen. Einer der bekanntesten Vertreter dieser Analysemethode ist Warren Buffett.

Auf der anderen Seite steht die Technische Analyse. Diese kann man sich im Grunde wie einen Wetterbericht für die Finanzmärkte vorstellen. Daten des Chart werden ausgewertet, und man versucht, aus den Erkenntnissen der Vergangenheit eine Prognose für die Zukunft abzuleiten. Es ist die Analyse des Preises durch Erkennen von Marktbewegungen und Kursmustern. Hierbei stehen diverse Hilfsmittel wie Indikatoren oder Messmethoden zur Verfügung.

Die gewählte Methode, die diesem Buch zugrunde liegt, ist die Technische Analyse.

## Warum Technische Analyse?

Auf Vorträgen oder Messen wird oft die Frage an mich herangetragen, warum ich denn die Technische Analyse für meine Trading-Entscheidung heranziehen würde. Ich erinnere mich an ein Gespräch, das ich beim letzten Frankfurter Börsentag mit einem Besucher geführt habe.

Dieser meinte, dass die Technische Analyse »totaler Mist« sei. Er sei fundamental orientiert und habe nun vor einem Monat eine Analyse eines Technischen Analysten gelesen. Seitdem beobachte er das Finanzprodukt und der Technische Analyst liege ja total daneben.

Es stimmt. Die Technische Analyse liegt nicht immer richtig. So wie der Wetterbericht auch nicht jeden Tag zutrifft. Aber wie viele Fundamentale Analysten haben in und nach der Finanzmarktkrise schon den Untergang des Euro beschworen? Und es gibt den Euro heute noch immer! Ist deshalb die Fundamentale Analyse zu verteufeln? Nein. Jede Analysemethode hat ihre Vor- und Nachteile. Jede Analysemethode hat ihre Anhänger. Und das ist auch gut so. Der Unterschied liegt nur darin, dass bei einem Technischen Analysten jede Abweichung von der Analyse äußerst penibel beobachtet und negativ bewertet wird. Liegen die Fundamentalen Analysten falsch, sind meistens unvorhersehbare Ereignisse schuld an der Abweichung.

Sicher ist: Keine der beiden Methoden ist hundertprozentig genau. Wenn es um mein Trading geht, muss ich jedoch für mich entscheiden, welche Methode für mich richtig ist. Ich muss eine Methode wählen, die mir zusagt, die ich beherrschen kann. Wie wir oben gesehen haben, bewegt sich das Trading im kurzfristigen Zeitrahmen. Wenn ich eine Position im Dax-Future am Morgen eröffne und der Dax im Tagesverlauf 100 Punkte gegen mich läuft, um am Ende des Tages dann doch ein bestimmtes, von mir anvisiertes Ziel zu erreichen, könnte es sein, dass ich dadurch viel Geld verliere, obwohl ich am Ende des Tages doch richtigliege mit meiner Einschätzung. Denn ein Punkt im Dax-Future bedeutet 25 Euro Gewinn oder Verlust je Kontrakt. Daher ist es für mich wichtig Anhaltspunkte dafür zu finden, ob ich mit meiner Entscheidung richtigliege oder doch besser die Notbremse ziehe und aus einem Trade aussteige.

Trading – ob mit Fundamentaler oder Technischer Analyse – ist nichts anderes als das Ausspielen von Wahrscheinlichkeiten. Denn niemand kann mit Sicherheit vorhersagen, wohin sich ein Markt bewegen wird. Kein Fundamentalanalyst, kein Technischer Analyst.

Stellen Sie sich folgendes kleines Spiel vor: Sie kennen sicher den Münzwurf. Man entscheidet sich für »Kopf« oder »Zahl« und wirft dann die Münze in die Höhe. Die Seite der Münze, die nach dem Fall oben liegt, hat gewonnen. Nehmen wir nun an, wir beide würden dieses Spiel spielen. Sie hätten die Münze so präpariert, dass diese einmal mehr zu Ihren Gunsten fallen würde als zu meinen. Hätten Sie nicht Lust, den ganzen Abend mit mir dieses Spiel zu spielen?

Und genau den gleichen Effekt versucht man, mit der Technischen Analyse zu erreichen. Mit der Technischen Analyse versucht man, Anhaltspunkte im Chart zu finden, die dafür sprechen, dass die Wahrscheinlichkeit für eine Kursentwicklung in eine Richtung höher ist als die Wahrscheinlichkeit der Kursbewegung in die entgegengesetzte Richtung. Eine hundertprozentige Sicherheit gibt es jedoch nicht. Ein altes Sprichwort der Börsenhändler besagt: Die Märkte sind nie falsch, Meinungen sind es schon.

Als Trader an meinem Schreibtisch zu Hause habe ich nicht die gleichen Möglichkeiten, Unternehmen oder Märkte zu untersuchen, zu durchleuchten und meine Entscheidung zu treffen, wie dies große Unternehmen wie zum Beispiel die Berkshire Hathaway von Warren Buffett tun. Ich bin fast immer auf die Meinung anderer in Form von Analysen oder Berichten angewiesen.

Und spätestens seit der New Yorker Generalstaatsanwalt Eric Schneiderman den Finanzdatenlieferanten Thomson Reuters davon überzeugt hat, bestimmte Wirtschaftsdaten nicht mehr vorab an bestimmte Kunden zu verkaufen, dürfte bekannt sein, dass an der Börse einige doch gleicher sind als andere[3]. Und habe ich als kleiner privater Trader wirklich die gleichen Voraussetzungen, um auf fundamentaler Basis meine Trading-Entscheidung zu treffen? Hintergrund der obigen Geschichte ist, dass Thomson Reuters den wichtigen Verbraucherindex der Uni Michigan zahlenden Kunden zwei Sekunden vor den anderen Marktteilnehmern zur Verfügung gestellt hat.

---

[3] vgl. *Handelsblatt*, 10. Juli 2013, S. 26, »Schlag gegen die Blitzhändler«

Nach Professor Krämer[4] benötigt die Einpreisung des Diskontzinssatzes der amerikanischen Notenbank nur 0,5 Sekunden, um ihre Entwicklung im Kursverlauf zu zeigen. Alles danach sei nicht mehr auf einer rationalen Entscheidungsgrundlage getroffen. Und genau da setzt die Technische Analyse an. Die kollektive Psychologie ist die Kraft, die die Märkte antreibt. Ich werde im Kapitel 1 unter dem Punkt »Die Psychologie, die hinter der Struktur steckt« näher auf diese Problematik eingehen.

Die Technische Analyse eröffnet mir eine Möglichkeit, selbst eine Entscheidung aufgrund meiner eigenen Analyse zu treffen, ohne dass ich auf die Analyse eines anderen angewiesen bin. Ich bin damit in der Lage, die volle Verantwortung für mein Handeln zu übernehmen. Schalte ich einen anderen Analysten in diesen Prozess ein, ist es einfach, die Verantwortung abzugeben und auf diesen zu schieben. Denn dieser hatte die Analyse ja falsch erstellt.

Dies sind keine guten Voraussetzungen für ein erfolgreiches Trading.

Oft ist der Trader, ob fundamental oder technisch orientiert, beim Trading selbst sein größter Gegner. Häufig überwiegen die Emotionen, die das Auf und das Ab der Märkte hervorrufen, die rationalen Entscheidungen. Die Folge hiervon sind schlechte oder gar falsche Trading-Entscheidungen. Die Technische Analyse hilft uns, einen objektiven Blick zu bewahren.

## Der Chart

Einen Chart hat jeder von uns sicher schon einmal gesehen, sei es in der Schule, der Zeitung, in Verkaufsprospekten oder im Fernsehen. Charts werden dazu benutzt, um Zahlen in einer für das Auge ansprechenderen Form zu präsentieren. Unser Auge kann Bilder wesentlich schneller erkennen als die reine Zahleninformation. Das aus dem Asiatischen stammende Sprichwort »Ein Bild sagt mehr als tausend Worte« bewahrheitet sich auch hier.

---

[4] Walter Krämer, Professor für Wirtschafts- und Sozialstatistik an der Technischen Universität Dortmund in *Wirtschaftsmagazin Ruhr*, 04/2008, S. 12

Sehen Sie hierzu folgendes Beispiel:

| Zeit | Open | High | Low | Close |
|------|------|------|-----|-------|
| 19:10 | 1,28255 | 1,28255 | 1,28233 | 1,2823 |
| 19:15 | 1,2823 | 1,28288 | 1,2823 | 1,28308 |
| 19:20 | 1,28285 | 1,2829 | 1,28274 | 1,2829 |
| 19:25 | 1,2829 | 1,28329 | 1,2829 | 1,28319 |
| 19:30 | 1,28319 | 1,28319 | 1,28275 | 1,28301 |
| 19:35 | 1,28301 | 1,28348 | 1,28301 | 1,28336 |
| 19:40 | 1,28338 | 1,28356 | 1,28323 | 1,28325 |
| 19:45 | 1,28324 | 1,28373 | 1,28317 | 1,28338 |
| 19:50 | 1,28338 | 1,28377 | 1,28335 | 1,28373 |
| 19:55 | 1,28373 | 1,28375 | 1,28315 | 1,28334 |

*Einleitung: Abb 01: Preisinformationen eines 5-Minuten-Charts*

Die Tabelle in Abbildung 01 zeigt die Werte für den EUR/USD im 5-Minuten-Chart für den 17.05.2013. Dies bedeutet, dass wir uns immer Informationen aus einem Zeitabschnitt von 5 Minuten anschauen.

Aus der Tabelle können wir die Uhrzeit, den Eröffnungskurs (Open), den Höchstkurs (High), den Tiefstkurs (Low) und den Schlusskurs dieser Zeitspanne (Close), also für jede 5-Minuten-kerze ablesen.

In einem Chart abgebildet, werden all diese Informationen für das Auge besser aufnehmbar aufbereitet (vgl. Abb. 02).

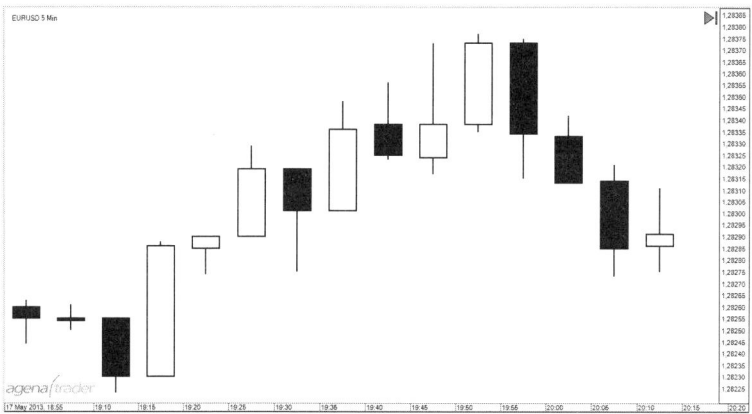

*Einleitung: Candlestick-Chart EUR/USD-5-Minuten*

Die von mir hier gewählte Darstellungsform ist der Candlestick-Chart in der 5-Minuten-Variante. Dies bedeutet, dass alle fünf Minuten eine neue Kerze gebildet wird. Es entsteht eine kleine horizontale Linie. Im Laufe der fünf Minuten kann sich der Preis dann nach oben oder nach unten bewegen. Dies hinterlässt eine senkrechte Linie an dieser »Kerze«, sodass der Preisverlauf einer jeden Kerze erkennbar ist. Ich erkenne den höchsten und den niedrigsten Preis innerhalb der ausgewählten Zeitspanne. Ist der Schlusskurs dieser Kerze nun höher als der Eröffnungskurs, dann erhalte ich eine – in diesem Falle – weiße Kerze (vgl. Einleitung, Abb. 02a). Ist der Schlusskurs tiefer als der Eröffnungskurs, erhalte ich einen schwarzen Kerzenkörper (vgl. Einleitung, Abb. 02b). Hat der Kurs sich nicht oder nur wenig bewegt, erhalte ich nur eine kleine waagerechte Linie. Hat der Kurs sich nach oben und nach unten bewegt und schließt dann aber genau oder ungefähr auf dem Niveau, auf dem die Kerze eröffnet hat, dann erhalte ich eine waagerechte Linie, mit einer senkrechten Linie nach oben und/oder nach unten (vgl. Einleitung – Abb. 02c). Das nennt man in der Technischen Analyse dann einen Doji.

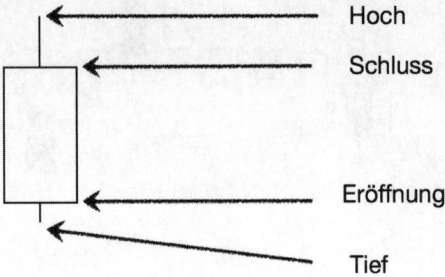

*Einleitung: Abb. 02a: Schemabild einer Kerze mit steigenden Kursen*

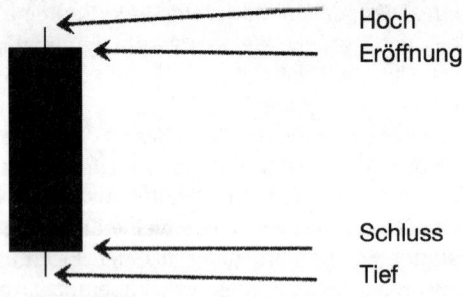

*Einleitung: Abb. 02b: Schemabild einer Kerze mit fallenden Kursen*

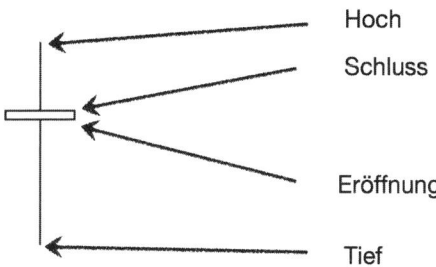

Hoch

Schluss

Eröffnung

Tief

*Einleitung: Abb. 02c: Schemabild eines Doji*

Den Chartabschnitt aus Abbildung 2 kann ich selbstverständlich auch in einem Linien-Chart abbilden. Dies sieht dann so aus:

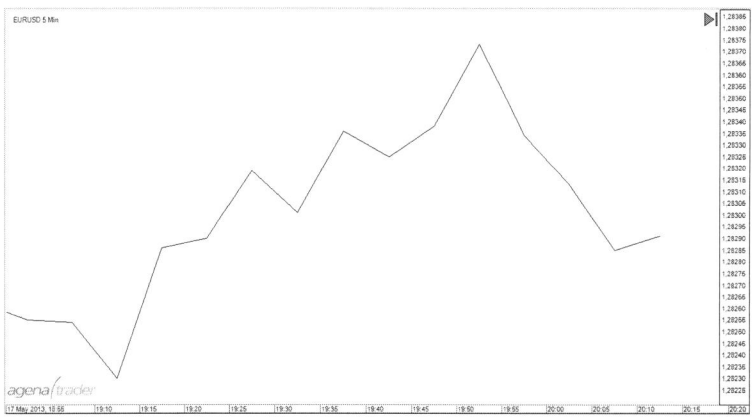

*Einleitung: Abb. 03: Linienchart EUR/USD-5-Minuten*

Wie Sie erkennen können, gehen uns einige Informationen verloren. So können wir keinen Eröffnungskurs und keine Hoch- und Tiefstände sehen. Denn dieser Chart hat nur einen Punkt zur Abbildung jeder

Zeiteinheit, und so fehlen in diesem Chart die anderen Informationen. Üblich ist, dass in Liniencharts nur Schlusskurse abgebildet werden.

Es gibt noch unzählige weitere Arten, einen Chart abzubilden. Es gibt Bar-Charts, Renko-, Point and Figure-, Tick-, Range-, Kagi-, Heikin Ashi-Charts und noch viele mehr. Ich habe mich in diesem Buch für die Abbildung anhand der oben gezeigten Candlesticks entschieden. Zum einen sind sie sehr verbreitet. Ich kann sie mit fast jedem gängigen Charting-Programm abbilden. Zum anderen liefert dieser Chart alle notwendigen Informationen, die ich für das Trade-Setup, also die Trading-Methode, die ich Ihnen vorstellen möchte, brauche.

## Welchen Zeitrahmen soll ich für mein Trading wählen?

Die Chartprogramme bieten uns eine Vielzahl vordefinierter Zeitrahmen, aus denen wir wählen können. Viele Programme sind so konzipiert, dass sie uns zusätzlich die Möglichkeit bieten, eigene Zeitrahmen festzulegen. Da fällt es dem Anfänger oft schwer, den richtigen Chart für sein Trading zu finden. Eine feste Regel, welche die richtige Zeitebene ist, gibt es aus meiner Sicht nicht. Sie müssen sich entscheiden, welche Zeitebene zu Ihnen passt. Damit meine ich nicht nur, dass diese zu Ihren Trading-Zeiten passen muss. Denn wenn Sie berufstätig sind und auch während der Arbeit traden wollen, könnte unter Umständen das Handeln auf dem 5-Minuten-Chart etwas ungünstig sein. Bei einem Stunden-Chart müssten Sie lediglich einmal zur vollen Stunde auf den Chart schauen, bei einem 4-Stunden-Chart lediglich alle 4 Stunden und beim Tageschart einmal täglich. Sie sehen, hier wird schon eine gewisse Richtung vorgegeben. Dies ist aber nur ein kleiner Teil. Denn Sie müssen auch eine Zeitebene finden, die zu Ihnen persönlich passt. Nicht jeder Trader kommt gut mit dem schnellen Wechsel im 1-Minuten- oder 5-Minuten-Chart zurecht. Für solche Trader empfiehlt es sich, auf eine höhere Zeitebene zu wechseln. Versuchen Sie den 1-Stunden- oder 4-Stunden-Chart.

Es klingt jetzt eventuell banal, aber schon der Wechsel einer Zeitebene kann den Trading-Erfolg erheblich verbessern. Ich kenne Trader, deren Trading durch einen Wechsel von der 5-Minuten-Ebene auf den 4-Stunden-Chart enorm gesteigert wurde. Diese Trader konnten mit der Situation des schnellen Wechsels der Kerzen nicht umgehen. Sie brauchten Ruhe und Zeit, um ihre Analyse zu gestalten. Die Zeitebene von vier Stunden, vom Bilden einer Kerze bis zur nächsten, verschaffte ihnen den benötigten Freiraum.

Finden Sie für sich heraus, welcher Typ Sie sind. Liegt Ihnen der schnelle Wechsel oder schätzen Sie das »Entspannte« der größeren Zeitebenen mehr?

Was Sie jedoch bei der Wahl oder dem Wechsel der Zeitebene unbedingt beachten müssen, ist Ihr Money- und Risiko-Management. Die Grundlagen hierzu werden wir später in einem eigenen Kapitel erarbeiten.

## Long und short

Long und short sind zwei Begriffe, die zum Finanzhandel gehören wie Bulle und Bär. Long bedeutet, dass ich meine Position auf steigende Kurse gesetzt habe, short bedeutet, dass ich auf fallende Kurse gesetzt habe.

Andere Begriffe sind »bullish« und »bearish«. Wenn ich bullish bin, bedeutet es, dass ich der Meinung bin, dass die Kurse steigen werden. Bin ich dagegen bearish, gehe ich von fallenden Kursen aus.

Wer die Begriffe Bulle und Bär, also bullish und bearish nicht auseinanderhalten kann, der sollte sich kurz über deren Bedeutung Gedanken machen. Der Bulle nimmt die Kurse auf seine Hörner und treibt diese nach oben. Der Bär kommt dann mit seiner Tatze von oben und treibt die Kurse wieder nach unten. Angeblich kommt dieser Vergleich mit dem Tierreich daher, dass ein Bulle bei einem Angriff eher bereit ist, in einen Kampf überzugehen. Ein Bär würde dagegen häufiger die Flucht einschlagen.

## Das Lot

Ein Lot bezeichnet eine standardisierte Einheit von Positionsgrößen im Währungshandel. Viele Broker bieten zum Handel nur diese Standardgrößen beziehungsweise ein Vielfaches davon an.

Es wird dort unterschieden zwischen einem (ganzen) Lot, einem Mini-Lot und bei einigen jetzt auch einem Micro-Lot.

Ein Lot oder auch »Standard-Lot« bezeichnet eine Einheit von 100.000, ein Mini-Lot von 10.000 und ein Micro-Lot von 1.000.

## Mein Markt

Die hier dargestellten Grundlagen sind auf viele Märkte anwendbar. Wichtigste Voraussetzung, die ich für mein persönliches Trading benötige, ist ein liquider Markt. Das heißt, es besteht ein Markt, an dem auch wirklicher Umsatz generiert wird. Ich brauche viele verschiedene Käufer und Verkäufer in diesem Markt. Eher ungünstig für meine Art, eine Handelsentscheidung zu treffen, ist daher eine Aktie eines kleinen, unbekannten Unternehmens, die nach dem Hörensagen oder dem Tipp eines guten Freundes in nächster Zeit steigen wird. Dahinter mögen sehr erfolgreiche Strategien liegen, die viel Profit abwerfen, sie haben jedoch einen Haken. Sie sind nicht reproduzierbar. Aber gerade das ist das Entscheidende für eine erfolgreiche Trading-Strategie: Sie muss wiederholbar sein.

Daher suche ich mir »große« Märkte aus. Ich gebe an dieser Stelle bewusst keinen Tipp, welche Märkte man sich aussuchen soll. Denn jeder Trader hat seine speziellen Vorlieben. Der eine liebt liquide Aktien und tradet diese direkt oder über CFDs[5] der einen Future nachbildet. Der nächste handelt lieber den Future[6] direkt, egal ob auf den Dax, das Öl oder Gold. Bei Futures ist es nicht nur eine Frage der Vorliebe, sondern auch der eigenen Kontogröße.

---

[5] CFD = Contract for Difference = ein Differenzgeschäft
[6] Future = Terminkontrakt

Für dieses Buch habe ich die Forex-Märkte gewählt. Forex steht für Foreign exchange, auf Deutsch die Devisenmärkte. Gehandelt wird dort zum Beispiel das Devisenpaar Euro/US-Dollar. Meine Wahl hat zwei Gründe.

Zum einen handle ich die Forex-Märkte mit Vorliebe. Sie haben ein großes Volumen. Im ersten Quartal 2013 soll das Handelsvolumen im Devisenhandel bei knapp 387 Milliarden Dollar gelegen haben, also etwas mehr als 4 Milliarden pro Tag (Wochenenden inkludiert). Gerade in 2013 erleben die Devisenmärkte durch die unterschiedlichen konjunkturellen Entwicklungen der Volkswirtschaften einen Aufschwung. Aber auch ohne diesen ist dort immer etwas los. Ein Argument, dem ich an dieser Stelle immer begegne, greife ich gleich auf: Wenn dort ein so großes Handelsvolumen sei, seien nur die großen Banken und Hedgefonds unterwegs und man hätte als kleiner Trader in diesem Haifischbecken keine Chance. An dieser Stelle zitiere ich dann immer gerne meinen Freund Manfred, der diese Märkte auf seinem eigenen Konto selbst erfolgreich tradet. Er meint, es sei durchaus ein Haifischbecken. Aber auch bei Haien gebe es Putzerfische, und diese lebten zum Teil nicht schlecht. Dieses Beispiel veranschaulicht die Situation sehr treffend. Denn im Vergleich zu den großen Banken und Hedgefonds ist der private Trader vor dem heimischen Schreibtisch, wenn man die Kontogröße vergleicht, ein kleiner »Fisch«. Aber ich glaube nicht, dass sich im Forex-Markt mehr Haie tummeln als zum Beispiel in dem von der breiten Masse geliebten DAX.

Der zweite Grund, in meiner Darstellung die Forex-Märkte als Beispiel zu wählen, liegt darin, dass ich als Trading-Einsteiger mit einem relativ »kleinen« Konto an diesen Märkten starten kann. So ist es mir möglich, bei einigen Brokern schon mit einem Micro-Lot zu handeln. Dort ist der Pip-Wert, also der Betrag um den sich mein Konto[7] pro Preisbewegung des Marktes ändert (in das Plus oder Minus), lediglich 8 Cent[8].

Betrachten wir hierzu im Vergleich den Dax-Future. Dort hat ein Punkt[9] einen Wert von 25 Euro.

---

[7] bei einer Kontowährung in Euro
[8] als Beispiel bei einem EUR/USD Stand von 1,2996
[9] der Dax-Future wird in Punkten und nicht in Pip berechnet

Halten wir fest: Würde sich im oben genannten Beispiel der EUR/USD um 10 Pip bewegen, hätten wir eine Kontobewegung von gerundeten 80 Cent. Würde sich der Dax-Future um 10 Punkte bewegen, würde dies eine Kontobewegung von 250 Euro bedeuten. Diese Beispiele sind ohne Broker-Kosten gerechnet.

## Der Pip

Wie vieles aus dem Bereich des Trading kommt auch dieser Begriff aus dem Englischen. Er steht für »percentage in point« oder »price interest point«, und er drückt eine Einheit aus, die die kleinste Veränderung eines Währungspaares darstellt.

Für den Wechselkurs des Euro gegen den US-Dollar bedeutet dies, dass wir uns die vierte Nachkommastelle anschauen müssen. Greifen wir das obige Beispiel auf und betrachten den dort exemplarisch gewählten Kurs von 1,2996. Eine Veränderung von 10 Pip in diesem Währungspaar würde bedeuten, dass der Kurs entweder 1,3006 oder 1,2986 betragen würde. Wir bewegen uns also in einem Bereich, den wir normalerweise – beim täglichen Umgang mit dem Euro – nicht bemerken. Aber Sie kennen eine ähnliche Situation eventuell vom Spritpreis an der Tankstelle. Dort kostet der Sprit auch – sagen wir mal – 1,609 Euro. Das ist vielleicht nicht ganz zu vergleichen, aber ich hoffe, Sie können erkennen, dass beim Euro nach den Ziffern hinter dem Komma, die Sie bisher kannten, noch lange nicht Schluss ist.

Im oben genannten Kursbeispiel beim Trading in einem Micro-Lot würde diese Änderung 77 Cent für das Trading-Konto bedeuten[10]. Die erste, merkliche Preisänderung, die wir im täglichen Leben erfahren, ist die Bewegung um einen Cent. Eine 1-Cent Bewegung im EUR/USD ist eine Bewegung von 100 Pip für den Trader. Um beim obigen Beispiel zu bleiben: Dies bedeutet für das Micro-Lot-Konto eine Kontobewegung von 7,70 Euro. Für das Mini-Lot-Konto bedeutet dies eine Kontobewegung von 77 Euro und für das Lot-Konto eine Bewegung von 770 Euro. Zur Verdeutlichung nun noch als Gegenbeispiel wieder ein Dax-Future-Kontrakt: Eine 100 Punkte-Bewegung dort bedeutet

---

[10] ohne Brokerkosten

2500 Euro Bewegung auf dem Handelskonto. Sowohl ins Plus als auch ins Minus!

Wie wir den Pip-Wert genau berechnen und was dies für unser Trading genau bedeutet, erarbeiten wir im Kapitel 7 »Money-Management« genauer.

## Der Spread

Spread, wieder aus dem englischen Sprachraum kommend, bedeutet Ausbreiten, Differenz oder Spanne.

Am einfachsten zu erklären ist dies wieder am Beispiel des Währungshandels. Denn dort finanzieren sich viele Broker hauptsächlich über diesen Spread. Ist der Spread nun eine neue Erfindung des Trading-Zeitalters? Nein, im Gegenteil. Den Spread gibt es schon lange. In Zeiten des Euro kommen wir immer weniger damit in Berührung, aber erinnern Sie sich zurück an die Zeiten, in denen es noch keinen Euro als gemeinsames Zahlungsmittel im heutigen Euro-Raum gab. Oder stellen Sie sich vor, Sie würden nach Großbritannien, Dänemark, Norwegen, in die Schweiz oder gar nach Übersee reisen. Um Einkäufe mit Bargeld vornehmen zu können, müssten Sie »Ihren« Euro in die Landeswährung umtauschen. Wechseln können Sie das Geld bei Ihrer heimischen Bank oder in einer Wechselstube vor Ort. Egal wo, Sie werden meist eine Liste vorfinden, auf der Sie einen »Geld«- und einen »Brief«-Kurs finden. Diese unterscheiden sich, allerdings nicht erst in der vierten Nachkommastelle, sondern leider schon in der zweiten, aber das Prinzip ist dasselbe. Zwischen Geld- und Briefkurs besteht ein Unterschied. Wenn Sie zum Beispiel Euro an den Bankschalter geben, um Britische Pfund zu erhalten, bekommen Sie einen anderen Kurs, als wenn Sie Britische Pfund an denselben Schalter geben, um Euro zu erhalten. Diese Differenz ist der Spread. Wie oben angedeutet, ist dies oft die Haupteinnahmequelle des Brokers. Neu dagegen ist dieses Geschäft nicht. Arbitragehändler nutzen diese Unterschiede schon seit langer Zeit und haben damit zum Teil ein stattliches Vermögen angehäuft. Die einfachste Form des Arbitragehandels ist die oben angesprochene Wechselstube.

Bei unserem Forex-Handel über einen Broker im Internet können die Spreads deutlich variieren. So sind Spreads für den Euro gegen den US-Dollar von einem bis zu drei Pips üblich. In Zeiten von Wirtschaftsnachrichten oder anderen bedeutenden Meldungen kann sich dieser Spread jedoch vergrößern. Auch wenn Sie ein »exotisches« Währungspaar handeln möchten, zum Beispiel den Euro gegen die Norwegische Krone, kann der Spread im zweistelligen Bereich (20 oder 40 Pip) liegen. Des Weiteren unterscheiden einige Broker zwischen der »Haupthandelszeit« und der »Nachtzeit«. Meist wird der Spread dann zur Nachtzeit erweitert, sodass Sie dann für den Euro gegen den US-Dollar, für den Sie am Tag 1 Pip Spread bezahlen, zur Nachtzeit plötzlich 3 Pip bezahlen müssen.

Oft hängt die Ausweitung des Spreads mit dem Handelsvolumen zusammen. Bei »normalem« Volumen zur Haupthandelszeit (der Haupthandelsplatz für Währungen ist London) bekommen Sie einen »normalen« Spread. Werden nun Nachrichten erwartet, steigt das Handelsvolumen und so kann auch der Spread sich ausweiten. Analog verhält es sich in der Nacht. Da der Haupthandelsplatz London schläft, verringert sich das Volumen. Auch dies kann zu einer Ausweitung des Spreads führen.

Außerdem hängt »Ihr« Spread davon ab, welche Art von Broker Sie haben. Meist stellen sogenannte Market-Maker einen festen Spread[11], wogegen Broker, die Ihre Order direkt an den Interbanken-Markt durchleiten, variablere Spreads haben und häufig keine festen Spreads garantieren.

## Position eröffnen und schließen

Wenn wir davon sprechen, dass wir eine Position eröffnen, dann gehen wir long oder short. Wir kaufen oder verkaufen also ein Finanzprodukt.

Schließen wir dagegen die Position, dann gehen wir das Gegengeschäft ein. Haben wir zuvor eine Long-Position eröffnet, dann verkaufen wir nun die entsprechende Anzahl des gleichen Finanzprodukts. Waren wir bei der Eröffnung short, kaufen wir nun die entsprechende Anzahl. Das

---

[11] Achten Sie hierbei auf das »Kleingedruckte« in den Geschäftsbedingungen.

Schließen einer Position kann sowohl mit Gewinn erfolgen als auch zur »Schadensbegrenzung« mit Verlust.

Wir haben uns gerade einen ersten Überblick über die wichtigsten Begriffe des Tradings verschafft. Wir haben kurz angerissen, was Trading überhaupt ist und welche Voraussetzungen Sie benötigen. Wir haben die Grundlagen erörtert, wie Sie Ihre Trading-Entscheidung treffen können, dargestellt, was ein Chart ist, die Begriffe »long« und »short« definiert, den Haupt-Handelsmarkt für dieses Buch erläutert und uns angesehen, was ein Pip ist. Nun ist es Zeit, einen ersten Blick auf die Technische Analyse zu werfen.

# Kapitel 1:
# Trends und Struktur

Da ich bei meinen bisherigen Vorträgen die Erfahrung gemacht habe, dass die Teilnehmer es kaum abwarten können, mit der Praxis und mit Charts konfrontiert zu werden, stiegen wir in der ersten PATA-Stunde gleich voll ein. Wenn Sie das nachfolgende Prinzip verstanden und verinnerlicht haben und in jede Ihrer Trading-Entscheidungen einbeziehen, haben Sie die wichtigste Grundlage für einen erfolgreichen Trade gelegt. Wir beginnen nämlich mit dem, was ich für einen der wesentlichsten Aspekte des Tradings halte:

## Wie man einen Chart lesen muss

In der westlichen Welt liegen die Ursprünge der Technischen Analyse am Ende des 19. Jahrhunderts. Den Grundstein hierzu legte Charles Henry Dow im Jahre 1882.

Zusammen mit Edward Davis Jones und Charles Bergstresser gründete Dow die Verlagsgesellschaft Dow Jones & Company, die ihren Firmensitz in der Wall Street Nummer 15 in New York hatte und sich auf Finanznachrichten spezialisierte. Die Publikationen der Gesellschaft, aus denen sich später das *Wall Street Journal* entwickelte, nutzte Dow zur Veröffentlichung seiner Theorien. Die sogenannte Dow-Theorie ist heute noch immer Grundlage der Technischen Analyse.

Sie sehen, diese Grundlage geht zurück bis in das Jahr 1882 und hat noch immer ihre Gültigkeit. Viele Anfänger glauben, da diese Theorie schon so alt ist, könne man darüber hinwegsehen, sie gar stiefmütterlich behandeln, oder sie meinen, diese besitze heutzutage keine Gültigkeit mehr. Oft höre ich in Gesprächen heraus, dass man Dow nicht weiter groß beachten müsse, da es mittlerweile tolle, computergestützte Indikatoren gebe, die einem das Leben als Trader erleichtern würden. Oder dass man mit dem tollen Handelssystem, das man sich gerade für ein paar Dollar für den MetaTrader gekauft hat, so etwas wie Dow nicht brauche, da der Computer einem den Einstieg und Ausstieg anzeigen würde. Nach meiner Erfahrung jedoch kommt auch heutzutage niemand an Dow vorbei!

Denn wer nach den Regeln der Technischen Analyse handelt, der muss sich zuerst die Frage stellen, was denn überhaupt Aufgabe und Ziel der Technischen Analyse ist. Diese in den Raum gestellte Frage, wird nur von wenigen spontan beantwortet. Das bringt mich persönlich immer wieder zum Staunen. Es gibt »Trader«, die die Technische Analyse anwenden, ohne deren Sinn und Zweck zu kennen. Dabei ist die Frage eigentlich ganz einfach zu beantworten. Die Aufgabe der Technischen Analyse ist die Identifizierung von Trends.

Im Gegensatz zur Technischen Analyse ist Trading das Ausspielen von Wahrscheinlichkeiten. Wenn ich zum Beispiel einen Long-Trade eingehe, ist für mich die Wahrscheinlichkeit, dass der Markt steigen wird, höher als die Wahrscheinlichkeit, dass er fällt. Die Technische Analyse wird hierbei nur dazu benutzt, die Wahrscheinlichkeiten für mich zu verbessern. Indem ich Anhaltspunkte im Markt suche, die nach meiner Einschätzung die Wahrscheinlichkeit erhöhen, dass sich der Markt in meine Richtung bewegen wird, versuche ich, Sicherheit für meine Trading-Entscheidung zu erhalten. Die Technische Analyse ist hierbei nur ein Hilfsmittel. Stellen Sie sich folgende Situation vor. Sie erinnern sich sicher an das Münzwurfspiel »Kopf oder Zahl« aus der Einleitung. Nichts anderes versucht man mit der Technischen Analyse im täglichen Trading. Ich versuche, die Wahrscheinlichkeit einmal mehr auf meine Seite zu bekommen, anstatt dass sie gegen mich ist. Und so kann ich beim Trading Gewinne erwirtschaften.

Aber nun zurück zu Dow.

Dem Ansatz von Charles Dow folgend bewegen sich die Märkte also in Trends. Dabei gibt es drei Bewegungsrichtungen: aufwärts, abwärts und seitwärts.

Nach dieser Definition ist zum Beispiel ein Aufwärtstrend eine Abfolge von höheren Hochpunkten und höheren Tiefpunkten (vgl. Abb. 01.01).

(Für eine Abwärts-Trend-Bewegung vice versa eine Abfolge von tieferen Hochpunkten und tieferen Tiefpunkten.)

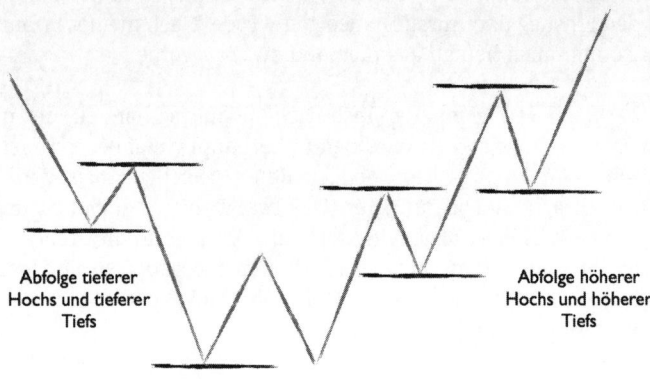

Abfolge tieferer
Hochs und tieferer
Tiefs

Abfolge höherer
Hochs und höherer
Tiefs

*Abb. 01.01: Schematische Darstellung einer Abfolge von Hoch- und Tiefpunkten im Chart*

Und hier gleich der praktische Ansatz: Wenn ich eine Trendbewegung in einem Linien-Chart betrachte, ist die Abfolge von Hoch- und Tiefpunkten relativ einfach zu beurteilen, da dieser auf Schlusskursen basiert (vgl. Abb. 01.02).

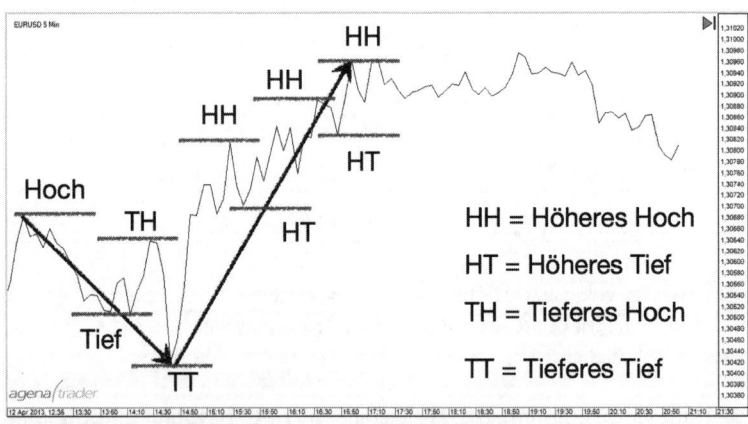

*Abb. 01.02: Linien-Chart EUR/USD – 5 Minuten 12-04-2013*

Wenn ich jedoch einen Candlestick-Chart vor mir habe (der heutzutage weit verbreitet ist), stellt sich mir die Frage, wann ich denn z. B. einen höheren Hochpunkt habe (vgl. Abb. 01.03).

*Abb. 01.03: Das Bild zeigt den gleichen zeitlichen Ausschnitt wie Abb. 01.02 – lediglich als Kerzen-Chart. Die grauen Markierungen sind preislich identisch mit denen des Linien-Charts. Hier wird deutlich, inwieweit sich Kerzen- und Linien-Chart unterscheiden.*

Ist nun ein solcher Hochpunkt schon gegeben, wenn der Docht der Kerze ein höheres Hoch zeigt, oder erst dann, wenn auch der Körper der Kerze mit einem höheren Hoch geschlossen hat (vgl. Abb. 01.03)? Hierüber besteht unter den Technischen Analysten eine kleine Diskussion. Es gibt Anhänger, die den Standpunkt vertreten, dass jeder gehandelte Preis zählt. Da die Spitze des Dochts der Kerze auch ein gehandelter Preis ist, lassen diese auch einen sogenannten Spike[12] nach oben beziehungsweise unten zählen. Andere wiederum stellen lediglich auf den Kerzenkörper ab. Hier muss jeder für sich selbst entscheiden (vgl. Abb. 01.04).

Ich stelle für mein Trading daher nicht nur auf ein höheres Hoch oder tieferes Tief ab, sondern ich suche nach neuen Struktur-Hoch- beziehungsweise nach neuen Struktur-Tiefpunkten. Ein solcher neuer Struk-

---

[12]  Spike = ein langer Docht der Kerze. Der Kurs ist nach oben gewandert, hat aber auf tieferem Niveau geschlossen.

tur-Hoch-/Tiefpunkt ist erst dann gegeben, wenn neben einem neuen Hoch- beziehungsweise Tiefpunkt (in diesem Fall das Extrem des Kerzenspikes) auch ein höherer Schluss des Kerzenkörpers gegeben ist. Es reicht damit nicht aus, dass wie in Abbildung 01.05 die Kerze zwei ein höheres Hoch als die Kerze eins zeigt. Die Kerze zwei muss auch oberhalb des Hochs der Kerze eins schließen.

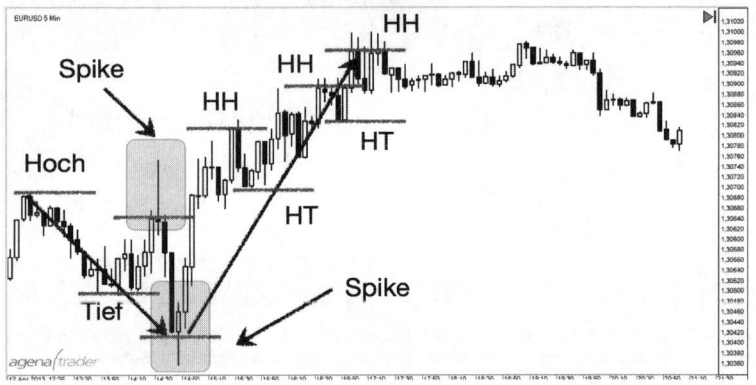

*Abb. 01.04: Das Bild zeigt den gleichen zeitlichen Ausschnitt, dieses Mal wieder als Kerzen-Chart. Deutlich zu sehen sind die »Spikes«, die auf einem Linien-Chart nicht abgebildet werden. Stellen diese nun einen neuen Hoch- beziehungsweise Tiefpunkt dar?*

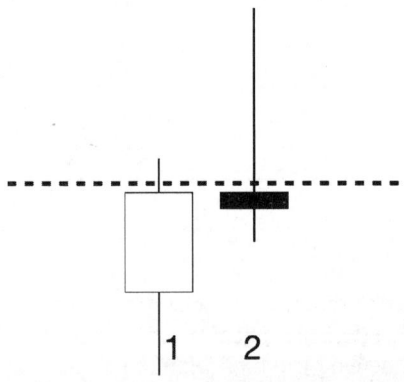

*Abb. 01.05: Die Abbildung zeigt zwar ein neues Hoch, jedoch kein neues Strukturhoch, da der Schlusskurs der rechten Kerze unterhalb des Hochpunktes der linken Kerze liegt.*

Für ein Strukturhoch benötige ich also ein höheres Hoch *und* einen höheren Schlusskurs, um ein neues Strukturhoch zu etablieren. Anders ausgedrückt, um ein neues Strukturhoch zu erhalten, muss die aktuelle Kerze über dem Schluss der letzten, höheren Kerze schließen. In Abbildung 01.06 ist zu erkennen, dass die Kerze Nummer zwei zwar über das Hoch der Kerze eins hinausgegangen ist, jedoch nicht oberhalb des Hochs von Kerze eins geschlossen hat. Erst die Kerze Nummer fünf schafft es, ein neues Strukturhoch auszubilden, da sowohl das Hoch als auch der Schlusskurs oberhalb der Hochs der restlichen Kerzen liegt.

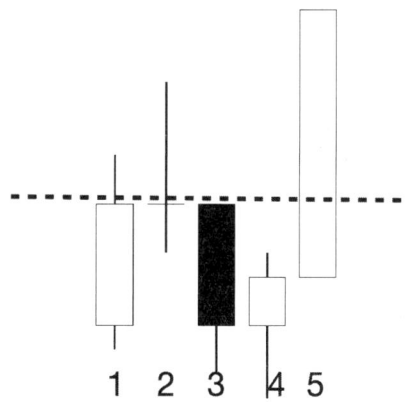

*Abb. 01.06 - Die Abbildung zeigt ein neues Strukturhoch. Dieses wird nicht schon durch die zweite Kerze von links (ein Doji), sondern erst mit der fünften Kerze gebildet.*

Dow teilte die Trends weiter in sogenannte Trendphasen ein. Demnach gibt es einen langfristigen Trend (Primärtrend), einen mittelfristigen (Sekundärtrend) und einen kurzfristigen Trend (Tertiärtrend),(vgl. Abb. 01.07.)

Nach der klassischen Dow-Theorie bedeutet langfristig ein bis mehrere Jahre, mittelfristig drei Wochen bis drei Monate und kurzfristig weniger als drei Wochen.

Entgegen der Meinung vieler Lehrbücher, die sich noch immer an diese Einteilung halten, gehe ich davon aus, dass auf jeder Zeitebene Trends bestehen. Dies ist lediglich eine Frage des Betrachtungshorizonts. Einfacher ausgedrückt, ich gehe davon aus, dass Sie sowohl in einem 5-Minuten-Chart wie auch im Stunden- oder Tageschart Trends finden werden. Dort gelten dann die Definitionen über die zeitliche Einteilung von Trends nicht mehr!

Hierbei muss man die Entstehungsgeschichte der Dow-Theorie zugrunde legen. Als Charles Dow seine Theorien verfasste, gab es noch keine Computerprogramme, die Charts zeichneten. Der Chart wurde damals per Hand und auf Papier gezeichnet. Die verbreitetste Zeiteinheit, die einem Chart zugrunde lag, war der Tageschart. Charts im Minutenbereich – wie wir sie heute kennen – waren, wenn es sie denn überhaupt gab, nicht sehr verbreitet. Daher bedarf die Theorie in diesem Punkt – je nach Anlegerhorizont – einer Korrektur.

Als Beispiel sehen Sie einen 4-Stunden-Chart aus dem EUR/USD (29. Mai bis 19. Juni).

*Abb. 01.07: Der Chart zeigt den EUR/USD 240 Minuten. Es sind auch hier drei Trendbewegungen zu erkennen.*

## Wie lange ist ein Trend gültig?

Diese Frage lässt sich wiederum sehr einfach nach Lehrbuch beantworten. Als klassische Aussage liest man hier,»ein Trend besteht so lange, bis es definitive Signale gibt, dass er sich umgekehrt hat« (Standardwerk Murphy, S. 46).

In der Praxis weit schwieriger zu beurteilen, ist die Frage, wann das der Fall ist. Zu Beginn der Beschreibung der Dow-Theorie haben wir festgehalten, dass ein Trend eine Abfolge von höheren Hoch- *und* höheren Tiefpunkten ist (beziehungsweise im Abwärtstrend vice versa, vgl. Abb. 01.01 und Abb. 01.02) Daher brauchen wir, um einen bestehenden Trend zu brechen, einen höheren Hoch- *und* einen höheren Tiefpunkt. Für mein Trading habe ich das Ganze noch weiter spezifiziert und für mich festgelegt, dass ich nicht nur ein höheres Hoch und ein höheres Tief brauche, sondern ich benötige ein neues Strukturhoch und ein neues, höheres Strukturtief. Die Unterschiede habe ich oben dargelegt (vgl. Abb. 01.05 und Abb. 01.06) Wir stellen also bei einem Kerzen-Chart nicht nur auf die Lunten und Dochte ab, sondern auf den Schlusskurs.

## Support and Resistance – Unterstützung und Widerstand

Oder, wie ich in der Einleitung schon dargelegt habe, wir betrachten die Struktur im Chart.

Markante Tiefpunkte im Chart werden als *Unterstützung* bezeichnet. An dieser Stelle im Markt ist der Kaufdruck stärker als der Verkaufsdruck. Als Reaktion hierauf nehmen die Verkäufe ab, und der Kurs dreht wieder nach oben.

*Widerstand* ist genau das Gegenteil. Solche Punkte oder Bereiche liegen über dem aktuellen Kurs. Der Verkaufsdruck nimmt an solchen Stellen zu, die Aufwärtsbewegung dreht, und die Kurse fallen. Vergleichen Sie hierzu die folgende Abbildung 01.08.

Verwirren kann die Sache dann, wenn Sie als Trader auf fallende Kurse gesetzt haben, und der Preis erreicht ein solches Level unterhalb des aktuellen Kurses. Das wäre dann rein formal betrachtet ein Unterstützungsbereich. Für Ihren Trade wäre es jedoch schlecht, da die Wahrscheinlichkeit, dass der Kurs an dieser Stelle dreht, erhöht ist. Für einen Short wäre diese Entwicklung also ein Widerstandsbereich, den der Kurs nach unten überwinden müsste, um weitere Gewinne zu machen (vgl. Abb. 01.08a).

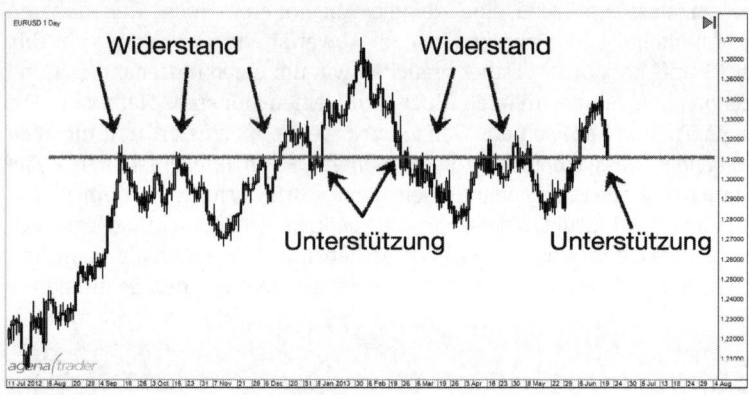

**Abb. 01.08: Der Chart zeigt den EUR/USD im Tageschart.**

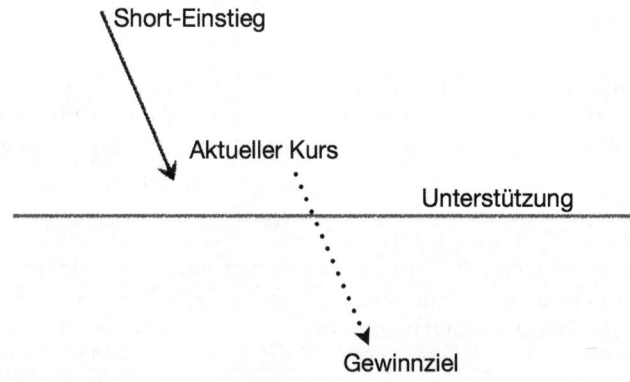

**Abb. 01.08a: Unterstützungsbereich nach klassischer Technischer Analyse in einem Short-Trade**

Sind Sie jetzt verwirrt? Ich zumindest war es, als ich damit anfing, mich mit der Technischen Analyse auseinanderzusetzen.

Aus diesem Grunde nenne ich solche Bereiche nur Strukturbereiche im Chart, ohne mir darüber Gedanken zu machen, ob dies nun eine Unterstützung oder ein Widerstand ist. Darum möge man mir bitte nachsehen, wenn ich im weiteren Verlauf dieses Buches nur noch von Struktur spreche und auf die formal richtigen Begriffe Unterstützung und Widerstand verzichte.

# Exkurs: Die Psychologie hinter der Struktur

Um zu verstehen, was es bedeutet, dass der Markt an bestimmten Punkten seine Bewegung stoppt und in die entgegengesetzte Richtung dreht, muss man sich Gedanken darüber machen, welche Arten von Marktteilnehmern es gibt und welche Ziele sie verfolgen.

Wir finden in jedem Markt Trader, die eine der drei unterschiedlichen Marktpositionen besetzen:

1. Trader, die long sind oder long gehen wollen
   mit Stop-Loss oder Stop-Buy-Order-Aufträgen
2. Trader, die short sind oder short gehen wollen
   mit Stop-Loss oder Stop-Sell-Order-Aufträgen
3. Unentschlossene Trader, die sich weder über long noch über short
   schlüssig sind

Das heißt, es gibt Trader, die sich schon long im Markt positioniert haben oder sich bereits entschlossen haben, ab einem bestimmten Preislevel long zu gehen. Diese setzen auf steigende Kurse.

Dann gibt es welche, die sich bereits short positioniert haben oder sich schon entschlossen haben, ab einer bestimmten Preismarke auf fallende Kurse setzen.

Und schließlich gibt es die Unentschlossenen. Also Händler, die entweder bereits ihre Positionen geschlossen haben oder sich unschlüssig sind, auf welcher Seite sie ihre Order platzieren sollen, long oder short.

Angenommen, die Preise haben sich länger an einem Strukturlevel aufgehalten und beginnen nun zu steigen. Wie ist die Reaktion der Trader? Es wird die Anleger oder Trader freuen, die bereits long im Markt positioniert sind. Sie würden sich wünschen, dass der Markt noch einmal zurückdipt[13], damit sie ihre Positionen aufstocken können. Denn sie wünschen sich in diesem Moment, dass sie von dieser Position mehr gekauft hätten.

Dagegen beginnen nun die Trader, die bereits short im Markt engagiert sind (also auf fallende Kurse gesetzt haben), zu begreifen, dass sie möglicherweise mit ihrer Meinung falschliegen. Diese Trader fangen ebenfalls an zu hoffen, dass der Markt einen Rücksetzer zeigt, damit sie ihre Positionen dann mit möglichst wenig Verlust, – im Idealfall break even[14] – schließen können.

Wenden wir uns nun denen zu, die momentan nicht im Markt sind, sprich, entweder ihre Positionen schon geschlossen haben oder bisher noch unentschlossen waren, ob sie sich long oder short in den Markt begeben sollen.

Diejenigen, die bereits long im Markt waren und ihre Positionen bereits geschlossen hatten, hoffen ebenfalls auf einen Rücksetzer, sodass sie sich erneut eindecken können und zwar zu dem Preis, zu dem sie zuvor ihre Longposition geschlossen hatten.

Diejenigen, die bisher unentschlossen waren, ob sie nun long oder short in den Markt gehen, werden sich aufgrund der steigenden Preise nun höchstwahrscheinlich dazu entscheiden, sich long einzudecken. Auch diese Gruppe wartet nun auf einen Rücksetzer, um einen Einstieg in den Markt zu finden.

---

[13] dipping = aus dem Englischen = eintauchen
[14] aus dem Englischen »aus den roten Zahlen kommen«; also ohne Verlust abschließen

Alle Gruppen haben ein gemeinsames Interesse, dass der Markt einen Rücksetzer zeigen wird, denn sie sind mittlerweile davon überzeugt, dass die Preise weiter steigen werden. Alle wollen den nächsten Rücksetzer kaufen.

Zeigt der Markt dann tatsächlich diesen Rücksetzer, kommt dadurch Kaufdruck in den Markt, sodass nun alle Beteiligten beginnen, ihre Kauforders in den Markt zu legen. Dies führt folglich dazu, dass die Preise weiter nach oben gedrückt werden.

Entscheidend für die Aussagekraft eines Strukturniveaus ist die Handelsaktivität, die an einem solchen Preislevel stattfindet. Je länger und je öfter sich der Preis in einem solchen Gebiet aufhält, und je mehr Volumen in einem solchen Gebiet gehandelt wird, desto bedeutender wird ein solches Niveau.

### Zusammenfassung

1. Die Märkte bewegen sich in Trends.

2. Ein Trend ist eine Abfolge von höheren Hochpunkten und höheren Tiefpunkten (= Aufwärtstrend) beziehungsweise tieferen Hochpunkten und tieferen Tiefpunkten (= Abwärtstrend).

3. Es gibt gewisse Strukturpunkte im Chart, an denen die Wahrscheinlichkeit hoch ist, dass eine Reaktion eintritt.

Diese Erkenntnisse sind entscheidend. Viele Trader gehen darüber hinweg, weil es ihnen zu banal, zu einfach erscheint. Aber das Lesen eines Charts ist wie das Erlernen einer Fremdsprache. Es braucht Zeit.

Schon im alten Rom wusste man: »Repetitio est mater studiorum et sapientiae.« Die Wiederholung ist die Mutter des Studiums und der Weisheit. Oder um es in der englischen Variante auszudrücken: »Repetition is the mother of skill«. Die Wiederholung ist die Mutter der Fertigkeit oder auch der Fähigkeit. Und genau darum geht es. Es geht um das Erlernen einer neuen Fähigkeit, nämlich das Lesen eines Charts. Sie müssen Ihr Auge an den Chart gewöhnen.

Wenden wir also noch ein wenig mehr Zeit für den Chart auf.

Märkte bewegen sich nicht nur in Trends, Märkte bewegen sich auch sehr oft harmonisch. Solche harmonischen Bewegungen sind in vielen Märkten, auf vielen Zeitebenen zu beobachten.

Eine harmonische Bewegung liegt zum Beispiel dann vor, wenn der Markt eine Bewegung zeigt, diese kurz konsolidiert und dann die gleiche Bewegung noch einmal zeigt.

Der Chart-Ausschnitt der folgenden Abbildung soll dies verdeutlichen:

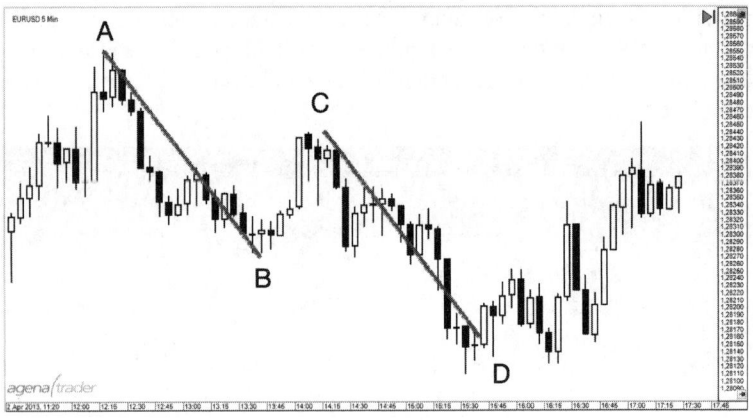

*Abb. 01.09: Aus dem EUR/USD 5-Minuten-Chart mit einem AB=CD-Pattern*

Die beiden Strecken AB und CD sind gleich groß. Diese Konstellation wird als AB = CD-Pattern[15] bezeichnet. Er wird uns, wenn wir zum Thema des KTPS kommen, noch weiter beschäftigen.

Wenn Sie sich mit dem Chart auseinandersetzen, wird Ihr Auge sich schnell an das Chartbild gewöhnen, und Sie werden mit einem Blick die harmonischen Bewegungen erkennen.

---

[15] Pattern = Kursmuster

Da harmonische Bewegungen in fast jedem Markt, in fast jeder Zeiteinheit auftreten, können diese wunderbar genutzt werden, um das Auge auf den Chart zu trainieren. Nehmen Sie sich einmal einen beliebigen Chart zur Hand und suchen Sie nach solchen Bewegungen, die zwei gleichlange Kursteile, getrennt durch einen kleinen Rücksetzer, aufzeigen.

In diesem Kapitel haben wir uns mit Trends, Struktur und den Marktbewegungen beschäftigt. Wir haben gesehen, wie wir einen Chart lesen und welche psychologischen Aspekte hinter der Struktur stecken. Damit wir das Gelernte auch im Trading umsetzen können, benötigen wir Zugang zu den Märkten. Nehmen wir also Ihre Geschäftspartner und Ihre Arbeitsmittel unter die Lupe.

# Kapitel 2: Broker, Chartsoftware und Co.

Wenn Sie sich ernsthaft dazu entschließen sollten, mit Finanzinstrumenten zu handeln, und dies nicht nur als geldraubendes Hobby betreiben wollen, sollten Sie sich von nun an als Unternehmer oder Unternehmerin sehen. Sie müssen Ihre Handelsaktivitäten wie ein Entrepreneur führen. Mit Gewissenhaftigkeit und dem nötigen Ehrgeiz. Ihr Trading-Kapital ist Ihr Wareneinsatz. Der Computer ist Ihr Betriebsmittel, die Gebühren für Broker und Datenfeed sind Ihre Kosten. Der Broker ist Ihr Geschäftspartner.

## Was genau ist eigentlich ein Broker?

Ein Broker handelt Finanzinstrumente für Waren, Rohstoffe und Devisen. Der Unterschied zu Tradern liegt darin, dass der Broker immer auf fremde Rechnung handelt.

Bei Brokern gibt es eine sehr breite Auswahl weltweit, die sich in Art, Qualität und regulatorischer Ausgestaltung unterscheidet. Zum Teil finden sich Unterschiede schon innerhalb einer Jurisdiktion[16], zum Teil findet man Unterschiede erst, wenn man einen Broker aus einem anderen Land wählt.

### Wofür brauche ich einen Broker?

Um Finanzprodukte kaufen und verkaufen zu können, benötigen Sie einen Broker mit einer entsprechenden Zulassung der Finanzaufsicht. Denn Sie können als Privatperson nicht direkt an der Börse Ihre Kauf- und Verkaufsaufträge abgeben. Aus Gründen der Effektivität und der Erhaltung von Qualitätsstandards hat man sich entschlossen, nicht jeder

---

[16] Gerichtsbarkeit

Privatperson direkten Zugang zum Börsenhandel zu gewähren. Auch als Unternehmen kann man nicht einfach so Zugang zum Börsenhandel erhalten. Dies ist mit gewissen Auflagen und Bedingungen verknüpft.

Allerdings beschränkt sich das nicht nur auf die Börse. Denn nicht jedes Finanzprodukt wird über die Börse gehandelt. So findet zum Beispiel der diesem Buch zugrunde liegende Markt, der Devisenmarkt, im sogenannten OTC (Over The Counter)-Geschäft statt, also außerbörslich. Man nennt es auch den Interbankenhandel. Der Name kommt daher, dass Devisengeschäfte historisch gesehen zwischen den Banken getätigt wurden. Nur diese hatten direkten Zugang zum Handel.

Ein Broker verschafft Ihnen also Zugang zu den Märkten, ob diese über die Börse laufen oder außerbörslich verortet sind. Er ist sozusagen Ihre Schnittstelle zur großen Welt der Finanzmärkte.

## Welche Arten von Brokern gibt es?

Grob lassen sich fünf Arten von Brokern unterscheiden: Dealing Desk; Market Maker; ECN; STP; IB. Die Unterschiede liegen meist in der Art der Orderausführung und im Bereich der Spreads.

**Dealing Desk** (Handelstisch): Jede Order, die Sie bei diesem Broker aufgeben, wandert über einen Handelstisch der Handelsabteilung. Die Order wird dann von dort aus an die Börse geleitet oder im OTC (Over The Counter/Geschäfte ohne Zwischenschaltung der Börse, z. B. Interbankenhandel) ausgeführt. Bei Letzterem ist dieser Broker meist Market Maker, so z. B. im CFD-Handel.

**Market Maker:** Er leitet die Order nicht direkt an den Finanzmarkt weiter, sondern stellt eigene Kurse. Oft versucht ein Market Maker, die Orders innerhalb seines eigenen Systems auszuführen. Das heißt, er stellt einen seiner eigenen Kunden gegen einen anderen. Die Order verlässt also oft nicht das System des Market Makers.

Es kann vorkommen, dass der Market Maker die Order des Kunden »hedged«, sprich ein Gegengeschäft eingeht. Im Klartext: Der Broker gewinnt, wenn der Kunde verliert und vice versa. Die Preisstruktur zeichnet sich oft durch fixe Spreads[17] aus.

**ECN** (Electronic Communication Network): Es erfolgt eine direkte Orderweiterleitung an den Interbankenmarkt; die Preisstruktur erfolgt über flexible Spreads des Interbankenmarktes beziehungsweise einer zusätzlichen Kommission. Der Spread ergibt sich aus der jeweiligen Schwankungsbreite des Marktes.

Es ist kein Dealing Desk dazwischengeschaltet, der die Order erst ausführen müsste. Das Orderbuch und somit die Marktbreite können eingesehen werden.

**STP** (Straight Through Processing): Dieser Broker leitet die Order zur Ausführung an einen sogenannten Liquidity Provider (nichts anderes als ein Börsenhändler) weiter. Dabei handelt es sich meist um eine Bank, die direkten Zugang zum Interbankenmarkt hat. Die Order wird dann am Interbankenmarkt ausgeführt.

**NDD** (No Dealing Desk): Das sind all die Broker, die die Kundenorder direkt an den Interbankenmarkt weiterleiten.

Dies sind also ECN und STP-Broker.

Die Vor- oder auch Nachteile für den Kunden liegen dabei darin, dass er direkt die Spreads des Interbankenmarkts bekommt.

**IB** (Introducing Broker/Einführender Broker): Diese Art von Broker ist eine Art STP-Broker mit der Einschränkung, dass dieser nur einen Liquidity Provider oder auf Deutsch, nur einen Börsenhändler besitzt. Von diesem bekommt er eine Provision für die vermittelten Geschäfte beziehungsweise Kunden. Verbreitet ist diese Art von Broker hauptsächlich im Forex-Bereich.

Nun ist es nicht so, dass jeder Anbieter auf dem Markt in ein festes Muster gepresst werden kann. Es gibt durchaus Mischformen. So kann zum

---

[17] Ein Spread ist in diesem Fall der Kursunterschied zwischen dem Geld- und Briefkurs, sprich zwischen Ihrem Kauf- und Verkaufskurs des entsprechenden Finanzinstrumentes.

Beispiel ein Broker in einem Bereich, zum Beispiel im Forexhandel, ECN-Broker sein und in einem anderen Bereich, beispielsweise bei CFDs, als Market Marker fungieren.

Machen Sie sich klar, was Sie handeln wollen. Schauen Sie danach den von Ihnen favorisierten Broker genauer an und entscheiden Sie sich dann, ob diese Art von Broker in diesem Bereich für Sie das Richtige ist.

## Welche Punkte sind wichtig, wenn es um die Auswahl der Broker geht?

Wenn es um die Auswahl Ihres Brokers geht, sollten Sie unbedingt auf folgende Punkte achten.

**Erreichbarkeit:** Sie sollten Ihren »TradeDesk« oder Ihren Kontosachbearbeiter jederzeit oder zumindest zur Handelszeit erreichen können.

Hier liegt dann schon ein erstes wichtiges Kriterium. Bietet Ihr Broker rund um die Uhr deutschsprachigen Service an, oder kommen Sie damit klar, eventuell in Englisch oder einer anderen Sprache mit dem Broker telefonieren zu müssen?

Dies ist ein nicht zu unterschätzender Gesichtspunkt. Unter normalen Umständen werden Sie wenig Kontakt zu Ihrem TradeDesk haben. Da heute fast alles computergestützt läuft, beschränkt sich der Kontakt in der Regel auf Situationen, in denen Unregelmäßigkeiten auftreten. Das sind solche Momente, in denen nicht alles nach Plan läuft und Sie Ihre Orders nicht mehr kontrollieren können. Eventuell entwickelt sich Ihr Trade gerade gegen Sie, und die Stopp-Order hat nicht gegriffen. Das Konto rutscht weiter ins Minus. Oder es gab gerade eine große Marktbewegung, und Sie haben den Zugang zu Ihrem Konto verloren. Oder Sie waren gerade bei der Ordereingabe, und die Handelsplattform ist abgestürzt. Sie sind sich nicht sicher, ob die Order aufgegeben wurde und Sie Ihre Stopps richtig platziert haben. ... Sind Sie, wenn Sie aufgeregt sind, noch immer so sicher in der Fremdsprache?

Notieren Sie sich die Telefonnummer, den Ansprechpartner und ggf. Ihre Depotnummer an einem Ort, wo Sie diese immer griffbereit haben. Kleben Sie diese zum Beispiel an Ihren Trading-Monitor.

**Charting- und Handelsplattform:** Stellen Sie sich die Frage, welche Ansprüche Sie an eine Charting- und Handelsplattform stellen. Sind Sie mit der »Standard-Software« Ihres Brokers zufrieden? Möchten Sie eine spezielle Charting-Software nutzen und direkt aus dieser heraus handeln? Oder möchten Sie eine Charting-Software nutzen und dann die Orders auf der Plattform Ihres Brokers eintragen? Für was auch immer Sie sich entscheiden, achten Sie in jedem Fall auf einen guten und akkuraten Datenfeed. Achten Sie darauf, dass Sie genügend Daten für eine Chartanalyse zur Verfügung gestellt bekommen.

**Ausführung und Slippage:** Slippage (in diesem Falle) ist eine Differenz zwischen dem gewünschten Ausführungskurs und der tatsächlich realisierten Orderausführung. Stellen Sie sich vor, Sie legen bei einem Long-Trade eine Stop Order im EUR/USD bei 1,3510 in den Markt. Aufgrund z. B. geringer/hoher Volatilität[18] oder schlechter Orderbuchführung des Brokers kommt es zu einer Ausführung der Stopp-Order bei 1,3505. In diesem Fall besteht eine Differenz von 5 Punkten zu Ihren Lasten, die Ihren Trading-Erfolg schmälert.

Slippage lässt sich nicht immer vermeiden. Gerade bei hoher Volatilität, z. B. bei politisch getriebenen Marktbewegungen oder Veröffentlichung von Zahlen kann es zu starken Marktbewegungen kommen, und Sie werden nicht den gewünschten Ausführungskurs erhalten. Doch auch bei solchen Events sollte sich die Differenz zwischen Order und tatsächlicher Ausführung in einem vernünftigen Rahmen halten.

Stellt Ihnen der Broker in der Werbung garantierte Kurse ohne Slippage in Aussicht, seien Sie vorsichtig und lesen Sie das Kleingedruckte in den Allgemeinen Geschäftsbedingungen.

**Requotes:** Slippage ist eine Sache. Eine andere sind Requotes. Wenn Sie einen sogenannten Requote von Ihrem Broker bekommen, bedeutet dies, dass Ihr Broker Ihren Trade nicht zu dem Preis ausführt, den Sie gerne hätten und den Sie auch in Ihre Order-Maske eingetragen haben. In der Regel kann so etwas im Rahmen von bedeutenden Ankündigungen oder News-Events, sprich bei der Veröffentlichung von Zahlen oder

---

[18] Schwankungsbreite der Märkte

anderen Nachrichten passieren. Also in einer Zeit, in der sich die Märkte sehr schnell bewegen. In der Regel ist es dann so, dass sich das Requote nicht zu Ihren Gunsten verhält.

Praktisch läuft dies folgendermaßen ab: Sie drücken den Knopf zum Absenden der Order an Ihren Broker. Doch statt der Meldung, dass die Order ausgeführt wurde, erscheint auf Ihrer Handelsplattform der Hinweis, der Markt habe sich in der Zwischenzeit so weit bewegt, dass die Order nicht zu dem von Ihnen gewünschten Preis ausgeführt werden könne, sondern zu einem anderen. Der Broker möchte dann wissen, ob Sie die Order zu dem neuen Preis platzieren wollen. So ist es zumindest, wenn Sie einen Broker haben, der mit Requotes verantwortungsvoll umgeht.

Es soll auch Broker geben, die Requotes einfach ausführen, ohne sich erneut das Okay zur Orderausführung zu einem anderen – meist schlechteren – Preis einzuholen.

Ich selbst bin kein Freund von Requotes. Jedoch ist ein Requote ohne vorherige Ankündigung für mich ein Umstand, der mich persönlich dazu veranlassen würde, mein Konto bei einem solchen Broker noch am gleichen Tag zu schließen.

Meist haben die Broker, die Requotes stellen, in ihren AGB verankert, dass diese zulässig seien.

## Gebühren beim Broker

Die Gebühren können sich von Broker zu Broker unterscheiden, ebenso von Produkt zu Produkt. Dies bedeutet, dass Sie für einen Future eine andere Preisstruktur haben können als auf das selbe Underlying[19], das als CFD gehandelt wird. Oder es bedeutet, dass sich die Gebührenstruktur von Aktien, die direkt gehandelt werden können, von der Gebührenstruktur von Aktien unterscheidet, die Sie als CFD handeln. Oder wenn Sie den Euro im Währungsfuture handeln, kann sich dessen Preisstruk-

---

[19] Underlying meint das Finanzinstrument. Handeln Sie zum Beispiel einen Brent-Öl-Future und einen CFD auf Brent Öl, dann haben Sie dasselbe Underlying.

tur von der Preisstruktur des Euros unterscheiden, den Sie als Währungspaar im Rolling-Spot oder CFD handeln.

Im Devisenhandel, also dem »Forex« ist es üblich, dass der Broker die Kurse mit einem sogenannten Spread stellt. Der Spread ist die Differenz zwischen Ihrem Kauf und Ihrem Verkaufskurs. Dieser Spread kann von weniger als einem Pip bis hin zu 40 Pips oder mehr betragen.

Daher werden die Währungspaare auch in Major (Haupt-Paare), Minor (Neben-Paare) und Exotic, also die Exoten, aufgeteilt. Bei den Majors sind die Spreads normalerweise klein. Üblich beim Euro gegen den US-Dollar sind in der Regel 1 bis 3 Pip je nach Anbieter und Tageszeit. Ja, Sie haben richtig gelesen: Die Spreads können entweder nach Tageszeit (während der Haupthandelszeit und in der Nebenzeit) oder auch je nach Marktlage unterschiedlich sein. So kann zum Beispiel eine wichtige Pressekonferenz oder die Veröffentlichung von Wirtschaftszahlen die Spreads ausweiten.

Auf der anderen Seite gibt es Währungspaare, die von vornherein einen gigantischen Spread besitzen. »Exotenpaare« wie zum Beispiel der Euro gegen die Norwegische Krone haben nicht selten einen Spread von 40 bis 70 Pip. Zu Zeiten starker Marktbewegungen oder außerhalb der Haupthandelszeiten kann dieser sich dann noch verdoppeln oder vervielfachen. Hierauf sollten Sie bei der Wahl Ihres Handelsproduktes achten. Denn es bringt Ihnen nichts, wenn Sie ein tolles Setup gesehen haben, das für mindestens 20 Pip gut ist, Sie aber von vornherein 40 Pip an Kosten für den Kauf oder Verkauf aufbringen müssen. Ihre Position ist mit Aufgeben der ersten Order sofort weit im Minus!

Suchen Sie sich jetzt aber nicht unbedingt den Broker danach aus, wie günstig dessen Preisstruktur ist. Selbst wenn es hart klingt, auch ein Broker muss Geld verdienen, um die Infrastruktur und das Personal zu bezahlen. Das alte Sprichwort bewahrheitet sich auch hier: »You get what you pay for«. Ein System ohne Spread gab es schon. Weiter unten werden wir sehen, was daraus wurde. ZeroSpread (WorldSpread Limited) hat Insolvenz angemeldet. Greifen Sie nicht zu dem Billigsten, sondern zu demjenigen, bei dem Sie sich gut aufgehoben fühlen.

Neben diesen sogenannten Spreads können auch noch Kosten für die Ausführung einer kleinen Lotgröße oder für die Finanzierung auflaufen.

Informieren Sie sich. Rechnen Sie nach. Rufen Sie Ihren Broker an und lassen sich das Gebührenmodell erklären. Seien Sie auch hier informiert!

## Trading-Computer

Oft wird die Frage an mich herangetragen, welchen Trading-Computer man benötigt. Wie viele Monitore es sein müssen, wie hoch die Taktfrequenz sein muss oder welchen Arbeitsspeicher man als Mindestvoraussetzung haben sollte. Die schlichte Antwort hierauf ist: Es kommt darauf an. Und zwar auf das, was und wie Sie gerne handeln möchten. Möchten Sie scalpen und dies über einen computergestützten Algorithmus tun, sollten Sie sicher einen sehr schnellen Rechner auf dem neuesten Stand der Technik haben. Dann würde ich Ihnen aber empfehlen, auch eine schnelle und vor allem kurze Datenleitung (das ist jetzt nicht übertrieben) zum Handelsplatz zu haben. Denn die sogenannten Algo-Trader haben meist ihre Datenverbindung in unmittelbarer Nähe zum Handelsplatz. Wie ich mir sagen ließ, spielt hierbei die Entfernung des Datenkabels eine entscheidende Rolle.

Möchten Sie dagegen – so wie ich – zum Beispiel auf einem 5-Minuten-Chart, 1-Stunden-Chart oder gar 4-Stunden-Chart traden, dann ist ein handelsüblicher, gut ausgestatteter Computer ausreichend. Achten Sie darauf, dass Sie nicht die »lahmste Krücke« haben, dann sollten Sie gut gerüstet sein. Ich habe selbst mit einem 400-Euro-Laptop mit mobilem Daten-Stick von unterwegs aus schon erfolgreich getradet.

Persönlich bin ich Anhänger von Produkten der Firma mit dem angebissenen Obst. Ich habe mehrere 13-Zoll-Laptops. Ich habe deren Arbeitsspeicher auf 16 GB Ram erweitert und ein System installiert, das mir die Nutzung von zwei Betriebssystemen gleichzeitig erlaubt. Denn leider ist die Trading-Welt größtenteils noch auf das Betriebssystem Windows fixiert. Aber zurück zum Thema: Dieser eine mobile Computer mit 13-Zoll würde mir persönlich grundsätzlich vollkommen ausreichen. Die weiteren sind einfach nur Spielerei beziehungsweise dienen der Absicherung, falls einer einmal ausfallen sollte (was bisher noch nie passiert ist).

Viel wichtiger ist die Datenverbindung. Achten Sie auf eine schnelle Internetverbindung. Eventuell sichern Sie sich gegen Ausfälle durch eine mobile Anwendung auf dem Tablet oder Smartphone ab. Sie glauben, das ist nicht notwendig? Vor ein paar Monaten ging an meinem Wohnort die Meldung durch die Lokalpresse, dass bei Bauarbeiten ein Glasfaser eines Kabel-Anbieters beschädigt wurde. Die Reparatur eines solchen Kabels scheint aufwendig zu sein. Denn die Wiederherstellung dauerte mehr als 12 Stunden. Von dem Ausfall waren um die 150.000 Kunden des Kabel-Betreibers betroffen.

Nicht jeder Broker nimmt Ihre Order auch via Telefon entgegen. Daher sollten Sie in dringenden Fällen durch eine zweite Zugriffsmöglichkeit die Kontrolle über Ihr Konto wahren. Informieren Sie sich bei Ihrem Broker, was dieser in solchen Fällen für Sie anbietet.

Wichtiger als die Frage, welchen Trading-Computer Sie verwenden sollten, ist die Frage nach dem Daten-Feed.

## Daten-Feed

Der Daten-Feed ist das Futter für Ihre Charting-Software. Um Ihnen die Candlesticks, Bar-Charts oder Sonstiges anzuzeigen, benötigt Ihre Software Daten über den aktuellen und zurückliegenden Preis. Manche Daten erhalten Sie hierbei kostenlos von Ihrem Broker, manche Daten müssen Sie käuflich erwerben.

Der Daten-Feed gehört wie Ihre Charting-Software oder Ihre Handelsplattform zu Ihrem Handwerkszeug. Der Anbieter der Daten ist Ihr Geschäftspartner. Suchen Sie sich einen zuverlässigen Partner aus. Denken Sie daran, Qualität hat ihren Preis. Hier bewahrheitet es sich wieder: »You get what you pay for«. Sie bekommen genau das, wofür Sie bezahlen. Auf die Informationen, die Sie von dem Datenanbieter erhalten, bauen Sie Ihre Entscheidung zum Handeln auf. Sie legen quasi Ihr Geld in die Hände des Anbieters. Er ist Ihr Geschäftspartner. Ihm müssen Sie vertrauen können. Aber nehmen Sie nicht blindlings das billigste oder das teuerste Angebot. Vergleichen Sie! Ich war kürzlich selbst auf der Suche nach einem neuen Datenanbieter. Als ich begann, die Angebote zu sondieren, fiel mir auf, dass einige Anbieter für historische Daten eine Extravergütung verlangen. Mit dem normalen Daten-Feed, den Sie bezahlen, haben Sie nur Zugriff auf kurzfristig zurückliegende Daten. Eines der Standardangebote lautete wie folgt:

*»In dieser Variante sind folgende Historien vorhanden:*

| | |
|---|---|
| *Tick-Daten* | *500 Datensätze Tick Daten* |
| *Tagesdaten* | *10 years daily data* |
| | 10 years monthly data |
| | 10 years weekly data |
| *Intraday-Daten* | *500 Datensätze«* |

Nehmen wir an, wir handeln den 5-Minuten-Chart. Dann müssten wir den Datensatz für Intraday-Daten heranziehen. Dort bekommen wir 500 Datensätze (High/Low/Open/Close) zur Verfügung gestellt. 500 Datensätze multipliziert mit 5 Minuten (da 5-Minuten-Chart) ergibt 2500 Minuten. Diese teilen wir durch 60 Minuten, und wir erhalten knappe 42 Stunden. Die Daten reichen also nur zwei Tage in die Vergangenheit zurück. Der Rest ist kostenpflichtig, zusätzlich zu dem, was Sie eh schon bezahlen. Und die Kosten hierfür sind nicht zu knapp. Ein Angebot, das mir vorlag, lautete auf 12 Euro pro Monat an zurückliegenden Daten. Dies ist ein Angebot für Investoren, aber nicht für Trader!

Sie müssen an diesem Punkt für sich entscheiden, ob Sie für historische Daten extra bezahlen möchten oder ob Sie lieber einen Datenanbieter wählen, der Ihnen als Kunde all seine historischen Daten zur Verfügung stellt. Aber Sie benötigen historische Daten. Denn wie wollen Sie sonst eine aussagekräftige Analyse erstellen, wenn Sie nur zwei Tage an Daten zur Verfügung haben? Dies reicht weder für ein aussagefähiges Backtesting noch für das Auffinden von Strukturlevels aus. Haben Sie einmal einen 4-Stunden-Chart »zusammengefaltet«, der nur knappe 80 Tage an Daten hat. Der sieht dann aus wie auf Abbildung 02.00 dargestellt:

*Abb. 02.00: Chartbild 4-Stunden-Chart mit 500 Datensätzen*

Wie soll man hier wichtige Strukturlevels ausmachen können? Ich persönlich habe mich bei diesem Datenanbieter nicht wohl gefühlt. Schlussendlich habe ich mich für einen anderen Datenanbieter entschieden. Dieser bietet mir die für mich benötigten Daten in einem Zeitraum, der mir sowohl ein Backtesting als auch das Auffinden von Strukturlevels ermöglicht. So erhalte ich zum Beispiel Daten für Forex zurück bis Februar 2009. Bei anderen Instrumenten reicht die Kursversorgung sogar zurück bis September 2005; alles im 1-Minuten-Chart. Damit kann man arbeiten, und es ist in den normalen Kosten inkludiert. Ich lasse die Finger von Datenanbietern, die mir die historischen Daten teuer verkaufen wollen. Denn mit Daten von zwei Tagen auf der 5-Minuten-Ebene kann ich als Technischer Analyst nicht arbeiten!

## Wie Ihr Broker nicht sein sollte

Ein unschönes Erwachen gibt es, wenn Sie die Internetseite Ihres Brokers aufschlagen und statt der Startseite einen Text vorfinden, der besagt, dass die Bundesanstalt für Finanzdienstleistungen (BaFin) ein sogenanntes Moratorium über Ihr Kreditinstitut verhängt hat. Jüngst mussten die Kunden der FXdirekt Bank AG den in der Abbildung 02.01 gezeigten Bildschirm sehen statt ihrer gewohnten Handelsoberfläche.

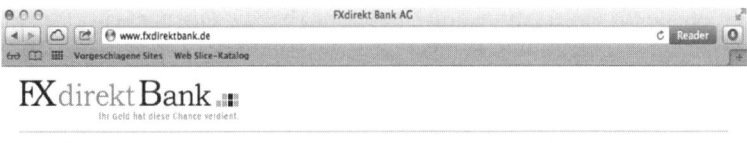

Mit Anordnung vom 21. Dezember 2012 hat die Bundesanstalt für Finanzdienstleistungsaufsicht (BaFin) ein Moratorium gemäß § 46 Abs. 1 Satz 2 Nr. 2, 4 und 5 KWG gegen die FXdirekt Bank AG verfügt. Damit hat die BaFin gegenüber der FXdirekt Bank AG ein Veräußerungs- und Zahlungsverbot erlassen. Außerdem hat die BaFin angeordnet, die Bank für den Verkehr mit der Kundschaft zu schließen, und dem Institut untersagt, Zahlungen entgegenzunehmen, die nicht zur Tilgung von Schulden ihm gegenüber bestimmt sind („Moratorium").

Die Forderungen der Kunden an die FXdirekt Bank AG sind im Rahmen des Einlagensicherungs- und Anlegerentschädigungsgesetzes geschützt. Das Institut gehört der Entschädigungseinrichtung für Wertpapierhandelsunternehmen (EdW) an. Wenn die BaFin den Entschädigungsfall festgestellt hat, liegen die gesetzlichen Voraussetzungen dafür vor, dass die Entschädigungseinrichtung die Kunden entschädigen kann. Die EdW hat die Gläubiger des Instituts dann unverzüglich darüber zu unterrichten. Der gesetzliche Entschädigungsanspruch jedes berechtigten Bankkunden ist pro Kunde begrenzt auf 90 % der Verbindlichkeiten aus Wertpapiergeschäften und auf den Gegenwert von 20.000 Euro.

*Abb. 02.01: Bildschirm-Abdruck der Internetseite der FXdirekt Bank, nachdem die BaFin ein Moratorium über das Institut verhängt hatte.*

Der Begriff »Moratorium« leitet sich aus dem lateinischen Wort »morar« oder »moror« ab und bedeutet so viel wie Aufschub oder Verzögerung beziehungsweise verweilen oder auch zögern. Gemeint ist damit ein Aufschub – in diesem Falle der von fälligen Zahlungen.

Die gesetzliche Grundlage für das Handeln der BaFin liegt hierbei im Gesetz über das Kreditwesen (KWG). Dort hat der Gesetzgeber die deutsche Finanzaufsicht mit einem umfangreichen Paket an Maßnahmen ausgestattet, welche diese im Falle einer drohenden Insolvenz eines Kreditinstitutes ergreifen kann.

Derzeit findet sich für die BaFin in §§ 46 f. KWG zum Beispiel die Möglichkeit, einem in Schieflage geratenen Institut zu verbieten, Zahlungen zu leisten. Hiervon erfasst ist dann auch das Ausbezahlen von Einlagen. Sprich, das Institut darf Ihnen Ihre Einlagen vorerst nicht mehr zurücküberweisen!

Ein solcher Schritt der Finanzaufsicht kommt jedoch nicht von ungefähr. Damit die Bundesaufsicht zu solch extremen Maßnahmen greift, muss es zuvor schon eine längere Entwicklung gegeben haben, die zu dieser Schieflage geführt hat. Ein Moratorium ist meist der Auftakt zum düsteren Finale für ein Kreditinstitut. Im Vorfeld hat die Finanzaufsicht meist vergeblich versucht, mit weniger drastischen Mitteln auf die Geschäftsführung des Institutes einzuwirken. Erst wenn die Zahlungsunfähigkeit oder Überschuldung des Finanzinstituts droht, wendet die Finanzaufsicht derart tiefgreifende Mittel an.

Wie oben schon beschrieben, verhängt die BaFin meist auch ein Auszahlungsverbot von Einlagen oder Sicherheiten. Das bedeutet, dass Sie die Ihrem Kreditinstitut gegebenen Sicherheiten und Einlagen meist nicht sofort zurückfordern können. Damit soll verhindert werden, dass derjenige, der zuerst von der bedrohlichen Situation des Institutes erfährt, am ehesten sein Geld und seine Sicherheiten zurückerhält, und derjenige, der später von dem »Unglück« erfährt, schlechtere Chancen hat.

Gleichzeitig bedeutet dies für Sie als Kunden jedoch nicht, dass Sie einfach Ihre Zahlungen, z. B. aus Krediten, an das Institut einstellen können. Die Zahlungsverpflichtung, die Sie als Kunde gegenüber dem Institut haben, bleibt in der Regel bestehen.

Für Ihr Wertpapierdepot bedeutet dies aber nicht zwangsläufig, dass Sie darauf keinen Zugriff mehr haben. Denn üblicherweise verwaltet das Institut lediglich die Papiere in Ihrem Namen. Die Papiere stehen in der Regel weiter in Ihrem Eigentum. Eigentlich müsste das Finanzinstitut in der Lage sein, Ihre Wertpapiere auf ein anderes Depot, bei einer anderen Bank zu übertragen, da die Interessen der anderen Gläubiger hierdurch nicht tangiert werden. Aber: Auch in diesem Fall gilt, dass die Übertragung der Papiere eine Verfügung im Rechtssinne darstellt, die dem Kreditinstitut eigentlich von der Finanzaufsicht verboten wurde. Daher bedarf eine solche Verfügung normalerweise immer der Zustimmung der Finanzbehörden.

Bei einer Filialbank wird von der BaFin meist zusätzlich angeordnet, das Bankgebäude für den Kundenverkehr zu schließen. Da die Online-Seiten des Finanzinstitutes nichts anderes sind als das virtuelle Bankgebäude, dürften Sie in der Regel auch dort vor verschlossenen Türen stehen.

Warum geht die Finanzbehörde überhaupt den Schritt und verhängt einen »Aufschub« und bedeutet Moratorium in jedem Fall das Aus für das Finanzinstitut?

Ziel eines Moratoriums ist es, Zeit zu gewinnen. Der Druck auf ein in Zahlungsschwierigkeiten geratenes Institut ist gewaltig. Durchdachte Entscheidungen unter diesem Druck zu treffen, ist schwierig. Mit dem Moratorium soll Zeit gekauft werden, um zu prüfen, ob es eventuell möglich ist, das Institut doch noch zu retten – möglicherweise unter der Zuhilfenahme Dritter.

Scheitert dieser Versuch, ist der nächste Schritt die Insolvenz. Diese kann nur von der BaFin angeordnet werden. Dauert ein Moratorium länger als sechs Wochen an, stellt die BaFin spätestens dann den Entschädigungsfall fest.

Unterliegt Ihr Institut der Einlagensicherung, übernimmt diese ab diesem Zeitpunkt und bringt die weiteren Schritte auf dem Wege zur Entschädigung in Gang. Die Abbildung 02.01a zeigt die Nachricht der BaFin über die Feststellung des Entschädigungsfalls der FXdirekt Bank AG.

*Abb. 02.01a: Die Internetseite der BaFin. Dort ist nachzulesen, dass bei der FXdirekt Bank der Entschädigungsfall festgestellt wurde.*

**Einlagensicherung:** In Deutschland gibt es zwei Arten der Einlagensicherung. Zum einen ist das die gesetzliche Einlagensicherung. Dieser muss sich jedes private Kreditinstitut oder Wertpapierhandelsunternehmen anschließen. Zum anderen gibt es eine über die gesetzlichen Bestimmungen hinausgehende, freiwillige Einlagensicherung. Diese wird von Bankenverbänden organisiert. Vertreter hiervon sind z. B. die Einlagensicherung des Bundesverbandes deutscher Banken e. V. oder der Bundesverband Öffentlicher Banken Deutschlands e. V.

Ausgenommen von der Einlagensicherung sind lediglich öffentlich-rechtliche Sparkassen und Genossenschaftsbanken. Dort greifen spezielle Regelungen.

Was bedeutet nun die Einlagensicherung für Ihr Depot? Grundsätzlich sind Einlagen nach den gesetzlichen Entschädigungsleistungen pro Kunde bis zu 100.000 Euro gesichert.»Verbindlichkeiten aus Wertpapiergeschäften«sind zu 90 Prozent gesichert, jedoch bis maximal 20.000 Euro. Keine Sicherung besteht in der Regel jedoch bei Geldforderungen, die nicht auf Euro oder eine EU-Währung lauten.

Auch wenn eine Sicherung besteht, seien Sie sich bewusst, dass es eine lange Durststrecke bedeutet, bis Sie wieder an Ihr Geld kommen. So hat zum Beispiel das britische Unternehmen Worldspreads am 16. März 2012 Insolvenz angemeldet. Ab diesem Zeitpunkt waren nicht mehr die gewohnten Inhalte der Internetseite, sondern nur noch die Information wie auf Abbildung 02.02 dargestellt:

**Special Administrators appointed to Worldspreads Limited**

Upon the application of the directors of Worldspreads Limited, the High Court has today appointed Jane Moriarty and Samantha Bewick of KPMG LLP as joint special administrators of Worldspreads Limited, under the Special Administration Regime (SAR). Worldspreads Limited is a wholly owned subsidiary of Worldspreads plc, a company incorporated in Dublin, Ireland.
The administration of Worldspreads Limited follows the discovery of accounting regularities which the company became aware of during the course of Friday 16 March 2012. Following this it quickly became apparent that there was a shortfall in client monies and the directors and their advisors concluded that the best course of action, in order to mitigate losses for clients, would be to place the company into special administration.

**For all non-press queries, please contact:**
020 3284 8829

**The administrators will respond to your query as soon as possible.**

**Press requiring further information please contact:**
Sorrelle Cooper, Senior PR manager, KPMG in the UK: +44 20 7694 8527

sorrelle.cooper@kpmg.co.uk

**Notes to Editors:**

**About KPMG**

KPMG LLP, a UK limited liability partnership, is a subsidiary of KPMG Europe LLP and operates from 22 offices across the UK with nearly 11,000 partners and staff. The UK firm recorded a turnover of £1.6 billion in the year ended September 2010. KPMG is a global network of professional firms providing Audit, Tax, and Advisory services. We operate in 150 countries and have more than 138,000 professionals working in member firms around the world. The independent member firms of the KPMG network are affiliated with KPMG International Cooperative ("KPMG International"), a Swiss entity. KPMG International provides no client services.

*Abb. 02.02: Bildschirm-Abdruck der Seite von Worldspreads Limited nach Stellung des Insolvenz-Antrages, April 2012*

Knapp zusammengefasst und laienhaft übersetzt ist da zu lesen, dass Worldspreads Limited einen Insolvenzantrag gestellt hat und zwei Personen einer Unternehmensberatung als Insolvenzverwalter bestellt wurden.

Sie sehen, auch in einem solchen Falle kann es wichtig sein, welcher Gerichtsbarkeit Ihr Broker unterliegt. Wie einfach ist es für Sie, in diesem Falle Ihre Rechte durchzusetzen? Sprechen Sie die Landessprache? Verstehen Sie die Hinweise die jetzt statt der sonst vorhandenen deutschsprachigen Informationen auf der Internetseite stehen? Wenn Sie Glück haben, wird der Informationstext in verschiedenen Sprachen angezeigt. Das muss aber nicht so sein!

Im Februar 2013 war auf der gleichen Internetseite dann zu lesen, dass die Endabrechnungen durch den Insolvenzverwalter erstellt wurden. Wie Sie sehen, kann sich ein solcher Prozess hinziehen (vgl. Abb. 02.03).

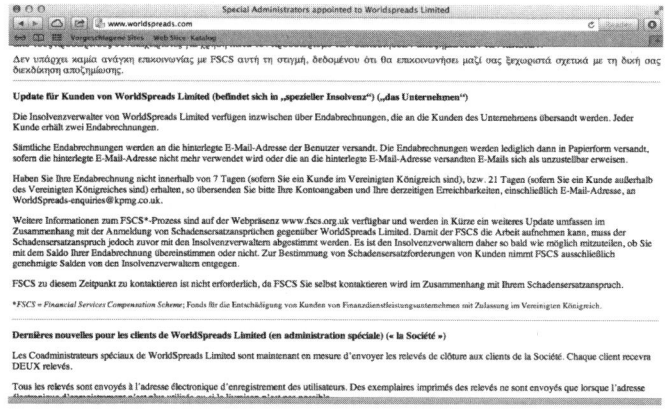

*Abb. 02.03: Bildschirm-Abdruck der Internetseite von Worldspreads Limited im April 2013*

Der Informationstext steht dieses Mal in Deutsch. Er besagt, dass die Endabrechnungen vorliegen würden und diese an die Kunden übersandt würden. Wer nichts erhalten habe, solle sich per E-Mail melden. Auch hier sind Sie als Geschädigter gefragt. Sie müssen wissen, dass das ganze Prozedere seine Zeit dauert. Im April 2013 war über ein Jahr vergangen, seit die Internetseiten nicht mehr den von den Nutzern gewohnten Inhalt des Brokers zeigten.

Während zwei Terminen der PATA-Stunde in Stuttgart haben die Teilnehmer zusammen eine Liste erarbeitet und diskutiert, welche Punkte sie als wichtig für die Brokerwahl erachten. Damit Sie sehen, wovon wir sprechen, zeige ich Ihnen zuerst die Liste (Abb. 02.04) und bespreche diese im Anschluss.

## Broker-Checkliste

| Fragen an die Broker ... | 1 | 2 | 3 |
| --- | --- | --- | --- |
| Gibt es mein Instrument bei diesem Broker? | | | |
| Wird mein bevorzugter Börsenplatz bedient? | | | |
| In Deutschland ansässig? | | | |
| Wenn nein, in der EU ansässig? | | | |
| Welcher Finanzaufsicht unterstellt? | | | |
| Einlagensicherungsfonds? | | | |
| Wie lange ist der Broker schon am Markt? | | | |
| Werde ich rund um die Uhr in Deutsch betreut? | | | |
| Welche Art von Broker für mein Produkt? | | | |
| Kosten einer Order für mein Produkt? | | | |
| Sonstige Kosten? | | | |
| Eventuell Nachschusspflicht? | | | |
| Windows, Apple, Linux, Smartphone, Tablet? | | | |
| Telefonische Orderaufgabe? | | | |
| Realtime- oder Neartime-Kurse? | | | |
| Daten-Feed und externe Plattform? | | | |
| Orderarten und garantierte Stopps? | | | |
| Webinare/Seminare? | | | |
| Live-Chat/Warteschleife am Telefon? | | | |
| Guthabenverzinsung? | | | |
| Wie vollzieht sich die Auszahlung von Guthaben? | | | |
| Finanzierungskosten/Margin? | | | |
| News Feed? | | | |
| Persönlicher Eindruck von Messe? | | | |
| Unlimited Demoaccount? | | | |

*Abb. 02.04: Die Tabelle zeigt beispielhaft eine Broker-Checkliste. Diese Checkliste ist die Original-Checkliste, die von den Teilnehmern der PATA-Stunde erstellt wurde. Sie erhebt keinen Anspruch auf Richtigkeit oder Vollständigkeit.*

## Wie ist die Liste zu lesen?

Wenn es darum geht, einen Broker zu finden, verschaffen Sie sich am besten einen Überblick über die diversen Anbieter. Um das Ganze ein wenig optimieren und standardisieren zu können, hat sich eine Checkliste als praktikabel erwiesen. Diese Checkliste ermöglicht es Ihnen, sich eine vergleichbare Informationsgrundlage in Bezug auf die verschiedenen Anbieter zu verschaffen. Denn die Auswahl an Brokern ist groß, und die Internetseiten der Anbieter sind nicht nach einem einheitlichen Standard aufgebaut. Jeder Anbieter stellt die für ihn wichtigen Punkte in den Vordergrund. Aber darum geht es nicht. Für Sie ist entscheidend, dass Sie den richtigen Broker für Ihre Bedürfnisse finden. Denn vergessen Sie nicht, wenn Sie Ihr Trading ernsthaft betreiben wollen, sind Sie der Unternehmer, der Broker ist Ihr Geschäftspartner und die Chartsoftware ist Ihr Arbeitsmittel. All dies sollte für Sie stimmen und Sie müssen mit Ihrer Auswahl zufrieden sein.

Es ist sinnvoll, mit denselben Fragen an die verschiedenen Broker heranzutreten. Denn nur dies ermöglicht einen objektiven Vergleich.

In der Beispielliste haben wir die Fragen in die linke Spalte geschrieben. In den drei Spalten – 1, 2, 3 – werden die Antworten der drei verschiedenen Broker notiert, die verglichen werden.

Haben Sie eine solche Tabelle erstellt, wenden Sie sich an den von Ihnen ausgewählten Anbieter. Nutzen Sie doch die Gelegenheit, per Telefon den Service des Anbieters zu testen. Oft gibt dies schon einen ersten Einblick in die Arbeitsweise des Anbieters. Wirkt das Serviceteam kompetent? Muss ich lange in der Warteschleife warten? Bekomme ich sofort einen deutschen Ansprechpartner oder werde ich gar in die USA, nach England oder sonst wohin verbunden? Welche Kosten entstehen mir für diesen Anruf? Kann ich über einen normalen Festnetzanschluss anrufen, oder muss ich eine teure Sondernummer wählen?

Auch Messen sind immer gute Gelegenheiten, sich mit den Anbietern zu treffen. Löchern Sie die dortigen Mitarbeiter mit Ihren Fragen, und vertrauen Sie Ihr Geld nicht einfach dem Erstbesten an!

## Diese Liste kopieren oder doch besser eine eigene erstellen?

Die Anforderungen, die Sie an einen Broker haben, unterscheiden sich sicherlich von meinen. Es fängt bei der Produktwahl an und endet bei der unterschiedlichen Gewichtung der Kriterien. Auch wenn ich mich wiederhole: Wenn Sie Trading ernsthaft betreiben wollen, müssen Sie sich wie ein Unternehmer fühlen. Sie haben Ihr Trading-Geschäft. Der Broker ist Ihr Geschäftspartner. Sie müssen sich Ihren Geschäftspartner nach Ihren Kriterien aussuchen. Sie müssen die nächste Zeit mit diesem Geschäftspartner auskommen. Nicht ich.

Im Übrigen ist die oben abgebildete Liste nicht meine persönliche. Es handelt sich um die Originalliste aus unserer PATA-Stunde in Stuttgart. Sie wurde von vielen Tradern zusammen erstellt. Muss sie deshalb besser sein? Nein. Sie ist nur exemplarisch. An der Erstellung der Liste haben Aktien-, Forex- und Future-, Zertifikate- und Turbo-Trader sowie Options-Schreiber und weitere mitgewirkt. Jeder hat andere Schwerpunkte. Im Übrigen mussten wir bei der Erstellung der Liste Schwerpunkte nach der größten Schnittmenge bilden, da unsere Liste sonst zu lang geworden wäre. Sie sehen, diese Liste ist ein Kompromiss. Nutzen Sie sie als Vorbild und schreiben Sie die für Sie wichtigen Kriterien nieder. So erstellen Sie Ihre eigene Liste. Gewichten Sie die einzelnen Punkte. Sammeln Sie die Informationen, und entscheiden Sie dann. Denn es geht um Ihr Geld.

### Zusammenfassung

Denken Sie daran: Gegenüber dem Broker sind immer Sie in der besseren Position. Seien Sie nicht schüchtern, den Broker zu befragen, wie er auf Ihre speziellen Wünsche eingehen kann und will. Sollten Sie zum Beispiel die Spreads oder die Kommission für unangemessen halten, einen speziellen Indikator oder Anschluss an eine spezielle Handelsplattform wünschen, so sprechen Sie das an. Sollte Ihr Broker nicht darauf eingehen, wird sich immer ein anderer Broker finden, der bereit ist, Ihnen entgegenzukommen, und der gerne Ihren Account führt. Und sollte es nicht in Ihrem eigenen Land sein, werden Sie sicher weltweit jemanden finden, der Ihre Wünsche umsetzen kann. Im Zeitalter des Internets ist es nicht mehr unbedingt erforderlich, dass Ihr Broker bei Ihnen vor Ort seinen Sitz hat.

Gehen Sie aber nicht blauäugig mit unrealistischen Forderungen auf den Broker zu. Denn es nützt Ihnen nichts, wenn Sie einen Broker gefunden haben, der zwar all Ihre Wünsche erfüllt, aber im nächsten Monat pleite ist mit der Folge, dass Sie nur noch einen Teil Ihres Geldes oder überhaupt nichts davon wiedersehen.

Qualität hat auch bei Brokern ihren Preis. Eine »Null«-Spread-Strategie kann nicht funktionieren, was das Beispiel der Firma Worldspreads zeigt. Dieser warb sehr nachdrücklich damit: »Worldspreads ist seit jeher dafür bekannt, seinen Kunden möglichst geringe Spreads zu bieten«. Noch im Februar 2012 war auf ein Roadshow von Worldspreads zu lesen, dass bei Eröffnung eines neuen Kontos 15 Prozent des eingezahlten Betrages auf das Konto hinzuaddiert würden. Es gab also nicht nur seit jeher möglichst geringe Spreads, sondern auch noch Geld für die Kontoeröffnung. Dieses System ging nicht auf. Worldspreads hat am 18. März 2012 Insolvenz angemeldet.

Nachdem die Grundlagen zu Brokern und Trading-Computern gelegt sind, geht es nun zurück zum wirklichen Trading. Kursmuster und Fibonacci-Zahlen werden unser nächstes Thema sein.

# Kapitel 3: Fibos und Pattern

Nachdem wir uns über das Handwerkszeug und die Rahmenbedingungen informiert haben, geht es jetzt weiter beziehungsweise zurück zum eigentlichen Trading.

Das folgende Kapitel dreht sich um Fibonacci, genauer gesagt um Fibonacci-Verhältnisse im täglichen Trading. Es geht darum, wie diese sowohl für den Trade-Einstieg als auch für den Ausstieg verwendet werden können.

Da der praktische Aspekt bei diesem Buch im Vordergrund stehen soll, werde ich kurz und rudimentär die mathematischen Grundlagen der sogenannten Fibos darlegen, um dann ausführlich auf die praktische Anwendung einzugehen.

## Fibonacci-Ratios

Sprechen wir im Trading von Fibos, von Fibonacci oder von Fibonacci-Ratios, dann meinen wir damit nichts anderes als Streckenverhältnisse. Eine Strecke, zum Beispiel eine abgeschlossene Abwärtsbewegung (vgl. Abb. 03.01, Punkt 1 bis 2), wird ausgemessen und in prozentuale Anteile aufgeteilt.

Die Strecke wird von oben (Punkt 1) nach unten (Punkt 2) beziehungsweise in Kursrichtung gemessen. Dabei wird die Kursstrecke in verschiedene prozentuale Abschnitte unterteilt. Die hierbei verwendeten prozentualen Verhältnisse wurden mit Zahlen der Fibonacci-Reihe ermittelt. Sie können erkennen, dass bei der ersten Korrekturbewegung nach oben die Verhältnisse fast bis auf den Punkt getroffen wurden. Aber auch in den weiteren Bewegungen des Marktes orientiert sich der Preis gerne an den Fibonacci-Verhältnissen.

*Abb. 03.01: 5-Minuten-EUR/USD-Chart min mit Fibonacci-Retracements*

Keine Angst! Sie müssen nicht rechnen. Nahezu jede Charting-Software hat mittlerweile ein Werkzeug, das die entsprechenden Verhältnisse ausrechnet und einzeichnet.

## Der Ursprung

Der Ursprung geht zurück auf den italienischen Mathematiker Leonardo di Pisa (ca. 1180–1241). Dieser entwickelte die sogenannten Fibonacci-Zahlenreihe, der ein rekursives Bildungsgesetz zugrunde liegt.

Dieses lautet wie folgt:

$$f_N = f_{N-1} + f_{N-2}$$

Auch wenn Sie keine Berührungspunkte zur Mathematik haben, schauen Sie sich die nächsten Seiten an. Es ist grundsätzlich nicht kompliziert, wenn man sich vor Augen hält, was dahintersteckt.

Es handelt sich um ein rekursives Bildungsgesetz. Dies bedeutet nichts anderes als ein sich selbst definierendes Bildungsgesetz. Wie kann sich ein Bildungsgesetz selbst bilden? Um praktisch damit zu arbeiten, benötigen wir zunächst einen Startwert. Somit geben wir die Zahlen 0 und 1 als Startwert vor.

In die Formel $f_n = f_{n-1} + f_{N-2}$ eingesetzt und mit den Vorgaben 0 und 1 gerechnet, erhalten wir folgende Zahlenreihe:

*1, 2, 3, 5, 8, 13, 21 ...*

Denn in Worten ausgedrückt besagt die Formel nichts weiter, als dass immer die letzten beiden Zahlen einer Zahlenreihe addiert werden.

Zum besseren Verständnis betrachten wir den doch recht mathematischen Sachverhalt in einzelnen Schaubildern.

**ES WERDEN IMMER DIE LETZTEN BEIDEN ZAHLEN EINER REIHE ADDIERT**

**AUSGANGSPUNKT: 0 UND 1**

**BEISPIEL:**

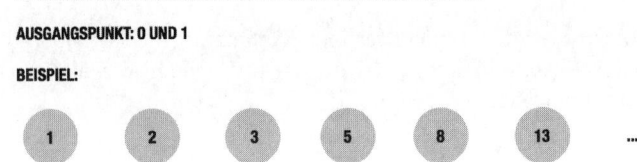

*Abb. 03.02: Schematische Darstellung Fibonacci 01*

Der Rechenweg wird hier noch einmal dargestellt. Es werden immer die letzten beiden Zahlen unserer Zahlenreihe addiert. Da wir mit irgendetwas beginnen müssen, geben wir die 0 und die 1 als Startwerte vor.

*0 + 1 = 1*

So erhalten wir die erste Zahl.

**ES WERDEN IMMER DIE LETZTEN BEIDEN ZAHLEN EINER REIHE ADDIERT**

AUSGANGSPUNKT: 0 UND 1

BEISPIEL:

1    2    3    5    8    13    ...

= 0+1

*Abb. 03.03: Schematische Darstellung Fibonacci 02*

Da wir nun unsere erste Fibonacci-Zahl gefunden haben, stellt sich die Frage, wie wir auf die nächste Fibonacci-Zahl kommen.

Da wir noch keine zweite Zahl in unserer Reihe haben, müssen wir auf die zweite Zahl unserer Vorgabe zurückgreifen. Dies war die 1.

$1 + 1 = 2$

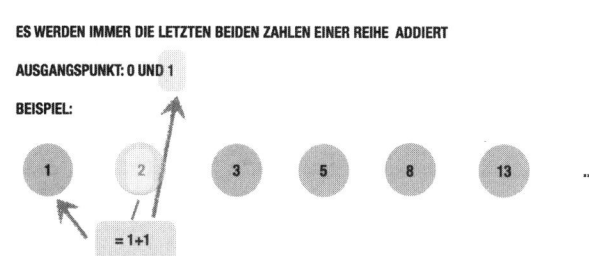

**ES WERDEN IMMER DIE LETZTEN BEIDEN ZAHLEN EINER REIHE ADDIERT**

AUSGANGSPUNKT: 0 UND 1

BEISPIEL:

1    2    3    5    8    13    ...

= 1+1

*Abb. 03.04: Schematische Darstellung Fibonacci 03*

Damit erhalten wir die zweite Zahl unserer Reihe. Ab jetzt können wir, wie in der Formel angegeben, verfahren, nämlich so, dass immer die letzten beiden Zahlen der Reihe addiert werden.

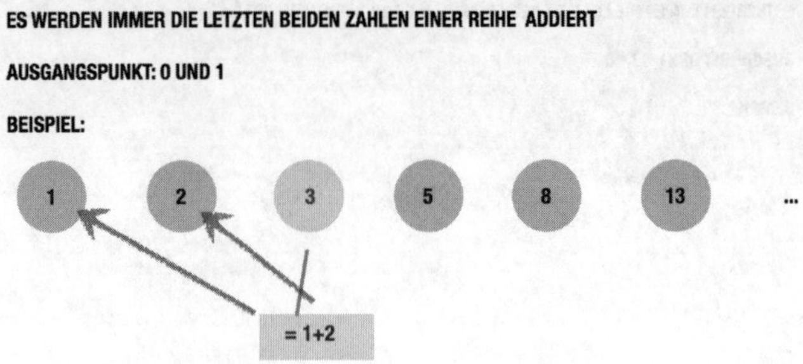

**ES WERDEN IMMER DIE LETZTEN BEIDEN ZAHLEN EINER REIHE ADDIERT**

**AUSGANGSPUNKT: 0 UND 1**

**BEISPIEL:**

| 1 | 2 | 3 | 5 | 8 | 13 | ... |

= 1+2

*Abb. 03.05 - Schematische Darstellung Fibonacci 04*

$$1 + 2 = 3$$

Wir haben die nächste Zahl unserer Reihe.

$$2 + 3 = 5$$

$$3 + 5 = 8$$

$$5 + 8 = 13$$

$$8 + 13 = 21...$$

Damit ist das Prinzip klar, das hinter dem Geheimnis Fibonacci steckt. Diese Zahlenreihe verwenden wir nun, um die sogenannten Fibo-Verhältnisse auszurechnen.

Das geschieht folgendermaßen: Wir tragen in einer Tabelle horizontal wie vertikal die ersten Fibonacci-Zahlen ein. Dann teilen wir zum Beispiel eine Zahl aus dieser Reihe durch ihren Nachfolger.

Mathematisch stellt sich das dann so dar: $n/(n+1)$

Zum besseren Verständnis betrachten Sie die folgende Darstellung.

|     | 1 | 2 | 3 | 5 | 8 | 13 | 21 | 34 | 55 | 89 | 144 |
|-----|-----|-----|-----|-----|-----|-----|-----|-----|-----|-----|-----|
| 1 | 1,00 | 2,00 | 3,00 | 5,00 | 8,00 | 13,00 | 21,00 | 34,00 | 55,00 | 89,00 | 144,00 |
| 2 | 0,50 | 1,00 | 1,50 | 2,50 | 4,00 | 6,50 | 10,50 | 17,00 | 27,50 | 44,50 | 72,00 |
| 3 | 0,333 | 0,667 | 1,00 | 1,667 | 2,667 | 4,33 | 7,00 | 11,33 | 18,33 | 29,67 | 48,00 |
| 5 | 0,20 | 0,40 | 0,60 | 1,00 | 1,600 | 2,60 | 4,20 | 6,80 | 11,00 | 17,80 | 28,80 |
| 8 | 0,125 | 0,25 | 0,375 | 0,625 | 1,00 | 1,625 | 2,625 | 4,25 | 6,875 | 11,125 | 18,00 |
| 13 | 0,077 | 0,154 | 0,231 | 0,385 | 0,615 | 1,00 | 1,615 | 2,615 | 4,23 | 6,846 | 11,077 |
| 21 | 0,048 | 0,095 | 0,143 | 0,238 | 0,381 | 0,619 | 1,00 | 1,619 | 2,619 | 4,238 | 6,857 |
| 34 | 0,029 | 0,059 | 0,088 | 0,147 | 0,235 | 0,382 | 0,618 | 1,00 | 1,618 | 2,618 | 4,235 |
| 55 | 0,018 | 0,036 | 0,055 | 0,091 | 0,146 | 0,236 | 0,382 | 0,618 | 1,00 | 1,618 | 2,618 |
| 89 | 0,011 | 0,022 | 0,034 | 0,056 | 0,089 | 0,146 | 0,236 | 0,382 | 0,618 | 1,00 | 1,618 |
| 144 | 0,007 | 0,014 | 0,02 | 0,035 | 0,055 | 0,09 | 0,146 | 0,236 | 0,382 | 0,618 | 1,00 |

*Abb. 03.06: Schematische Darstellung Fibonacci; 61,8 %-Retracement; Tabelle nach Karin Roller; »Kursziele bestimmen mit Fibonacci«.*

Rechnerisch ergibt sich folgendes Ergebnis: 89/144 = 0,618

Multiplizieren wir dieses Ergebnis mit 100, dann erhalten wir das Fibo-Retracement von 61,8 %.

Um ein weiteres Fibo-Verhältnis zu erhalten, teilen wir eine Zahl aus der Zahlenreihe durch die Zahl, die auf ihren Nachfolger folgt, also zwei Zahlen weiter:

$n/(n+2)$

|     | 1 | 2 | 3 | 5 | 8 | 13 | 21 | 34 | 55 | 89 | 144 |
|-----|------|------|------|------|------|------|------|------|------|------|------|
| **1** | **1,00** | 2,00 | 3,00 | 5,00 | 8,00 | 13,00 | 21,00 | 34,00 | 55,00 | 89,00 | 144,00 |
| **2** | 0,50 | **1,00** | 1,50 | 2,50 | 4,00 | 6,50 | 10,50 | 17,00 | 27,50 | 44,50 | 72,00 |
| **3** | 0,333 | 0,667 | **1,00** | 1,667 | 2,667 | 4,33 | 7,00 | 11,33 | 18,33 | 29,67 | 48,00 |
| **5** | 0,20 | 0,40 | 0,60 | **1,00** | 1,600 | 2,60 | 4,20 | 6,80 | 11,00 | 17,80 | 28,80 |
| **8** | 0,125 | 0,25 | 0,375 | 0,625 | **1,00** | 1,625 | 2,625 | 4,25 | 6,875 | 11,125 | 18,00 |
| **13** | 0,077 | 0,154 | 0,231 | 0,385 | 0,615 | **1,00** | 1,615 | 2,615 | 4,23 | 6,846 | 11,077 |
| **21** | 0,048 | 0,095 | 0,143 | 0,238 | 0,381 | 0,619 | **1,00** | 1,619 | 2,619 | 4,238 | 6,857 |
| **34** | 0,029 | 0,059 | 0,088 | 0,147 | 0,235 | 0,382 | 0,618 | **1,00** | 1,618 | 2,618 | 4,235 |
| **55** | 0,018 | 0,036 | 0,055 | 0,091 | 0,146 | 0,236 | 0,382 | 0,618 | **1,00** | 1,618 | 2,618 |
| **89** | 0,011 | 0,022 | 0,034 | 0,056 | 0,089 | 0,146 | 0,236 | 0,382 | 0,618 | **1,00** | 1,618 |
| **144** | 0,007 | 0,014 | 0,02 | 0,035 | 0,055 | 0,09 | 0,146 | 0,236 | 0,382 | 0,618 | **1,00** |

*Abb. 03.07: Schematische Darstellung Fibonacci; 38,2 %-Retracement; Tabelle nach Karin Roller; »Kursziele bestimmen mit Fibonacci«.*

Unsere Rechnung sieht dann wie folgt aus: $55/144 = 0{,}382$

Auch dieses Ergebnis multiplizieren wir mit 100 und erhalten 38,2 %.

Errechnen wir uns nun ein letztes tradingrelevantes Fibo-Verhältnis. Dazu teilen wir eine Zahl aus der Fibo-Zahlenreihe durch eine Zahl, drei Zahlen weiter auf dem Zahlenstrahl:

$$n/(n+3)$$

|     | 1 | 2 | 3 | 5 | 8 | 13 | 21 | 34 | 55 | 89 | 144 |
|-----|------|-------|-------|-------|-------|-------|-------|-------|--------|--------|--------|
| 1   | 1,00 | 2,00 | 3,00 | 5,00 | 8,00 | 13,00 | 21,00 | 34,00 | 55,00 | 89,00 | 144,00 |
| 2   | 0,50 | 1,00 | 1,50 | 2,50 | 4,00 | 6,50 | 10,50 | 17,00 | 27,50 | 44,50 | 72,00 |
| 3   | 0,333 | 0,667 | 1,00 | 1,667 | 2,667 | 4,33 | 7,00 | 11,33 | 18,33 | 29,67 | 48,00 |
| 5   | 0,20 | 0,40 | 0,60 | 1,00 | 1,600 | 2,60 | 4,20 | 6,80 | 11,00 | 17,80 | 28,80 |
| 8   | 0,125 | 0,25 | 0,375 | 0,625 | 1,00 | 1,625 | 2,625 | 4,25 | 6,875 | 11,125 | 18,00 |
| 13  | 0,077 | 0,154 | 0,231 | 0,385 | 0,615 | 1,00 | 1,615 | 2,615 | 4,23 | 6,846 | 11,077 |
| 21  | 0,048 | 0,095 | 0,143 | 0,238 | 0,381 | 0,619 | 1,00 | 1,619 | 2,619 | 4,238 | 6,857 |
| 34  | 0,029 | 0,059 | 0,088 | 0,147 | 0,235 | 0,382 | 0,618 | 1,00 | 1,618 | 2,618 | 4,235 |
| 55  | 0,018 | 0,036 | 0,055 | 0,091 | 0,146 | 0,236 | 0,382 | 0,618 | 1,00 | 1,618 | 2,618 |
| 89  | 0,011 | 0,022 | 0,034 | 0,056 | 0,089 | 0,146 | 0,236 | 0,382 | 0,618 | 1,00 | 1,618 |
| 144 | 0,007 | 0,014 | 0,02 | 0,035 | 0,055 | 0,09 | 0,146 | 0,236 | 0,382 | 0,618 | 1,00 |

*Abb. 03.08: Schematische Darstellung Fibonacci; 23,2 %-Retracement; Tabelle nach Karin Roller; »Kursziele bestimmen mit Fibonacci«.*

Das mathematische Ergebnis: 34/144 = 0,236. Multipliziert mit 100 bekommen wir 23,6 %.

So erhalten wir die wichtigen drei Fibo-Level, die da wären 61,8 %, 38,2 % und 23,6 %. Wie wir auf das 50-Prozent-Level kommen, brauche ich wohl nicht zu erklären. Wir teilen einfach unsere Kursstrecke in zwei gleich lange Teile. Dies ist eigentlich kein echter Fibo-Wert, wird aber gerne benutzt, da er einfach zu handhaben ist.

Für die Kurszielbestimmung brauchen wir Werte, die über 100 % liegen. Diese errechnen sich über die Kehrwerte der oben genannten Zahlen. Dies bedeutet nichts anderes, als dass eine Fibo-Zahl, anstatt dass durch die ihr nachfolgende Zahl geteilt wird, nun durch ihre Vorgängerin zu teilen ist.

*Bisher galt zum Beispiel für die 61,8 % = $n/(n+1)$ -> 89/144 = 0,618*

Die »neue« Formel lautet jetzt:

$$n/(n-1)$$

|     | 1 | 2 | 3 | 5 | 8 | 13 | 21 | 34 | 55 | 89 | 144 |
|-----|-----|-----|-----|-----|-----|-----|-----|-----|-----|-----|-----|
| 1 | 1,00 | 2,00 | 3,00 | 5,00 | 8,00 | 13,00 | 21,00 | 34,00 | 55,00 | 89,00 | 144,00 |
| 2 | 0,50 | 1,00 | 1,50 | 2,50 | 4,00 | 6,50 | 10,50 | 17,00 | 27,50 | 44,50 | 72,00 |
| 3 | 0,333 | 0,667 | 1,00 | 1,667 | 2,667 | 4,33 | 7,00 | 11,33 | 18,33 | 29,67 | 48,00 |
| 5 | 0,20 | 0,40 | 0,60 | 1,00 | 1,600 | 2,60 | 4,20 | 6,80 | 11,00 | 17,80 | 28,80 |
| 8 | 0,125 | 0,25 | 0,375 | 0,625 | 1,00 | 1,625 | 2,625 | 4,25 | 6,875 | 11,125 | 18,00 |
| 13 | 0,077 | 0,154 | 0,231 | 0,385 | 0,615 | 1,00 | 1,615 | 2,615 | 4,23 | 6,846 | 11,077 |
| 21 | 0,048 | 0,095 | 0,143 | 0,238 | 0,381 | 0,619 | 1,00 | 1,619 | 2,619 | 4,238 | 6,857 |
| 34 | 0,029 | 0,059 | 0,088 | 0,147 | 0,235 | 0,382 | 0,618 | 1,00 | 1,618 | 2,618 | 4,235 |
| 55 | 0,018 | 0,036 | 0,055 | 0,091 | 0,146 | 0,236 | 0,382 | 0,618 | 1,00 | 1,618 | 2,618 |
| 89 | 0,011 | 0,022 | 0,034 | 0,056 | 0,089 | 0,146 | 0,236 | 0,382 | 0,618 | 1,00 | 1,618 |
| 144 | 0,007 | 0,014 | 0,02 | 0,035 | 0,055 | 0,09 | 0,146 | 0,236 | 0,382 | 0,618 | 1,00 |

*Abb. 03.09: Schematische Darstellung Fibonacci; 1,168 %-Extension; Tabelle nach Karin Rolle;* »*Kursziele bestimmen mit Fibonacci*«.

Unser Rechenergebnis: 89/55 = 1,618. Die 1,618 ist eine ganz besondere Zahl. Sie wird auch als Goldener Schnitt oder Proportio divina bezeichnet.

Nach gleichem Prinzip erfolgt die Berechnung der 2,618 %-Extension.

Die 127,2 % errechnen sich durch Ziehen der Wurzel aus 1,618.

Damit haben wir auch die Fibo-Level in der Erweiterung oder Extension. Nämlich 127,2 %, 161,8 % und 261,8 %.

Neben denen, die wir eben kennengelernt haben, die Majors genannt werden, gibt es auch die sogenannten Minors. Für unser Trading relevant sind hierbei die 50 %, 70,7 % und 88,60 %.

Zu den 50 % muss man nicht viel erklären. Die Strecke wird einfach in zwei gleich große Teile aufgeteilt.

Die 70,7 % errechnen sich dadurch, dass die Wurzel aus den 50 % gezogen und mit 10 multipliziert wird.

Auf die 88,60 % kommt man, indem man die Wurzel aus dem (vorhin nicht angesprochenen Major) 78,60 zieht und mit 10 multipliziert.

**Zusammenfassung**

Mit Fibonacci-Ratios oder Fibonacci-Streckenverhältnissen wird eine Chart-Bewegung in verschiedene Proportionen aufgeteilt. Diese bestimmten Proportionen errechnen sich aus Formeln unter Anwendung der Fibonacci-Zahlenreihe.

Wir unterteilen Fibonacci-Ratios in sogenannte Majors und Minors.

Majors: 23,6 %, 38,2 % und 61,8 % für die Kurszielbestimmung 161,8 % und 261,8 %

Minors: 50 %, 70,7 % und 88,6 % für die Kurszielbestimmung die 127,2 %

# Warum Fibonacci-Ratios?

Es scheint so zu sein, dass der Mensch die Fibonacci-Verhältnisse als besonders harmonisch ansieht. Unzählige Beispiele in der Natur liefern die Vorgabe. So lassen sich Fibonacci-Verhältnisse zum Beispiel in den Spiralen von Schnecken oder Muscheln erkennen. Verblüffend ist hierbei, wie zum Beispiel die Nautilus-Muschel[20] dem Aufbau einer Spiral-Galaxie ähnelt. In beiden lassen sich Manifestationen der Fibonacci-Zahlenreihe erkennen. Aber nicht nur dort. Auch bei Tannenzapfen, Sonnenblumen oder an einer Ananas kommen Fibonacci-Verhältnisse zum Vorschein. Der Goldene Schnitt findet sich auch in Mikrotubuli der Neuronen unseres Gehirns oder in DNS-Molekülen wieder.

Diese Beispiele der Natur spiegeln sich auch im Chart wider.

Eine Aufwärts- oder Abwärtsbewegung in einem Chart ist nichts anderes als ein Streckenzuwachs[21]. Oft erfolgen solche Zuwächse durch harmonische Bewegungen. Denn das menschliche Auge scheint eine Vorliebe für diese Strukturen zu besitzen. Wenn solche Zahlenverhältnisse uns Menschen tagtäglich umgeben und unser Auge ein Faible für Ratios zu haben scheint, dann ist es nicht verwunderlich, dass sich die gleichen

---

[20] Eigentlich keine Muschel, sondern ein Kopffüßer.
[21] Im Falle einer Abwärtsbewegung gibt es einen negativen Zuwachs.

Verhältnisse auch in Vorgängen widerspiegeln, bei denen eine große Anzahl von Menschen beteiligt sind. Wie zum Beispiel in den Finanzmärkten.

Kritiker werfen dieser Methode oft vor, sie gehöre in den Bereich der Esoterik. Es bestehe keine Veranlassung zu glauben, dass solche Zahlen Einfluss auf das Geschehen an den Märkten hätten. Wie auch gegenüber der Technischen Analyse generell, kommt hier der »Kritikpunkt« der sich selbst erfüllenden Prophezeiung. Ob es nun rational oder irrational ist, an eine Verquickung der Fibonacci-Zahlen mit den Finanzmärkten zu glauben, so steht dennoch fest, dass eine Vielzahl von Tradern einen Blick auf diese Ratios werfen und damit arbeiten. Solange diese Methode funktioniert und ich sie gewinnbringend in mein Trading integrieren kann, ist für mich zweitrangig, wer recht hat. Denn beim Trading geht es nicht um Rechthaberei, sondern um die Pips auf Ihrem Konto!

# Pattern

Pattern ist das englische Wort für Kursmuster oder Kursformationen. Formationen gehören zu den gängigsten Methoden der Chartanalyse. Viele Zeitungen und Zeitschriften bilden solche Formationen gerne ab, wenn es um die technische Beurteilung von Finanzprodukten geht. Das Prinzip, das dahinter steht, ist simpel. Fast alles an den Finanzmärkten beruht auf Marktbewegung und Struktur. Technisch korrekt ausgedrückt, wird der Preisverlauf an markanten Punkten, also an Unterstützungs- und Widerstandsbereichen analysiert. Die Daten aus der Vergangenheit geben dann Aufschluss über eine mögliche Kursrichtung in der Zukunft.

Es gibt viele Formationen, angefangen mit den wohl bekannten Dreiecken oder Keilen über die Kopf-Schulter-Formation bis hin zu den weniger bekannten Formationen, wie zum Beispiel den Untertassen oder Broadening-Bottoms oder -Tops.

Eine Formation, die ich mit Ihnen gerne besprechen möchte, ist der Doppelte Boden beziehungsweise das Doppel-Top. Warum genau diese Formation? Diese Formation ist relativ einfach zu erklären, kommt dennoch häufig vor und hat sich in meinem Trading bisher als effektiv erwiesen.

## Doppelter Boden/Doppel-Top

Die erste Voraussetzung, die wir für diese Formation benötigen, ist relativ einfach. Für ein Doppel-Top benötigen wir eine vorausgegangene Aufwärtsbewegung (vgl. Abb. 03.10 Strecke 1–2). Für einen Doppelten Boden dagegen brauchen wir eine vorausgegangene Abwärtsbewegung (vgl. Abb. 03.11 Strecke 1–2). Und das war eigentlich schon fast alles. Der Rest ergibt sich schon aus dem Namen der Formation.

Für das Doppel-Top benötigen wir demnach zwei Tops, also zwei Spitzen. Dies bedeutet, der Preis zeigt einen Hochpunkt (Abb. 03.10, Punkt 2), korrigiert diesen (Punkt 3) und zeigt dann einen zweiten Hochpunkt (Punkt 4) auf ungefähr demselben Preisniveau. Sobald diese zweite Spitze ebenfalls korrigiert wird, haben wir ein Doppel-Top. Das ist bereits die ganze Formation.

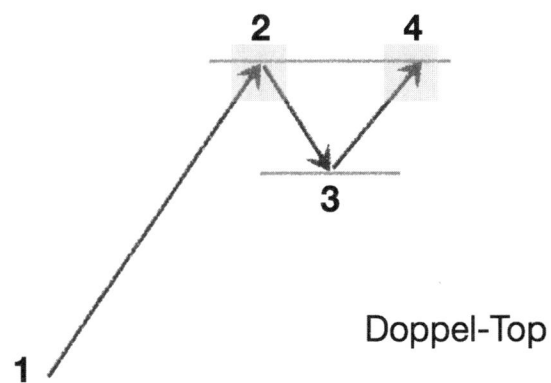

*Abb. 03.10: Schaubild – Doppel-Top*

Umgekehrt benötigen wir beim Doppelten Boden zwei Anläufe, ein bestimmtes Kursniveau zu durchbrechen. Versuch eins (Abb. 03.11, Punkt 2), gefolgt von einer kurzen Erholung (Punkt 3), und dann der erneute Versuch (Punkt 4), dieses Kursniveau zu durchbrechen.

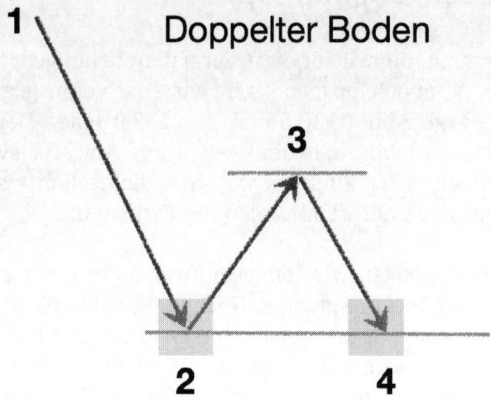

Abb. 03.11: Schaubild – Doppelter Boden

Sie werden mir sicher zustimmen, wenn ich behaupte, dass dieses Pattern recht einfach ist. Ich denke, jeder kann nach dieser kurzen Beschreibung schon das Doppel-Top auf dem Chart der Abbildung 03.12 erkennen.

Abb. 03.12: Chartbild EUR/JPY, 1-Stunden-Chart mit zwei Kursspitzen

Die Herausforderung ist, am Live-Chart ein Doppel-Top oder einen Doppelten Boden zu erkennen. Denn dass diese Formation eine Doppelformation ist, steht definitiv erst dann fest, wenn diese fertig ausgebildet ist. Wenn Sie aber nun einen Chart während Ihres Tradings sehen, sollten Sie in der Lage sein, sofort zu erkennen, ob es sich um eine solche Formation handelt oder eben nicht.

Können Sie jetzt schon definitiv sagen, ob wir auf dem obigen Beispiel-Chart (Abb. 03.12) schon eine solche Doppel-Formation, also ein Doppel-Top ausgebildet haben?

Besteht eine Doppel-Formation schon dann, wenn sie den Hochpunkt/ Tiefpunkt ein zweites Mal berührt?

Oder doch erst ab dem Zeitpunkt auf dem nächsten Chart (Abb. 03.13), wenn eine weitere Kerze hinzugekommen ist?

*Abb. 03.13: Doppelter Berührungspunkt mit einer Kerze »Rücklauf«*

Oder müssen wir doch noch weiter warten? Und kann ich erst nachdem zwei Kerzen zurückgelaufen sind, beurteilen, ob ein Doppel-Top vorliegt (vgl. Abb. 03.14)?

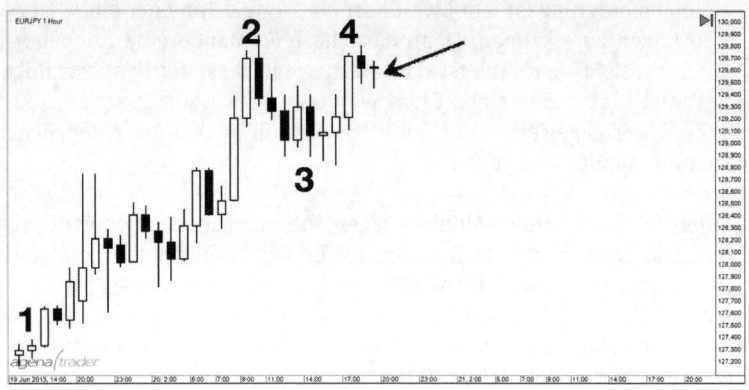

*Abb. 03.14: Doppelter Berührungspunkt mit zwei Kerzen »Rücklauf«*

## Was würden Sie sagen?

Dies ist ein Beispiel für die Unsicherheit und Frustration, der wir im täglichen Trading ausgesetzt sind. Um dennoch erfolgreich zu sein, benötigen wir klare Regeln. Wir müssen also definieren, was eine Doppelformation ist und wann diese vollendet wird. Nach dieser Definition müssen 100 von 100 Tradern zustimmen können, dass die vorliegende Formation ein Doppel-Top oder ein Doppelter Boden ist. Denn im Nachhinein kann jeder sagen, klar doch, das ist eine Doppelformation! Wir haben einen Test eines Strukturlevels, einen Rücksetzer und den erneuten Test des Strukturlevels. Die Kunst besteht darin, dies im »Live-Chart« zu erkennen.

Ich definiere für meinen Trading-Plan eine Doppelformation auf Schlusskurs-Basis. Das heißt, die Schlusskurse der beiden Spitzen müssen ungefähr das gleiche Preisniveau erreichen. Dabei sind Abweichungen (je nach Markt und Schwankungsbreite) von bis zu 5 Prozent erlaubt.

Essenziell ist jedoch für eine Doppelformation, dass die Struktur zwischen der Formation »gebrochen« wird. Denn erst ab diesem Zeitpunkt kann ich mir sicher sein, dass ich zwei Hoch- beziehungsweise Tiefpunkte hatte. Denn nach Dow zeigt sich dann ein höheres Hoch beziehungsweise ein höheres Tief. Wir beziehen uns hierbei immer auf den Schlusskurs.

Mit Struktur meine ich das Hoch beziehungsweise das Tief, das die Formation bildet. Dieser Strukturpunkt muss gebrochen werden, damit ich nach meiner Definition sagen kann, es liegt tatsächlich eine solche Doppelformation vor. Im Schaubild sieht das so aus:

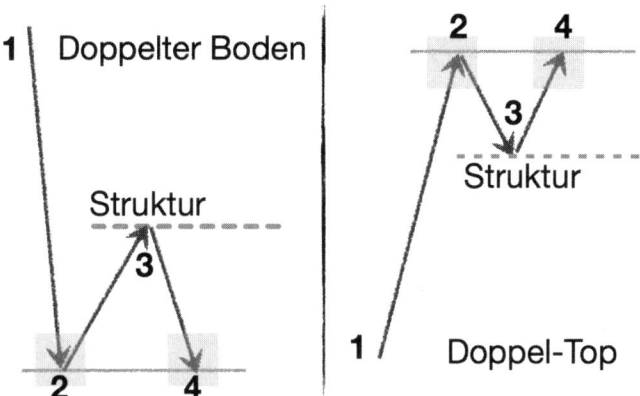

*Abb. 03.15: Schemabild – Bruch der Struktur der Doppelformation*

In unserem obigen Beispiel am Chart (Abb. 03.12) würde die Struktur am Tiefpunkt der vermeintlichen Doppelformation (Punkt 3) liegen:

*Abb. 03.15a: Strukturlevel der vermeintlichen Doppelformation*

In der Abb. 03.15a kann ich noch nicht definitiv sagen, dass hier ein Doppel-Top vorliegt. Denn es fehlt der Durchbruch durch das Strukturlevel an Punkt 3. Sie erinnern sich an die Eingangslektion zum Thema Dow-Theorie. Ein neuer Abwärtstrend besteht erst dann, wenn ein tieferes Hoch und ein tieferes Tief ausgebildet worden sind. Hierzu muss der Preis unterhalb des Strukturlevels schließen. Lassen wir im Chart weitere fünf Minuten vergehen, so sehen wir eine große schwarze Kerze. Diese findet ihren Schlusskurs unterhalb der die Doppelformation bildenden Struktur.

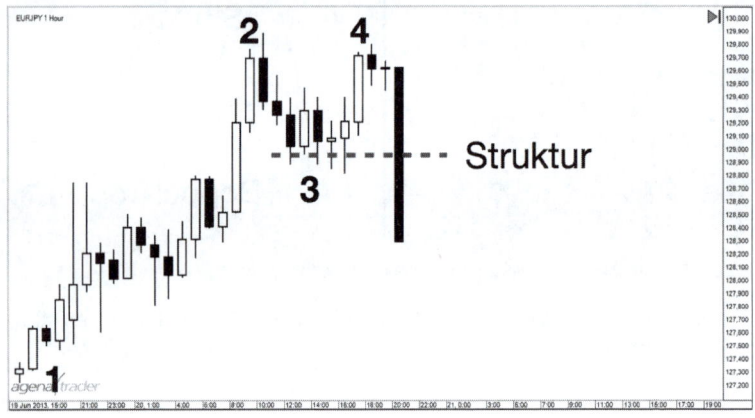

*Abb. 03.16: Doppelformation mit Bruch der Struktur*

Erst ab diesem Zeitpunkt kann ich, nach meiner Definition, von einem Doppel-Top sprechen.

Sie sehen die Schwierigkeiten, die sich aus so einfachen Dingen wie einer Doppelformation ergeben. Um qualifiziertes Trading betreiben zu können, brauche ich jedoch Regeln, die nachprüfbar, kontrollierbar und wiederholbar sind – für jeden und nicht nur für den eingefleischten Profi. Ich brauche klare Strukturen, die mir auf einen Blick sagen: Ja oder Nein. Das bedeutet, dass wir eine Definition benötigen, die es uns erlaubt, den Chart in der Vergangenheit zu untersuchen und zu sehen, welche Ergebnisse wir erzielt hätten. Sie müssen in der Lage sein zu kontrollieren, dass das, was Sie im Chartbild sehen, genau das ist, was wir vorher definiert haben. Und dieses muss wiederholbar sein. Immer und immer wieder. Denn Sie müssen dies für Ihr Trading ohne Zeitverzögerung selbst tun. Oft werden Systeme und Strategien entwickelt, die aussehen, als würden sie bemerkenswert gut funktionieren, doch in der Umsetzung im Live-Chart ergeben sich dann Probleme. Das in der Theorie so gut funktionierende System lässt sich meist nicht in der Praxis und am Live-Chart umsetzen.

Wenn es darum geht, dass wir etwas Nachprüfbares und Kontrollierbares benötigen, dann ist die Anforderung an die Methode, dass 100 von 100 Tradern damit genau denselben Sachverhalt erkennen. 100 von 100 Tradern müssen dasselbe Chartbild sehen und zur selben Schlussfolgerung kommen. Das bedeutet, dass wir Regeln brauchen, die uns den Einsatz dieses Systems im Live-Chart ermöglichen.

Im Falle unseres Doppel-Tops oder Doppelten-Bodens muss ich definieren, wann ein solcher vorliegt. Das muss so klar verständlich sein, dass es keine Missverständnisse darüber gibt, ob eine solche Formation vorliegt.

Bei einem Doppel-Top oder Doppeltem Bodens sehen wir beim Durchschreiten des Hoch- beziehungsweise Tiefpunktes der Formation den Bruch des jüngsten Strukturlevels.

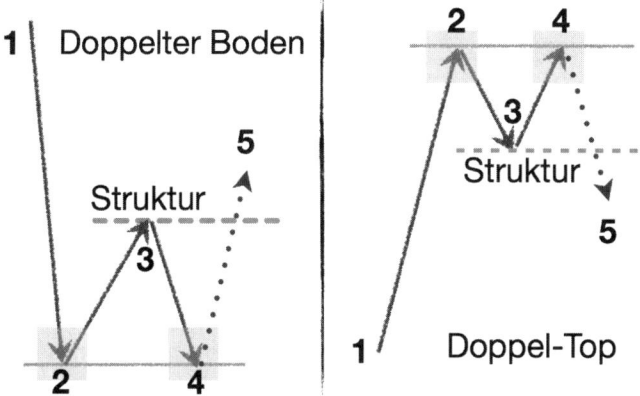

*Abb. 03.17: Schaubild – Bruch der Struktur der Doppelformation*

Wenn dieser Strukturbruch vollzogen ist, steht definitiv fest, dass wir ein Doppel-Top oder einen Doppelten Boden haben. Somit wählen wir diesen Punkt als definitives Signal für das Vollenden einer Doppelformation.

Damit wirklich eindeutig feststeht, dass eine Doppelformation vorliegt, muss zwingend der Bruch der Struktur gegeben sein. Nach Dow haben wir sonst keinen neuen Trend etabliert, da wir kein höheres Hoch und kein höheres Tief ausgebildet haben.

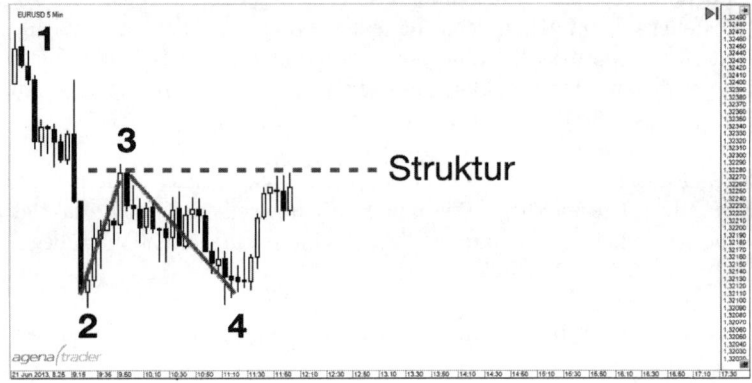

*Abb. 03.17a: Abwärtsbewegung mit Doppeltest eines Preislevels*

Auf dem obigen Chart-Bild (Abb 03.17a) sehen wir eine Abwärtsbewegung (Strecke 1–2), bei der der Kurs zweimal ein Preislevel (Punkt 2 und Punkt 4) antestet und dann nach oben abdreht. Dennoch haben wir hier noch keinen Doppelten Boden, da das Strukturhoch (Punkt 3) nicht durch den Schlusskurs der zweiten Aufwärtsbewegung gebrochen wurde. Solange dies nicht der Fall ist, besteht immer die Möglichkeit, dass es sich bei der doppelten Berührung des Preisniveaus lediglich um ein »Antesten« oder »Luftholen« des Marktes für eine Fortsetzung des vorherrschenden Trends handelt. Auf die Gefahr hin, dass ich mich wiederhole: Für einen neuen Aufwärtstrend benötigen wir höhere Hochs und höhere Tiefs – gemessen an den Schlusskursen der Kerzen.

Auf Abbildung 03.17b sehen wir, was in unserem Beispiel passiert ist, nachdem die Struktur (Punkt 3) der zweifachen Berührung des Preislevels (Punkt 2 und 4) nicht durch einen Schlusskurs oberhalb von Punkt 3 gebrochen wurde:

*Abb. 03.17b: Fortsetzung eines vorherrschenden Trends*

Der Markt nutzte die kleine Seitwärtsbewegung, um »Kraft« zu sammeln und dann die Abwärtsbewegung fortzusetzen.

Fassen wir kurz zusammen: Wir brauchen die Doppel-Spitze beziehungsweise den doppelten Boden. Und wir brauchen den Bruch der Struktur, der die beiden Punkte verbindet.

## Fibo Double Flip

Auf dieser Doppel-Formation baut das Trade-Setup auf, das dieses Buch begleiten wird: der Fibonacci Double Flip.

Der Fibo Double Flip ist ein Kursmuster-Trade, der einfach zu erlernen ist, sich in vielen Märkten zeigt und auf kurzen wie auch langen Zeitebenen anzutreffen ist. Daher empfinde ich dieses Trade-Setup als ideal, um exemplarisch darzulegen, wie man sich selbst eine Handelsstrategie erarbeiten kann. Er steht nur beispielhaft für viele andere Möglichkeiten, in den Markt einzusteigen.

Grundlage des Fibo Double Flip ist die im vorigen Abschnitt gezeigte Doppelformation des Doppelten Bodens oder des Doppel-Tops.

Das Problem bei dieser Formation ist, dass mit dem Bruch der Struktur das Risiko, das ich mit diesem Trade eingehe, extrem gewachsen ist, weil das Risiko des Trades nun oberhalb beziehungsweise unterhalb der Doppelformation liegt. Denn es besteht noch immer die Möglichkeit, dass der Markt eine Dreifach-Formation zeigt, sprich, dass der Markt ein drittes Mal das Strukturlevel antestet (vgl. Abb. 03.18).

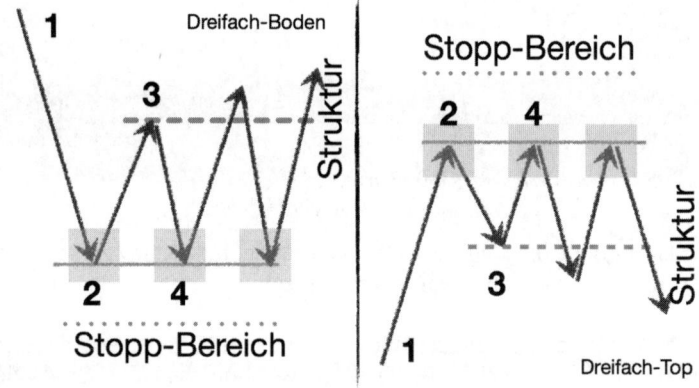

*Abb. 03.18: Schaubild – Risikobereich nach Durchtritt durch die Struktur*

Die Frage, die sich jetzt aufdrängt, ist, warum ich nicht gleich beim zweiten Test des Levels in den Trade einsteige. Die Antwort hierauf ist relativ einfach. Solange sich nicht eindeutig eine Doppelformation gezeigt hat, besteht weiterhin die erhöhte Wahrscheinlichkeit, dass der Markt einfach weiter in Richtung des bisher etablierten Trends läuft (vgl. Abb. 03.19).

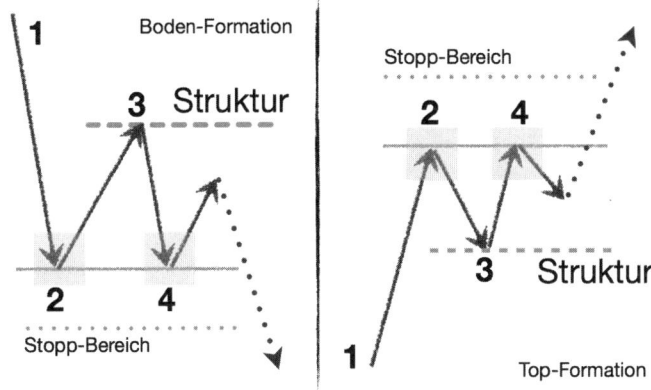

*Abb. 03.19: Schaubild einer fehlgeschlagenen Doppelformation*

Solange der Markt nicht die Struktur der Formation gebrochen hat, haben wir kein eindeutiges Signal dafür, dass wir eine Doppelformation haben.

Die Kehrseite ist, dass mit jedem weiteren Pip, den sich der Markt vom Strukturlevel entfernt, das Risiko unseres Trades wächst (vgl. Abb. 03.20). Denn der Stopp-Bereich muss, wie oben dargelegt, unterhalb beziehungsweise oberhalb der Formation liegen, da die Möglichkeit einer Dreifach-Top-Bildung besteht (vgl. Abb. 03.18).

Hier stellt sich dann die Frage, wann der richtige Zeitpunkt ist, in den Trade einzusteigen. Sollte man die zweite Spitze direkt kaufen beziehungsweise verkaufen? Sollte man abwarten bis die zwischen den zwei Extrempunkten liegende Struktur gebrochen wird? Oder sollte man auf ein anderes Chart-Signal warten?

Die Realität ist jedoch so, dass kein Trader, wenn er einen Trade eingeht, weiß, wie der Trade ausgehen wird. Trading-Einsteiger meinen oft, dass die Profi-Trader mit Geheimwissen ausgestattet seien. Sei es, dass solche Trader ein Familiengeheimnis mit der perfekten Strategie hüten, die von Generation zu Generation weitergetragen wird. Oder dass Absolventen von Elite-Unis die besten Strategien gelehrt bekamen und auf diese

Weise einen ungleichen Vorteil genießen würden. Die Wirklichkeit sieht jedoch meist anders aus. Oft hört man, dass ein Trade eingegangen wurde, da er ein gutes Gewinn-Risiko-Verhältnis hatte. »Der sah gut aus, da habe ich ihn genommen«.

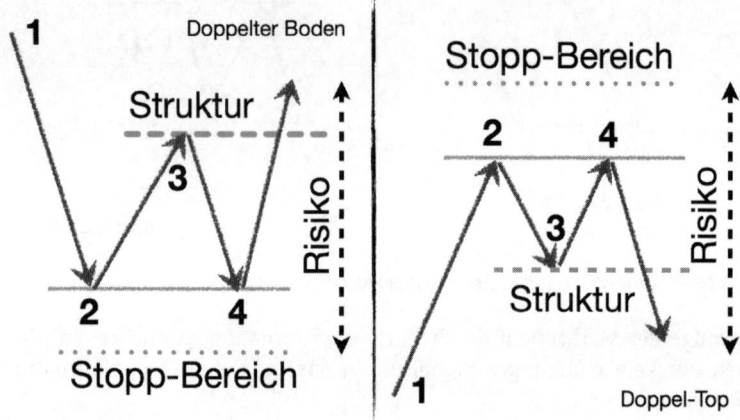

*Abb. 03.20: Schaubild – Risiko nach Durchtritt durch die Struktur*

Sieht man Trading unter diesem Gesichtspunkt, geht es beim Trading um Verlustbegrenzung. Denn wartet man, bis der Trade die Struktur (Punkt 3) gebrochen hat, hat man ein wesentlich höheres Verlustrisiko, als wenn man an der Spitze beziehungsweise dem Tiefpunkt (Punkt 2 und 4) einsteigt.

Die Frage, die sich daher stellt, ist folgende: Wie kann man die Chancen der Doppelformation mit einem akzeptablen Verlustrisiko traden?. Denn beim Trading geht es darum, mit dem geringsten Risiko eine Situation zu schaffen, bei der die Wahrscheinlichkeit, dass sich der Trade in die erwartete Richtung entwickelt, höher ist als die Wahrscheinlichkeit, dass der Trade sich dagegen entwickelt.

Hat der Markt einmal die Struktur gebrochen, dann möchte er oft noch einmal die Stelle testen, die ihn zuvor aufgehalten hat. So sehen wir häufig nach dem Durchschreiten der Struktur einen Rücksetzer zurück in den Bereich der Formation. Denn unterhalb (beziehungsweise oberhalb bei einem Long) dieser Struktur lagen Stoppkurse von Tradern, die long (beziehungsweise short) positioniert waren (vgl. Abb. 03.21). Dies bringt Druck in den Markt.

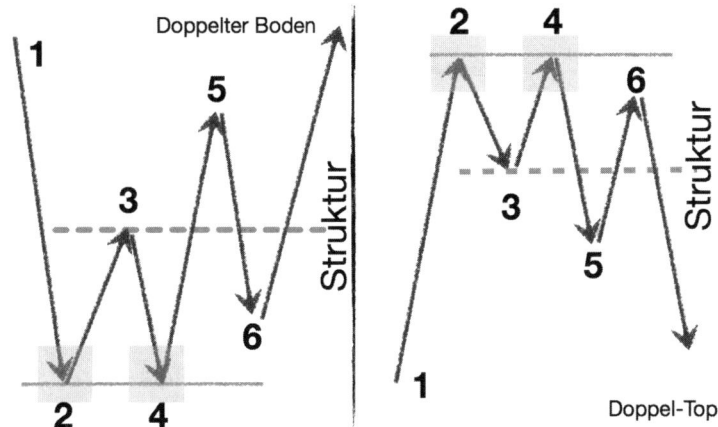

*Abb. 03.21: Schaubild – Stoppkurse nahe der Struktur*

Bei einem Short, also bei einem Doppel-Top, kommen nun neue Käufer in den Markt (vgl. Abb. 03.22, Punkt 5), entweder durch neue Kaufaufträge oder durch ausgelöste Stop Orders. Neue Kaufaufträge, die auf steigende Kurse setzen und das Auslösen der Stopps treiben den Markt nach oben in die Struktur hinein (Strecke Punkt 5-6). Hierauf wartet jedoch eine große Anzahl von Tradern, die erkannt haben, dass mit dem Bruch der Struktur und dem neueren Tief eine neue Trendbewegung eingeleitet wurde. Diese nutzen dann den Rücksetzer (Punkt 6), um auf den sich neu bildenden Trend aufzuspringen. Denn die neue Trendrichtung ist jetzt short.

Bei einem Long, also bei einem Doppelten Boden, verhält es sich genau umgekehrt. Es kommen Verkäufer in den Markt (durch Stop Orders oder als Verkaufsauftrag), die auf fallende Kurse setzen (Abb. 03.22, Punkt 5). Der Preis kommt zurück in die Formation (Strecke 5–6). An Punkt 6 warten die Trader, die erkannt haben, dass durch den Bruch der Struktur eine neue Trendrichtung, nämlich long, eingeleitet wurde, und steigen in den Markt ein.

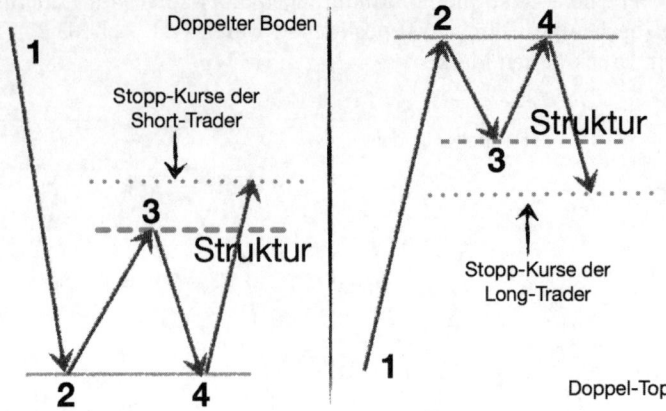

*Abb. 03.22: Schaubild – Rücksetzer in die Formation*

Genau genommen stellt dies den frühesten Zeitpunkt dar, um auf eine neue Trendbewegung aufzuspringen.

Mit der Platzierung der neuen Orders kommt Druck in den Markt, und der neue Trend beginnt sich zu formen und kommt ins Laufen.

Vergessen Sie nicht: Es handelt sich hierbei um genau das, was wir zu Beginn dieses Buches mit der Theorie von Dow kennengelernt haben. Höhere Hochs und höhere Tiefs (beziehungsweise für den Short tiefere Hochs und tiefere Tiefs) sind das Grundlegende der Technischen Analyse. Es geht um das Erkennen von Struktur und den Bruch von Struktur.

Misst man nun mit Hilfe des Fibonacci-Werkzeugs die Reichweite des Rücksetzers aus, den dieser neuerliche Kaufdruck hervorgerufen hat, dann kann man häufig das Ansteigen der Kurse bis in den Bereich des 61,8er-Retracements feststellen.

Mit den bisher gesammelten Informationen können wir schon erste Regeln aufstellen, um unseren Trade-Einstieg zu standardisieren und ihn somit nachprüfbar, kontrollierbar und wiederholbar zu machen.

1. Wenn der Markt eine Doppelformation zeigt, warte ich, bis diese Struktur gebrochen wurde.
2. Wenn die Struktur gebrochen wird, warte ich mindestens auf einen 61,8er-Fibo-Rücksetzer zurück in die Struktur.
3. Wenn der 61,8er-Rücksetzer gezeigt wurde, suche ich meinen Einstieg.

Dies ist ein dreistufiges Einstiegsszenario. Sind diese Kriterien erfüllt, kann ich den Trade eingehen.

Es handelt sich im Grunde um ein ganz simples Setup, das hier noch einmal an einem Schaubild verdeutlicht wird.

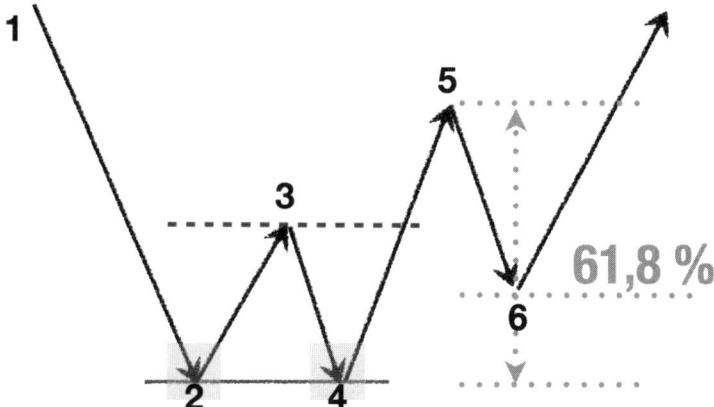

*Abb. 03.23: Schematische Darstellung des Fibonacci Double Flip Trade*

Der Markt kommt von oben. Er findet ein Strukturlevel, das er nicht überwinden kann, und dreht nach oben ein. Von hier aus versucht er einen zweiten Anlauf, diese Struktur zu durchbrechen. Es gelingt ihm nicht, und er dreht schließlich nach oben ein. Dabei durchbricht er das Strukturlevel. Die oberhalb des Strukturlevels liegenden Stopps der Shorts werden ausgelöst, was den Markt wieder nach unten treibt. Hierauf haben andere Käufer gewartet und steigen nun um das 61,8 %-Retracement in den Markt mit Kauforders ein. Dies bildet den neuen Trend und gibt dem Markt Schwung.

Im Live-Chartbild sehen die Setups meist nicht so ideal aus, wie man es auf einem Schaubild darstellen könnte. Daher benötigt es ein wenig Übung, um die Formationen schließlich auch im Chart als solche zu erkennen. Hierzu folgt aber später im Kapitel 9 »Backtesting« mehr.

Schauen wir uns das Ganze einmal in einem Candlestick-Chart an (vgl. Abb. 03.24):

*Abb. 03.24: Fibonacci Double Flip Setup – 5-Minuten-Chart*

Können Sie den Doppelten Boden erkennen?

Auf der Zeitachse etwa zwischen 15:30 Uhr und 16:30 Uhr könnte sich ein Doppelter Boden gebildet haben (vgl. Abb. 03.25):

*Abb. 03.25: Mögliches Fibonacci Double Flip Setup – möglicher Doppelter Boden – EUR/USD-5-Minuten-Chart*

Was wir nun benötigen ist, dass das Top der Doppelformation (Abb. 03.26, Punkt 3) durch den Preis gebrochen wird.

*Abb. 03.26: Fibonacci Double Flip Setup – Bruch der Struktur – EUR/USD-5-Minuten-Chart*

Sie sehen, dass der Preis zweimal versucht hat, nach unten durchzubrechen (vgl. Abb 03.26, Punkt 2 und 4). Dies ist ihm nicht gelungen. Nach dem zweiten Versuch bricht der Preis über sein letztes Hoch (Punkt 3) aus. Dies ist erstens das Signal, dass wir nach unserer Definition einen Doppelten Boden haben, und zweitens das Merkmal, um einen Fibo Double Flip Trade zu identifizieren. Was jetzt noch fehlt, ist der 61,8-%-Rücksetzer zurück in die Formation (vgl. Abb. 03.27).

*Abb. 03.27: Fibonacci Double Flip Setup – Erwarteter Rücksetzer in die Struktur – EUR/USD-5-Minuten-Chart*

Was uns an dieser Stelle nun interessiert, ist, ob der Rücksetzer zurück in die Formation auch mindestens die 61,8 % gezeigt hat. Hierzu bedienen wir uns unseres Fibo-Retracement-Werkzeugs aus dem Werkzeugkasten unserer Charting-Software (vgl. Abb. 03.28).

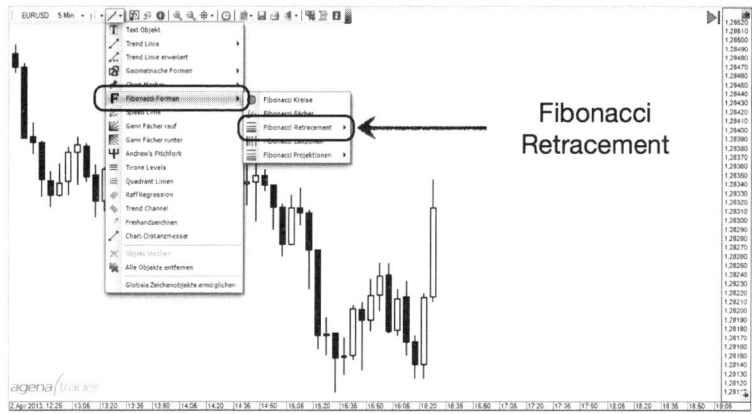

*Abb. 03.28: Fibonacci-Werkzeug in der AgenaTrader-Software (bei anderen Charting-Programmen sehr ähnlich)*

Wir legen das Fibonacci-Werkzeug am Tiefpunkt der Formation an. Vergleichen Sie hierzu die Abbildung 03.29, Punkt 2 und 4. Wir wählen immer den tieferen Punkt. Danach ziehen wir das Messwerkzeug hoch bis zum Wendepunkt (Punkt 5) zurück in die Doppelformation in Richtung des Kurses.

*Abb. 03.29: Messrichtung mit dem Fibonacci-Werkzeug*

Wir messen in Kursrichtung. Der Punkt, an dem wir unsere Messung beginnen, ergibt später die 100 %. Der Punkt, an dem wir unsere Messung beenden, sind die 0 % (vgl. Abb. 03.30). Damit erhalten wir die Einteilung der oben gezeigten Strecke in Fibonacci-Verhältnisse.

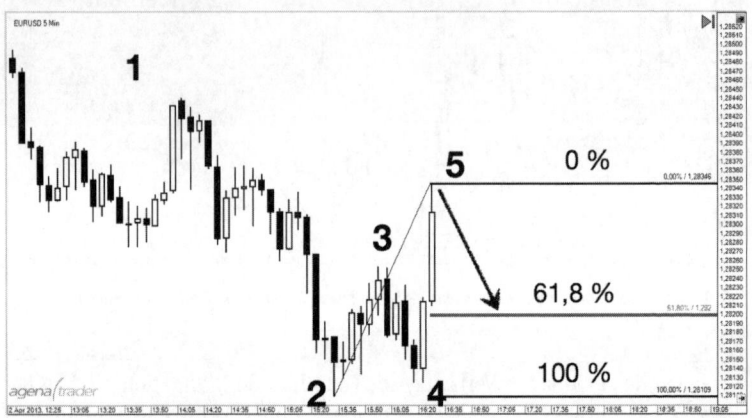

*Abb. 03.30: Fibonacci Double Flip Setup – Warten auf den 61,8 % Rücksetzer – EUR/USD-5-Minuten-Chart*

Im Bereich des 61,8-%-Fibonacci-Rücksetzers würden wir unseren Trade-Einstieg suchen.

In der PATA-Stunde bin ich an dieser Stelle noch auf den Trade-Ausstieg, also die Kurszielermittlung eingegangen. Dieses Thema werden wir separat im Kapitel 5,»Trade-Ausstieg«, behandeln.

Bei der Vorstellung dieses Trades sind in der PATA-Stunde verschiedene Fragen aufgetaucht, auf die ich an dieser Stelle gerne eingehen möchte, obwohl auch sie Themen einer späteren Lektion sind. Aber die gestellten Fragen zeigen, dass es wichtig ist, wiederholt darauf einzugehen.

Eine Frage, die immer wieder gestellt wird, ist die Frage nach dem Einstieg: Warum suche ich genau an dieser Stelle meinen Trade-Einstieg und nicht an einer anderen? Warum wähle ich zum Beispiel nicht schon am 38,2-%-Fibo-Retracement den Einstieg, sondern warte auf den tiefen

Rücksetzer. Warum habe ich nicht beim Bruch der Trendlinie gekauft (vgl. Abb. 03.31)?.

*Abb 03.31: Die Linie stellt eine Abwärtstrendlinie dar – EUR/USD-5-Minuten-Chart*

Gewiss ist es eine Möglichkeit, das 38,2-%-Retracement zu kaufen. Auch stellt es eine Methode dar, den Durchbruch durch eine Trendlinie zu kaufen oder zu verkaufen. Der einfache Grund, warum ich es nicht getan habe, ist, dass mein Trade-Setup mir vorgibt, auf das 61,8-%-Retracement zu warten und dann dort den Einstieg zu suchen. Alles andere wäre ein anderes Setup.

Um die Vorteile dieses Setups zu verdeutlichen, schauen wir es uns einmal an einem weiteren Beispiel an. Nehmen wir den FDax im 5-Minuten-Candlestick-Chart (vgl. Abb. 03.32).

Sicherlich haben Sie schon erkannt, dass auf Abbildung 03.32 ebenfalls ein Setup für den Fibo Double Flip Trade zu sehen ist. Wir können die Abwärtsbewegung 1 bis 2 erkennen, sehen Punkt 2 als ersten Ansatz, durch ein Preislevel durchzubrechen, ebenso den Punkt 4. Punkt 3 stellt unseren Strukturlevel dar. Bevor ich jedoch auf dieses Setup im Dax eingehe, wollte ich anhand dieses Chartbildes exemplarisch erklären, warum es wichtig ist, sich an den eigenen Plan zu halten und nicht einfach das zu traden, was einem gerade in den Sinn kommt.

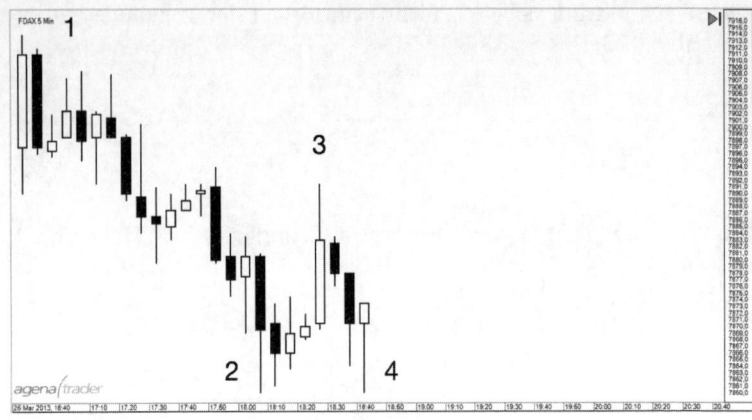

*Abb. 03.32: FDax, 5-Minuten-Chart; mögliches Setup für einen Fibonacci Double Flip*

Nehmen wir beispielsweise an, ich hätte erkannt, dass hier ebenfalls eine Abwärtstrendlinie verläuft (vgl. Abb 03.33).

*Abb, 03.33: Kurzfristige Abwärtstrendlinie FDax, 5-Minuten-Chart*

Wollte ich nun den Ausbruch aus der Trendlinie handeln, müsste ich den Schluss der Ausbruchskerze abwarten (vgl Abb. 03.34), dann eventuell einen Rücksetzer zurück auf die Trendlinie abwarten oder mit Eröffnung der nächsten Kerze in den Markt gehen. Den Schluss der Kerze sollte ich abwarten, denn es kann immer wieder zu Fehlausbrüchen kommen, wie man in Abbildung 03.33 an der vierten Kerzen von rechts erkennen kann.

Den Rücksetzer zurück auf die Trendlinie hat der Markt nicht gezeigt. Nehmen wir also an, man hätte die nächste Kerze zum Eröffnungskurs gekauft.

*Abb. 03.34: FDax, 5-Minuten-Chart – Kerzenschluss über der Abwärtstrendlinie*

Der Einstieg würde also im Bereich des Pfeils bei ca. 7885 Punkten liegen.

Der weitere Verlauf würde ungefähr so aussehen: Der Future steigt zuerst um knappe 20 Punkte auf 7905, um dann kurz darauf jedoch wieder nach unten einzudrehen, und fällt sogar bis auf ca. 7865. Das sind ebenfalls knappe 20 Punkte. Im FDax bedeutet 1 Punkt gleich 25 Euro.

Da ich kaum davon ausgehe, dass man die Spitze bei 7905 als Ausstieg und damit Gewinnmitnahme auf den Punkt trifft, wird sich das Szenario in der Regel folgendermaßen abspielen. Der Trader kauft den Ausbruch, sieht dann zu, wie sein Konto kurzfristig die 20 Punkte oder 500 Euro zeigt, realisiert diesen Gewinn jedoch nicht. Dann steht man oft an der

Seitenlinie und sieht weiter zu, wie der Markt sich etwa eine Stunde in einem Bereich zwischen Einstiegspreis und + 10 Punkte bewegt. In den nächsten 20 bis 25 Minuten zeigt der Markt genau das Gegenteil dessen, was er zu Beginn zeigte, nämlich 20 Punkte minus, oder in Euro ausgedrückt zeigt das Tradingkonto 500 Euro nicht realisierten Verlust an.

Dies ist dann oft der Punkt, an dem viele Trades mit einem Verlust geschlossen werden (vgl. Abb 03.35).

*Abb. 03.35: FDax, 5-Minuten-Chart – Schematische Darstellung von Einstieg und Ausstieg*

Oft passiert es dann, dass man weiter vor dem Computer sitzt und zusehen muss, wie sich der Trade schließlich doch in die gewünschte Richtung bewegt. Allerdings nachdem man den Verlust gebucht hat.

Verstehen Sie diese Ausführungen nicht falsch. Ich möchte damit nicht sagen, dass man den Ausbruch einer Trendlinie nicht profitabel traden kann. Meine Intention war es vielmehr, Sie dafür zu sensibilisieren, wie wichtig es ist, Regeln für das zu haben, was man tut. Speziell an der Börse.

»Plan your trade and trade your plan« – Planen Sie Ihren Trade und traden Sie Ihren Plan. Eigentlich wollte ich mir diese aus dem amerikanischen Raum kommende Börsenweisheit für das 8. Kapitel »Trading-Plan«

aufsparen. Aber es erschien mir wichtig, bereits frühzeitig ein erstes Mal darauf hinzuweisen.

Wir werden jetzt einen Blick auf denselben Chartausschnitt werfen und zeigen, wie sich der Trade mit dem Fibo Double Flip dargestellt hätte (vgl. Abb 03.36).

*Abb. 03.36: FDax, 5-Minuten-Chart – Doppelter Boden – Fibonacci Double Flip Setup*

Mittlerweile dürfte es Ihnen keine Schwierigkeiten mehr bereiten, den möglichen Doppel-Boden zu identifizieren (vgl. Abb 03.36; Punkt 2 und 4). Die Schlusskurse, die die Formation bilden sollen, liegen zwar nicht exakt auf einer Höhe, aber nur 4 Punkte auseinander. Das liegt meiner Ansicht nach noch im Toleranzbereich. An diesem Beispiel wird deutlich, dass die »Live-Charts« sich nicht immer wie im Lehrbuch darstellen.

Nun arbeiten wir erneut die Schritte unseres Trade-Setups ab. Die zwei Punkte (2 und 4), an denen der Markt versucht, ein Level zu durchbrechen, haben wir gefunden. Im zweiten Schritt suchen wir nun den Bruch des Hochpunktes (Punkt 3) der Doppelformation.

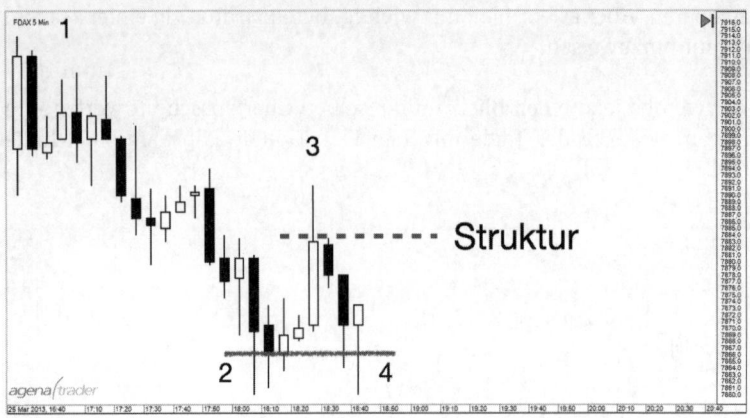

**Abb. 03.37:** *FDax, 5-Minuten-Chart – Strukturpunkt im Fibonacci Double Flip Setup*

Der Bruch erfolgt mit Durchtritt und Schlusskurs durch die gestrichelte Linie bei Punkt 3. Sollte der Bruch dieser Struktur erfolgen, würden wir auf eine Umkehr dieser Bewegung warten und als nächsten Schritt das Fibonacci-Retracement ausmessen. Denn wir suchen die Stelle, an der wir unseren 61,8-%-Rücksetzer erwarten. Wir messen wieder vom Tiefpunkt der Formation (Punkt 2 oder Punkt 4) bis zum Hochpunkt (Punkt 5) vor der Korrekturbewegung (vgl. Abb 03.38).

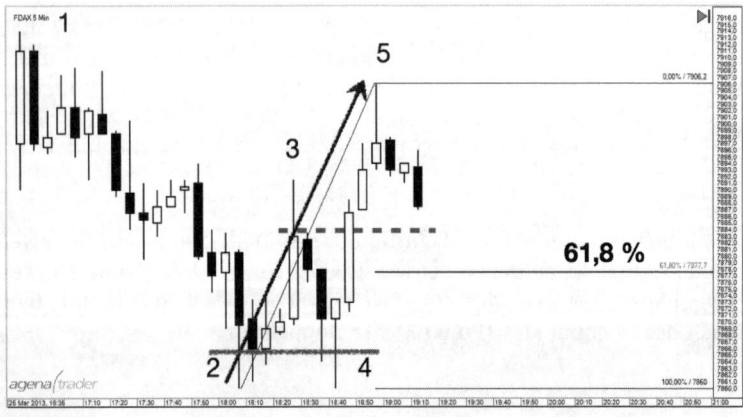

**Abb. 03.38** - *FDax, 5-Minuten-Chart – Messrichtung Fibonacci-Werkzeug mit 61,8-%-Rücksetzer*

Was wir damit erhalten, ist der Bereich des 61,8-%-Fibonacci-Retracements oder des Rücksetzers (Punkt 6), in dem wir unseren Trade-Einstieg suchen (vgl. Abb 03.39).

*Abb. 03.39: FDax 5-Minuten – 61,8-%-Rücksetzer – Fibonacci Double Flip Setup*

Die durchgezogene Linie (vgl. Punkt 6, Abb. 03.39) zeigt uns den Bereich des 61,8-%-Rücksetzers. An dieser Stelle würden wir unseren Trade-Einstieg suchen. Wir suchen den Einstieg deshalb dort, da der Markt selten direkt auf der Stelle umkehrt. Oft verweilt er kurze oder auch längere Zeit an einem Preislevel. Der Preis kann auch über dieses Level des 61,8er-Retracements überschießen (vgl. hierzu Abb. 03.40, Punkt 6).

Am gerade gezeigten Beispiel können wir gut sehen, dass sich die Setups nicht immer so ergeben wie in der schematischen Darstellung gezeigt. In unserem Beispiel hatten wir erst eine kleine Seitwärtsbewegung (vgl. Abb. 03.40, nach Punkt 5), bevor wir den Rücksetzer gesehen haben (endet im Bereich bei Punkt 6, Abb. 03.40). Dabei wurden die 61,8 % auch nicht auf den Punkt genau getroffen. Daher ist das 61,8-%-Retracement nicht als ein exakter Einstiegspunkt zu sehen, an dem der Markt auf den Pip genau wenden wird, sondern eher als Einstiegsbereich, in dem wir unseren möglichen Einstieg suchen können.

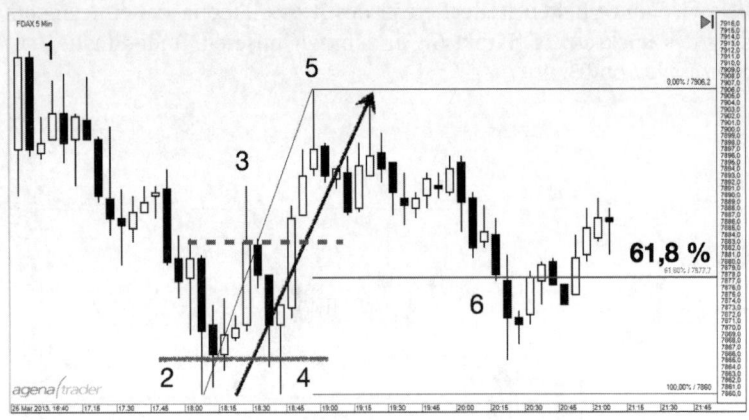

**Abb. 03.40:** *FDax, 5-Minuten-Chart – Einstiegszone – Fibonacci Double Flip Setup*

Sie verzeihen mir den kurzen Ausflug in den Dax-Future, auch wenn ich zu Beginn des Buches sagte, dass ich die Forex-Märkte für dieses Buch gewählt habe. Ich habe mich entschlossen, Ihnen dieses Beispiel zu zeigen, da es besonders schön zeigt, wie wichtig es ist, einen Plan zu haben und an ihm festzuhalten. Verstehen Sie mich bitte richtig: Das bedeutet nicht, dass man nicht den Durchbruch einer Trendlinie handeln kann. Es bedeutet lediglich, dass der Trade-Einstieg über den Durchbruch durch die Trendlinie ein *anderes* Setup ist. Zum anderen beweist dieses Beispiel, dass das Setup des Fibonacci Double Flip auch in anderen Märkten funktioniert.

Nun kommen wir zu der Frage, warum dieses Setup verlangt, dass wir einen 61,8er-Rücksetzer abwarten sollen, und warum wir nicht beim 50-%-Retracement oder gar schon beim 38,2er-Rücksetzer einsteigen. Die Antwort hierauf ist einfach und wird noch deutlicher werden, wenn wir beim Thema Risiko- und Money-Management angekommen sind. Das Abwarten bis ein 61,8er-Rücksetzer gezeigt wird, verbessert unser Risiko-Gewinn-Verhältnis (auch Chance-Risiko-Verhältnis = CRV) erheblich.

Schauen wir uns die beiden Einstiegspunkte, einmal das 38,2-%- und einmal das 61,8-%-Retracement, im Schema an (Abb. 03.41). Beachten Sie hierbei, dass sich der Bereich, in den wir unseren Stopp legen, nicht ändert. Dieser bleibt gleich (immer unterhalb von Punkt 2 und 4), egal ob wir den 38,2er- oder 61,8er-Einstieg wählen. Das Einzige, was sich ändert, ist das Risiko, das wir mit dem Trade eingehen. Denn das Risiko bestimmt sich durch den Stopp-Bereich und den Einstiegspunkt (Punkt 6).

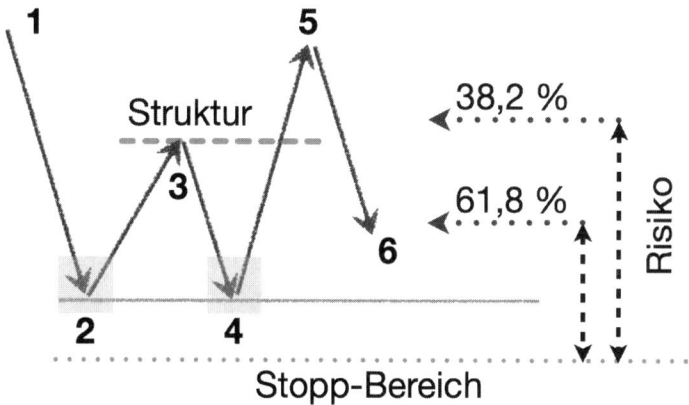

*Abb. 03.41: Schaubild – Risikoverteilung bei unterschiedlichen Ratios*

Noch einmal: Der Grund, warum wir auf einen Rücksetzer warten, ist der, dass wir nach der Dow-Theorie für einen neuen Trend ein höheres Hoch und ein höheres Tief benötigen. Daher wird der neue Trend erst mit dem Durchschreiten der Struktur (Abb. 03.41, Punkt 3) bestätigt. Denn bis dahin hat der Markt kein höheres Hoch gezeigt. Wir warten nun auf ein höheres Tief und versuchen dann, in den Markt einzusteigen.

Aber je früher wir in den Markt springen, desto höher ist das Risiko, das mit diesem Trade verbunden ist. Lassen wir den Markt nur 38,2 % zurücklaufen, bekommen wir möglicherweise mehr Trades. Jedoch erhöhen wir damit auch das Risiko erheblich. Bei diesem Trade stimmt in der Folge das Verhältnis zwischen dem Einsatz und dem potenziellen Gewinn nicht mehr. Vergessen Sie nie, Trading ist das Ausspielen von Wahrscheinlichkeiten. Keiner kann Ihnen mit Sicherheit sagen, wie ein Trade ausgehen wird. Wir spielen immer nur Wahrscheinlichkeiten aus. Ein Trade ist dann gut, wenn ich damit mehr Geld machen kann, als ich damit verlieren kann. Und mit einem solchen Risiko-Gewinn-Verhältnis habe ich mich in eine gute Position gebracht, um Geld zu verdienen.

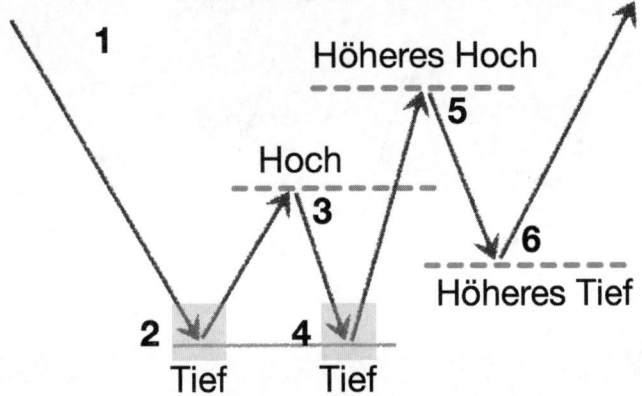

*Abb. 03.42: Schaubild – neuer Trend, höhere Hochs, höhere Tiefs*

Selbstverständlich gehen mir dabei Trading-Chancen verloren. Zum Beispiel dann, wenn der Markt nur einen Rücksetzer von 38,2 % oder 50 % zeigt. Oder wenn der Markt nach Durchbruch durch die Struktur ohne weiteren Rücksetzer in Richtung des neuen Trends marschiert. Das sehe ich aber nicht als ausreichenden Grund an, in einer solchen Situation planlos in den Markt zu springen. Warten Sie auf Ihre Chance. Die nächste kommt mit Sicherheit.

### Zusammenfassung

Wir haben gesehen, wie wir am Beispiel des Doppelten Bodens/Doppel-Tops mit Hilfe von Fibonacci-Ratios einen Einstiegsbereich für einen Trade ermitteln können. Dies ist bei Weitem kein fertiges Trade-Setup. Aber wir können den Fibonacci Double Flip als Grundlage für die weitere Erörterung des Tradings nutzen.

Am Beispiel dieses Trades werden wir sowohl den konkreten Einstieg als auch die Kurszielermittlung besprechen. Wir werden anhand dieses Trades einen Trading-Plan erstellen, den wir dann einem Backtesting unterziehen werden. Auf diese Weise werden Sie am Ende des Buches ein fertiges Trade-Setup haben, das Ihnen als Beispiel dienen kann, wie Sie Ihre eigenen Trading-Strategien umsetzen können.

## Weitere Beispiele für das Trade-Setup

Ich erwähnte eingangs, dass das Trade-Setup des Fibo Double Flip in verschiedenen Märkten und auf verschiedenen Zeitebenen funktioniert. Bis jetzt haben Sie einen 5-Minuten-Chart aus dem Währungsbereich (EUR/USD) und einen 5-Minuten-Chart aus dem Dax-Future kennengelernt.

In den weiteren Beispielen wechseln wir auf höhere Zeitebenen.

## Short-Setup im AUD/USD 60 Minuten

*Abb 03.43: AUD/USD 60-Minuten-Chart – Fibonacci Double Flip Setup*

Die Schlusskurse der beiden Tops (Abb. 03.33, Punkt 2 und 4) auf dem gezeigten Setup wirken zu weit entfernt, um ein gültiges Doppel-Top darzustellen. Tatsächlich sind es jedoch nur zwei Pip Unterschied zwischen den Schlusskursen. Ich habe dieses Beispiel unter anderem deshalb gewählt, um aufzuzeigen, dass ich auch auf der 60-Minuten-Ebene Setups mit geringem Stopp ausmachen kann. Der Ertrag für die ersten beiden Gewinnziele wird entsprechend gering ausfallen, jedoch bietet sich ein solcher Trade an, um die dritte Position mit einem Trailing Stop nachzuziehen. Hierauf werden wir beim Thema Trade-Ausstieg noch einmal eingehen. Den Trade-Einstieg suchen wir an Punkt 6 (vgl. Abb. 03.44).

*Abb. 03.44: AUD/USD 60 Minuten-Chart – Fibonacci Double Flip Setup mit Fibonacci-Retracement*

## Short-Setup im GBP/USD 240 Minuten

*Abb. 03.45: GBP/USD, 240-Minuten-Chart – Fibonacci Double Flip Setup*

Der Chartausschnitt zeigt nicht nur ein Doppel-, sondern streng genommen ein Dreifach-Top (vgl. Punkt 2 und 4). Für mein Trading hätte ich das erste und zweite Top allein nicht als gültiges Setup zählen lassen, da mir der Rücksetzer fehlte beziehungsweise nicht ausgeprägt genug war. Ich habe dies mehr als eine Seitwärtsbewegung angesehen denn als eine Doppelformation.

Ausgewählt habe ich dieses Setup, um zu zeigen, dass sich Setups im Trading nicht immer wie im Lehrbuch abbilden. Schauen Sie sich deshalb Charts an, und trainieren Sie Ihr Auge!

*Abb. 03.46: GBP/USD, 240-Minuten-Chart – Fibonacci Double Flip Setup mit Fibonacci-Retracement*

# Es geht auch long

## Im EUR/USD-4-Stunden-Chart

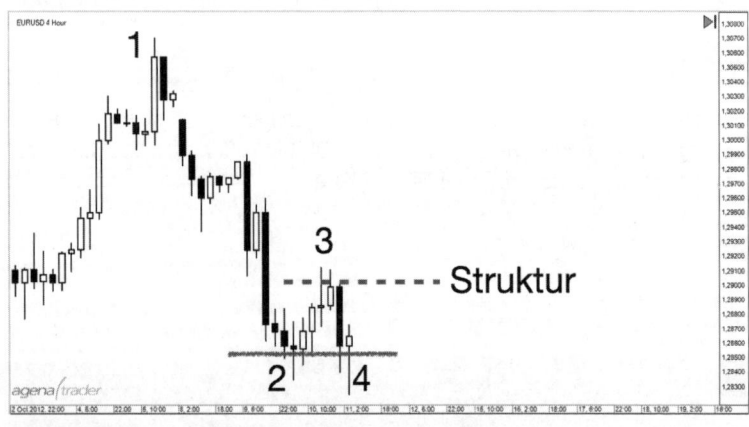

*Abb. 03.47: EUR/USD, 4-Stunden-Chart – Fibonacci Double Flip Setup*

Unschwer zu erkennen ist hier der zweimalige Versuch des Marktes, durch ein Preislevel durchzudringen (vgl. Abb. 03.47, Punkt 2 und 4). Ohne Erfolg. Für das Long-Setup muss der Markt nun einen Schlusskurs oberhalb des Struktur-Niveaus (Punkt 3) finden und diese Aufwärtsbewegung dann um 61,8 % korrigieren.

*Abb. 03.48: EUR/USD, 4-Stunden-Chart*

Wie Sie auf Abbildung 03.48 erkennen können, hat der Markt das Preislevel des 61,8er-Fibos gerade so berührt (Punkt 6). In den vorherigen Beispielen war dieses wesentlich deutlicher. Wir haben meist das Niveau des 61,8er kurz durchschritten, um dann wieder nach oben zu drehen. Es kann aber auch so sein, dass der Bereich um nur wenige Pips verfehlt wird. Ob Sie bei diesem Trade gefüllt werden, hängt dann von Ihrem Trading-Plan ab. Wie haben Sie den Trade-Einstieg für sich definiert? Aber dazu mehr im Kapitel 6 »Trade-Einstieg«.

## Long-Setup im EUR/GBP-Daily-Chart

Wir finden in Abbildung 03.49 das gewohnte Setup, jedoch im Tageschart. In diesem Setup ist schön zu sehen, dass wir als Messpunkt für die Fibonacci-Retracements zum Bestimmen des 61.8er-Rücksetzers (vgl. Abb. 03.50, Punkt 6) immer den tiefsten Punkt (von Punkt 2 oder

Punkt 4) nehmen. In diesem Falle Punkt 4 und nicht Punkt 2 (vgl. Abb. 03.50).

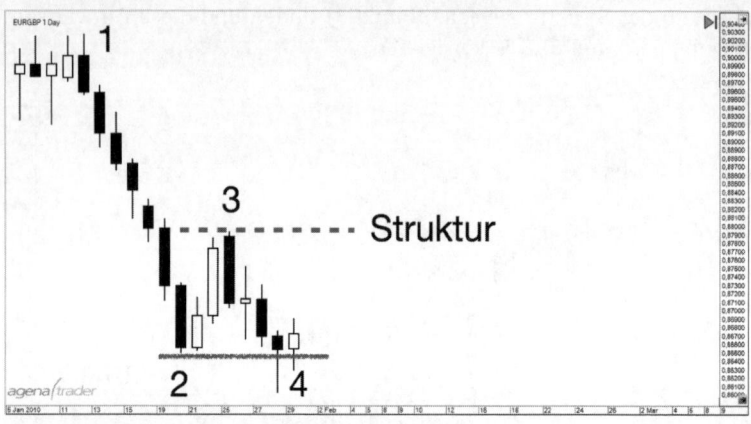

*Abb. 03.49: EUR/GBP-Tageschart – Fibonacci Double Flip Setup*

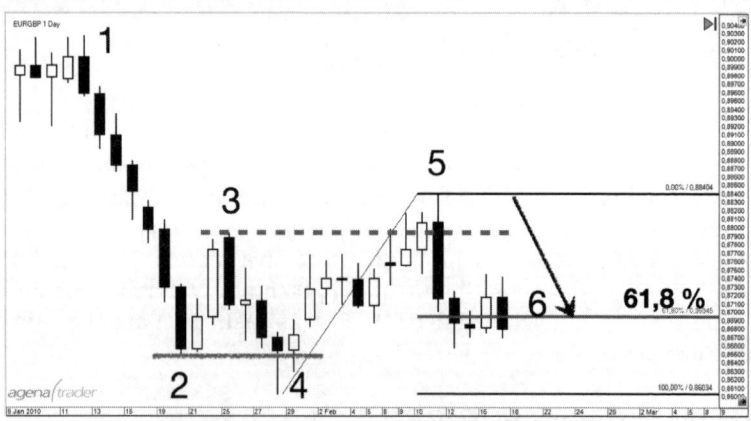

*Abb. 03.50:EUR/GBP-Tageschart – Fibonacci Double Flip Setup mit Fibonacci-Retracement*

Sie haben nun die Grundzüge von Fibonacci-Verhältnissen kennengelernt, sich mit Pattern beschäftigt und schon das erste Trade-Setup gesehen, den Fibonacci Double Flip Trade. Im nächsten Kapitel geht es
darum zu beurteilen, ob uns bestimmte Indikatoren helfen können, unsere Trading-Entscheidung zu verbessern.

# Kapitel 4: Indikatoren der Technischen Analyse

Indikatoren dürften den meisten – auch den Trading-Einsteigern – ein Begriff sein. Zumindest werden Sie das Wort schon einmal gehört haben.

Allgemein werden mit dem Begriff Indikator in der Technischen Analyse die Werkzeuge bezeichnet, die man mit Hilfe des Chartprogramms in oder unterhalb des Chartbildes einzeichnen kann. Diese sollen die Bewertungsspielräume, die bei der Beurteilung von Charts durch subjektive Auslegung bleiben, einengen. Denn Indikatoren werden nach einem festen Regelwerk erstellt. Bei manchen Tradern führt dies oft zu sehr kunstvoll anmutenden Chartbildern.

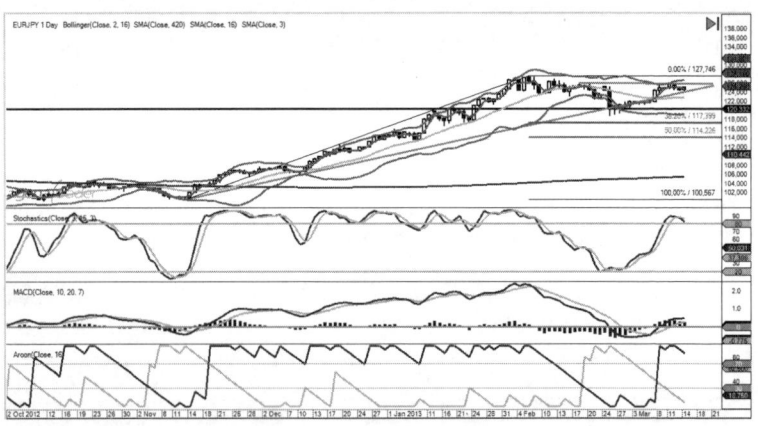

*Abb. 04.01: EURPY Tageschart mit Indikatoren, Trendlinien, einer Formation und Fibonacci-Ratios für ein Trade-Setup*

Lassen Sie sich hiervon jedoch nicht verwirren. Die Abbildung 04.01 zeigt – das ist von mir beabsichtigt – ein Extrembild, wie ein Chart mit vielen Indikatoren aussehen kann.

Wir werden uns jetzt gemeinsam den Indikatoren nähern und versuchen herauszufinden, ob und auf welche Weise ein Indikator für Sie sinnvoll sein kann.

## Was genau ist eigentlich ein Indikator?

Das Wort Indikator leitet sich vom lateinischen Wort »indicare« ab und bedeutet anzeigen. Wen hätte es gewundert, ein Indikator soll uns also im Chartbild einen bestimmten Sachverhalt anzeigen. Doch welchen Sachverhalt genau?

In der Technischen Analyse beruht ein Indikator entweder auf Preisinformationen oder auf dem Volumen. Das bedeutet, dass in der Regel keine externen Daten in die Bildung des Indikators mit einbezogen werden, sondern dieser sich lediglich auf den historischen Daten der Preis- oder Volumenstruktur aufbaut.

Verdeutlichen wir das Ganze wieder an einem Beispiel. Einfach, aber dennoch wirkungsvoll sind Gleitende Durchschnitte.

# Einfacher Gleitender Durchschnitt

Gleitende Durchschnitte (GD) oder im Englischen auch Simple Moving Averages (SMA/MA) genannt, stellen Durchschnitte vergangener Kurse dar. Sie sollen den Kursverlauf glätten, damit ein Trend besser zu erkennen ist. So zeigt ein steigender GD einen Aufwärtstrend an. Umgekehrt signalisiert ein fallender GD einen Abwärtstrend.

Hierbei laufen die GDs nicht dem Kurs voraus, sondern sie folgen ihm.

In der Abbildung 04.02 ist der Chart des US-Dollars gegen den Japanischen Yen im Tageschart zu sehen. Die Linie stellt den 200er-Gleitenden Durchschnitt dar. Diesen 200er-GD finden Sie sehr häufig in Abbildungen in der Finanzpresse. 200 bedeutet in diesem Falle, dass sich die Berechnung des Indikators auf die letzten 200 Kerzen bezieht.

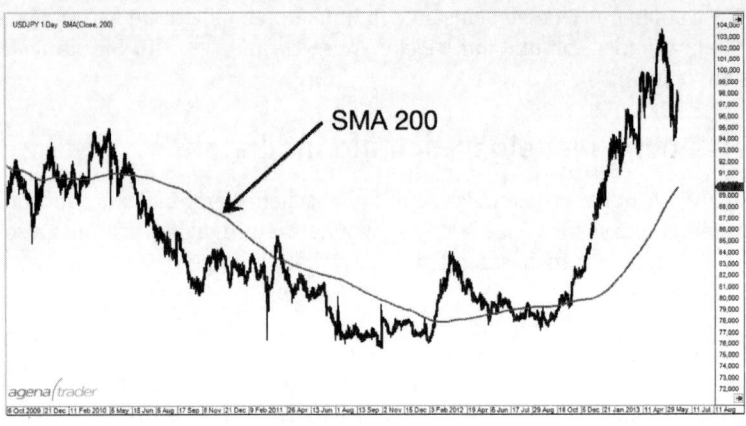

**Abb. 04.02:** *USD/JPY-Tageschart mit SMA 200*

Was wir auf dem Chartbild aber auch erkennen können, ist, dass die Linie des Gleitenden Durchschnitts sehr weit vom Preis, also von den Kerzen, entfernt ist. Dies ist für die Erklärung, wie ein Gleitender Durchschnitt funktioniert, eher störend. Daher wechseln wir das Instrument und den Gleitenden Durchschnitt. Werfen wir einen Blick auf den USD/CAD im Tageschart und zeichnen einen SMA 13 hinein.

Üblicherweise läuft der Gleitende Durchschnitt dem Kurs hinterher und nicht voraus. Dies resultiert daraus, dass ein Gleitender Durchschnitt auf Schlusskursbasis berechnet wird. Wie bei der Bildung einer Kerze im Chart ist es so, dass erst dann, wenn eine Kerze »geschlossen« ist, der Wert für diesen Gleitenden Durchschnitt definitiv feststeht. Jetzt hängt es von Ihrem Chart-Programm ab. Einige Chart-Programme zeichnen daher den Gleitenden Durchschnitt nicht über die aktuelle Kerze, sondern warten, bis diese vollendet ist. Andere Programme wiederum zeichnen den Durchschnitt über die aktuelle Kerze, verändern aber den Wert, je nach aktuellem Preisstand. Die Aufnahme in Abbildung 04.03 ist während des geschlossenen Marktes (Wochenende) aufgenommen. Daher zeigt diese den Schlusskurs des Gleitenden Durchschnitts der aktuellen Kerze an.

*Abb. 04.03: USD/CAD-Tageschart, SMA 13*

Die Berechnung erfolgt dabei ganz einfach. Dazu werden schlicht die Schlusskurse der letzten, in diesem Falle 13 Kerzen addiert und durch 13 geteilt. Der Divisor lautet 13, da wir einen SMA 13 verwenden.

Unser Chart (Abb. 04.03) zeigt als letzte Kerze die Schlusskerze von Freitag, dem 5. Juli. Wir befinden uns in einem Tageschart. Dies bedeutet, dass für jeden Handelstag eine Kerze gezeichnet wird. Die Berechnung des Gleitenden Durchschnitts erfolgt immer für die Vergangenheit. Das heißt, es werden immer die Schlusskurse der letzten Kerzen herangezogen.

In der Abbildung 04.04 markiert der graue Pfeil den Preisstand des GD für den 05. Juli bei 1,04767 Euro. Diesen Wert rechnen wir nun einmal exemplarisch nach, um das Prinzip zu verdeutlichen.

Ausgehend vom 19. Juni nehmen wir die Schlusskurse der letzten 13 Kerzen. Da der letzte Handelstag schon beendet ist, ist dies der erste Schlusskurs, den wir zur Berechnung heranziehen.

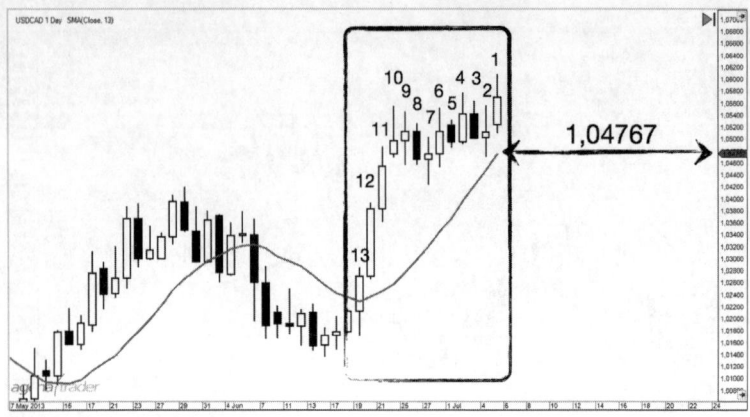

*Abb. 04.04: USD/CAD-Tageschart, SMA 13*

Wir suchen uns nun die Schlusskurse der letzten 13 Kerzen heraus. Die meisten Charting-Softwares bieten die Möglichkeit, eine Data-Box anzuzeigen, aus der die Werte dann abgelesen werden können (vgl. Abb. 04.05).

*Abb. 04.05: Exemplarisch ist die Databox auf dem Ninjatrader.*

Die Databox für Freitag den 05. Juli zeigt uns, neben den anderen Werten, dass der Schlusskurs (Close) an diesem Tag bei 1,05699 lag.

Auf die gleiche Art und Weise verfahren wir für die anderen 12 Tage und tragen uns die Werte in eine Tabelle ein.

| Datum | Schlusskurs |
|-------|-------------|
| 05. Juli | 1,05699 |
| 04. Juli | 1,05123 |
| 03. Juli | 1,05020 |
| 02. Juli | 1,05418 |
| 01. Juli | 1,04952 |
| 28. Juni | 1,05125 |
| 27. Juni | 1,04754 |
| 26. Juni | 1,04664 |
| 25. Juni | 1,05132 |
| 24. Juni | 1,04974 |
| 21. Juni | 1,04551 |
| 20. Juni | 1,03835 |
| 19. Juni | 1,02714 |
| Summe | 13,61961 |

*Abb. 04.06: Tabelle zur Berechnung des SMA13 am Tageschart*

Addiert ergibt sich aus den Einzelwerten die Summe von 13,61961. Diese Summe teilen wir jetzt durch 13, da wir ja nichts anderes als das arithmetische Mittel dieser 13 Werte haben möchten.

*13,61961/13 = 1,04767*

1,04767 ist auch der Wert, den uns die Charting-Software für den 05. Juli angezeigt hat (vgl. Abb. 04.04).

Nach gleichem Prinzip erfolgt die Berechnung des 200-Tage-Durchschnitts (SMA 200) oder eines Gleitenden Durchschnitts in einem Minuten-Chart. Im Minuten-Chart wird dann selbstverständlich nicht der

Schlusskurs der Tages-Kerze benutzt, sondern die Schlusskurse der Kerzen, die der Zeiteinheit meines Charts entsprechen.

Befinde ich mich also in einem 5-Minuten-Chart und möchte einen SMA 5 einzeichnen, werden die letzten 5 Schlusskurse der letzten fünf 5-Minutenkerzen zur Berechnung herangezogen[22]. Es ist daher sinnvoll, von einem X-Perioden-GD zu sprechen.

Gleitende Durchschnitte sind ein nettes Instrument, um die Kursbewegungen zu glätten und Trendrichtungen anzuzeigen. Sie können sowohl als Unterstützung zur Trendbestimmung oder gar in Kombination mehrerer GD als eigene Handelsstrategie eingesetzt werden.

Der Nachteil – wie eingangs dieses Kapitels erwähnt – liegt darin, dass sie dem Kurs »nachlaufen«. Dies hat zur Folge, dass die von ihnen erzeugten Signale häufig zeitverzögert sind. Wie man sie dennoch im täglichen Trading einsetzen kann, werden wir im Kapitel 6 »Trade-Einstieg« besprechen.

Bevor wir weitergehen, müssen wir eine Unterscheidung in den Indikatoren vornehmen. Denn es gibt »zwei Klassen« von Indikatoren. Wir sollten zwischen trendfolgenden Indikatoren und Oszillatoren unterscheiden. Einen Vertreter der ersten Klasse haben wir bereits kennengelernt. Die Gleitenden Durchschnitte zählen zu den trendfolgenden Indikatoren, da sie uns die Trendrichtung anzeigen.

## Der Unterschied zwischen trendfolgenden Indikatoren und Oszillatoren

Die trendfolgenden Indikatoren, wie z. B. der oben gezeigte Gleitende Durchschnitt, versuchen, Trendbewegungen im Markt anzuzeigen. Wie der Name »trendfolgend« schon sagt, benötige ich hierzu also einen Trend, dem ich auch folgen kann.

---

[22] Selbstverständlich ist es möglich, in z. B. einem 5-Minuten-Chart einen Gleitenden Durchschnitt aus dem Stunden-Chart einzufügen. Vernünftige Software-Programme ermöglichen dies. Das oben Gezeigte soll lediglich die Grundstruktur verdeutlichen.

In Kapitel 1, in dem wir auf die Dow-Theorie eingegangen sind, haben wir festgehalten, dass wir zwischen drei Trendrichtungen unterscheiden: aufwärts, abwärts und seitwärts. Die Seitwärtsbewegung wird oft auch als Range (englisch = Bereich/Bandbreite), Trading-Range oder horizontales Kursband bezeichnet.

An dieser Stelle wird deutlich, dass Indikatoren lediglich Hilfsmittel sind und nicht die Analyse der Märkte ersetzen. Die Grundlagen der Trendanalyse gehen vor (vgl. Abb. 04.07)!

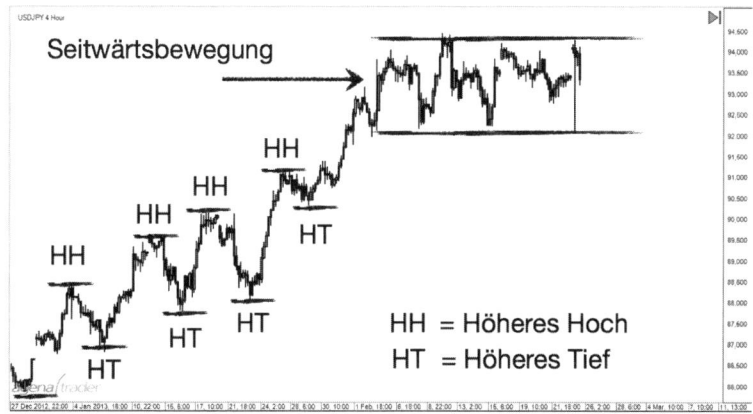

*Abb. 04.07: USD/JPY-4-Stunden-Chart, Trading-Range, Seitwärtsphase/Trend*

Auf dem Chart sehen wir einen Aufwärtstrend (eine Abfolge höherer Hochs und höherer Tiefs), der dann in einer Seitwärts-Range endet. Wir erkennen dies daran, dass wir keine höheren Hochs und keine höheren Tiefs mehr erhalten.

In diesen Bewegungen helfen uns trendfolgende Systeme in der Regel nicht weiter. Denn legt man in diese Bewegung einen Gleitenden Durchschnitt, zum Beispiel einen SMA 34, tänzelt der Gleitende Durchschnitt in einer Seitwärtsbewegung lediglich um den Kurs herum (vgl. Abb. 04.08). Im Aufwärtstrend dagegen ist der Kurs meist über dem Gleitenden Durchschnitt.

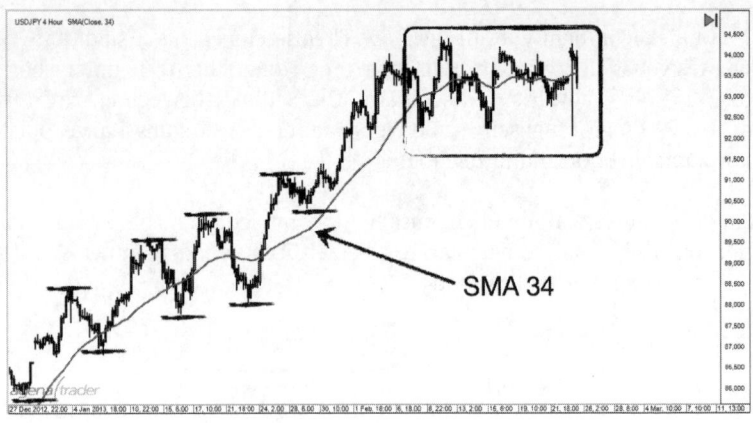

SMA 34

**Abb. 04.08:** *USD/JPY-4-Stunden-Chart, mit SMA 34*

In solchen Märkten bieten Oszillatoren oft eine Alternative. Denn Oszillatoren zeigen Trendwechsel an. Oszillatoren heißen sie deshalb, weil sie sich bewegen oder vielmehr um eine Nulllinie, eine Basislinie oder innerhalb eines Bereiches »schwingen«.

# MACD – Moving Average Convergence/ Divergence

MACD steht für Moving Average Convergence/Divergence und ist ein Indikator, der auf den oben besprochenen Gleitenden Durchschnitten aufbaut. Er zählt zu einem der beliebtesten Indikatoren der Technischen Analyse. Sein Ursprung geht zurück auf Gerald Appel, der diesen Indikator Ende der 1970er-Jahre veröffentlicht hat.

Für die Berechnung des MACD werden zwei Gleitende Durchschnitte herangezogen. (In diesem Falle Exponentiell Gewichtete Gleitende Durchschnitte[23] EMA = Exponential Moving Averages).

---

[23] Dies bedeutet, dass nach einer mathematischen Formel den jüngeren Kursentwicklungen mehr Bedeutung beigemessen wird als den älteren Kursentwicklungen. Der Gewichtete Gleitende Durchschnitt liegt somit näher am Preis als der »normale« SMA/GD.

In den Standardeinstellungen werden zwei exponentielle Gleitende Durchschnitte, einer mit 12 und einer mit 26 Perioden, zur Berechnung herangezogen. Die MACD-Linie ergibt sich hierbei daraus, dass die Differenz der Werte der beiden Gleitenden Durchschnitte gebildet wird.

Dem MACD, der dann als Linie dargestellt wird (MACD-Linie = die Differenz zwischen dem längeren und dem kürzeren Gleitenden Durchschnitt), wird noch eine zweite Linie beigegeben. Dabei handelt es sich um die sogenannte Trigger-Linie. Dies ist – in den Standardeinstellungen – ebenfalls ein EMA, also ein Exponentiell Gewichteter Gleitender Durchschnitt, mit der Periode 9. Dieser soll den MACD glätten und gibt die Signale.

Je nach verwendeter Software wird dem MACD schließlich noch ein Balkendiagramm beigegeben. Dieses Balkendiagramm stellt nicht mehr dar als die Differenz der beiden Gleitenden Durchschnitte.

Schauen wir uns das nun im Chart an:

*Abb. 04.09: Chart mit MACD-Indikator*

Wir haben zwei Linien: eine MACD-Linie und eine Trigger-Linie. Die Balken stellen die Differenz zwischen den beiden den MACD bildenden Linien dar.

Aber schauen wir uns das Ganze noch im Detail an. Wir sagten, dass der MACD selbst die Differenz aus zwei Gewichteten Gleitenden Durchschnitten ist. Legen wir uns diese einmal in den Chart. Ein EMA 12 und ein EMA 26. Dies sieht dann so aus:

**Abb. 04.10: Chart mit MACD-Linie und EMA 12 und EMA 26**

Wir sehen jetzt auf dem Chart die beiden Gleitenden Durchschnitte EMA 26 und EMA 12 im oberen Teil, direkt an den Kerzen. Im unteren Teil die MACD-Linie, ihre Trigger-Linie und das Balkendiagramm.

Die gepunktete Linie des EMA 12 zeigt uns einen Wert von 129,118. Die durchgezogene Linie des EMA 26 zeigt uns einen Wert von 128,892. Der Wert, der uns für die MACD-Linie angezeigt wird, ist 0,226.

Bilden wir nun die Differenz aus EMA 12 – EMA 26 (129,118 – 128,892), so erhalten wir den Wert 0,226 (vgl. Abb. 04.10; 04.11).

*Abb. 04.11: Bildung der MACD-Linie*

An dieser Stelle muss man präzisieren. Denn der MACD ist eigentlich ein Oszillator, da er sich immer um seine Nulllinie herum bewegt. Was ihm fehlt, ist eine feste obere und untere Begrenzung. Ist das Ergebnis der Kalkulation positiv, dann liegen der MACD und seine Trigger-Linie oberhalb seiner Nulllinie. Ist es negativ, dann bewegt sich der MACD unterhalb seiner Nulllinie.

## Wie der Indikator zu seinem Namen kam

Wie wir auf der Abbildung oben erkennen können, laufen die beiden Gleitenden Durchschnitte (EMA 12 und EMA 26) aufeinander zu. Das nennt man Konvergenz. Wenn sich die beiden Gleitenden Durchschnitte voneinander wegbewegen, nennt man das Divergenz. So entstand der Name **M**oving **A**verage (Gleitender Durchschnitt) **C**onvergence **D**ivergence = MACD.

## Was kann der MACD aussagen?

Der MACD ist ein Indikator, der uns die Trendrichtung und die Trendstärke anzeigen soll. Trendrichtung bedeutet dabei, ob der Markt einen Aufwärtstrend oder Abwärtstrend etabliert hat. Einen Aufwärtstrend zeigt uns der MACD dadurch an, dass er aufwärtsgerichtet ist. Schlussfolgernd daraus liegt ein Abwärtstrend vor, wenn der MACD abwärtsgerichtet ist. Mit Trendstärke soll ausgedrückt werden, ob es Anzeichen dafür gibt, dass der momentan etablierte Trend sich fortsetzt oder sich gar umkehrt. Durch den Abstand, den der MACD von seiner Mittellinie hat, soll uns die Trendstärke vermittelt werden. Je größer der Abstand, desto stärker ist der Trend.

**Wichtig**

Der MACD ist ein Indikator, der uns in einem Trendmarkt weiterhilft. In einer Seitwärtsbewegung hat der Indikator direkt wenig Aussagekraft.

## Stochastik-Indikator

Einige werden die Stochastik noch aus der Mathematik in der Schule kennen. Dort gab es das Experiment mit den Würfeln. Wir mussten als Aufgabe errechnen, wie hoch eine Wahrscheinlichkeit ist, dass eine bestimmte Augenzahl des Würfels fällt. Zumindest ist das meine erste Erinnerung, die mit dem Thema Stochastik zusammenhängt. In der Mathematik geht es beim Thema Stochastik also um Zufallsexperimente. In der Technischen Analyse bezeichnet die »Stochastik« einen Indikator, den George Lane, ein Wertpapierhändler und Technischer Analyst aus Chicago entwickelte. Auch dieser Indikator nutzt die Gleitenden Durchschnitte[24]. Mit der Stochastik aus der Mathematik hat dieser Indikator allerdings wenig zu tun.

Die Stochastik, um die es uns geht, beruht auf dem Prinzip, dass bei Aufwärtsbewegungen der Schlusskurs nahe dem Tageshochkurs liegt und bei Abwärtsbewegungen der Schlusskurs entsprechend nahe dem Tagestiefkurs. Bewegen sich nun die Schlusskurse weg von den Tageshoch- beziehungsweise von den Tagestiefkursen in die entgegengesetzte Richtung, ist dies ein Zeichen für einen möglichen Wendepunkt.

---

[24] Auch hier sind diese exponentiell gewichtet.

Wenn Sie sich mit diesem Indikator beschäftigen, werden Sie auf zwei Linien stoßen. Die %-K- und die %-D-Linie. Hierbei ist die %-D-Linie wichtiger, da sie die Signale liefert. Man nennt sie daher auch Trigger-Linie.

Der Stochastik-Indikator bewegt sich in einem Bereich zwischen 0 und 100, er oszilliert also, und ist damit ein klassischer Oszillator.

Der Gebrauch des Stochastik-Indikators ist relativ einfach. Die Skala des Indikators von 100 wird aufgeteilt. Die oberen 20 %, also der Bereich zwischen 80 und 100, nennt man den »überkauften« Bereich. Die unteren 20 %, also den Bereich zwischen 20 und 0, nennt man den »überverkauften« Bereich. Ein Signal wird immer dann erzeugt, wenn der Indikator einen dieser Bereiche verlässt. Ein Kaufsignal ergibt sich dann, wenn der Indikator aus dem »überverkauften« Bereich, also über 20 steigt. Ein Verkaufssignal zeigt sich dagegen dann, wenn er aus dem »überkauften« Bereich, also über 80, nach unten wandert.

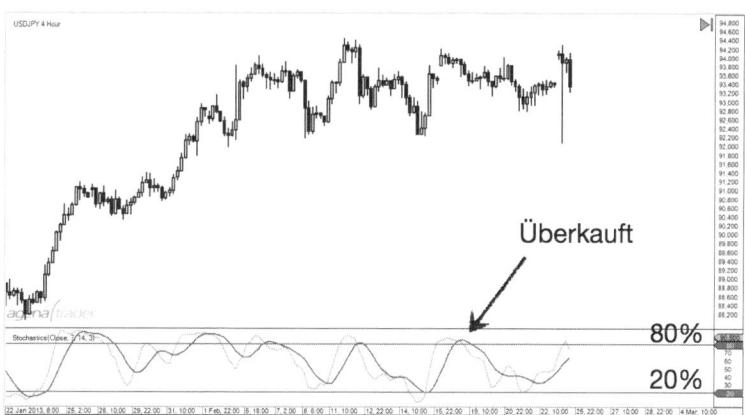

*Abb. 04.12: Chart mit Stochastik im überkauften Bereich*

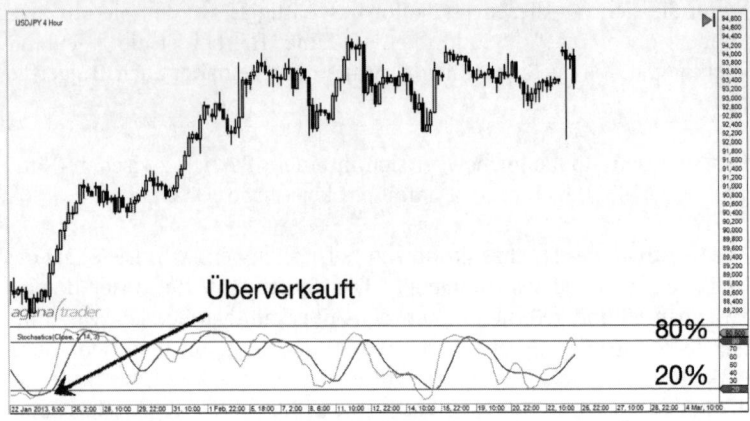

**Abb. 04.13:** *Chart mit Stochastik im überverkauften Bereich*

Die besten Signale erhält man jedoch, wenn der Indikator Divergenzen ausbildet. Unter einer Divergenz versteht man ein Ungleichgewicht zwischen dem Kurs und dem Indikator. Das aus dem Lateinischen stammende Wort »divergere« bedeutet ursprünglich ein Auseinanderstreben. Und dies erklärt grundsätzlich schon das, was man beim Trading unter einer Divergenz versteht, recht gut. Denn es geht hierbei um eine Abweichung zwischen dem Kurs und dem, was der Indikator anzeigt. Haben wir fallende Kurse und einen steigenden Indikator oder steigende Kurse und einen fallenden Indikator, so ist das meist ein Zeichen dafür, dass sich im Markt etwas bewegen wird. Normalerweise erwartet der Analyst dann eine Trendumkehr. Dies ist jedoch nicht gesichert. Es kann auch vorkommen, dass sich an eine Divergenz auch eine beschleunigende Marktbewegung in gleicher Richtung anschließt.

*Abb. 04.14: Chart mit Divergenz*

| Wichtig |
| --- |

Die Stochastik ist ein Indikator, der uns in Seitwärtsmärkten weiterhilft. Liegt ein gesunder Trend vor, dann ist die Aussagekraft dieses Indikators eher eingeschränkt. Denn der Indikator kann dann sehr häufig in seiner »Extremzone« verweilen (vgl. Abb. 04.15).

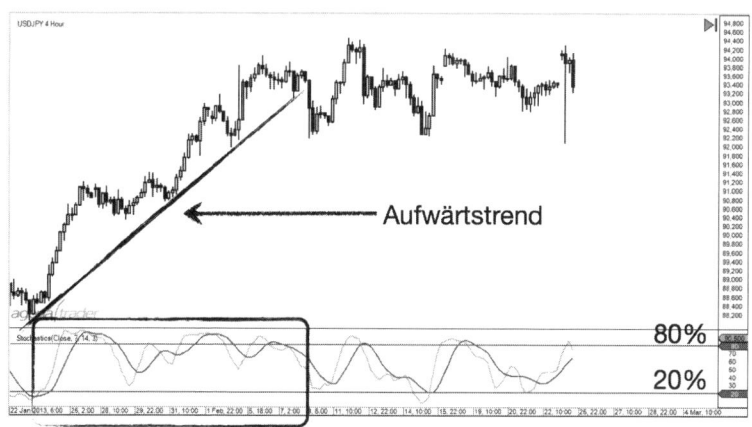

*Abb. 04.15: Stochastik im Trendmarkt liefert Fehlsignale.*

Im obigen Beispiel sehen wir, dass die Stochastik in einer starken Trend-phase keine klaren Ergebnisse zeigt. Wir erinnern uns daran, dass ein Signal bei diesem Indikator dann gegeben ist, wenn er einen der Extrembereiche verlässt, also entweder den überkauften (> 80 %) oder überverkauften (< 20 %) Bereich.

## ATR – Average True Range

Diese Abkürzung steht für die Average True Range. Er ist ein Indikator, der uns hilft, die Volatilität, also die Schwankungsbreite, in einem Markt zu messen. Er gibt uns keine Richtung im Markt vor, zeigt uns auch keine Wendepunkte an. Aber er eignet sich hervorragend, um einen Stopp im Markt zu finden.

Dieser Indikator zeigt die Fluktuation in einem Markt an, macht also deutlich, um wie viele Punkte sich ein Markt in einer gewissen Zeitspanne durchschnittlich bewegt, vom Hochpunkt bis zu seinem Tiefpunkt.

Der Indikator baut auf der True Range auf. Die True Range kann zwei Erscheinungsformen haben. Dies hängt davon ab, ob ein Gap vorliegt oder nicht. Ein Gap ist eine Kurslücke zwischen zwei Kerzen.

> Die Strecke, die eine Kerze vom Hoch bis zum Tief zurücklegt (vgl. Abb. 04.16, Punkt 1).

> Bei einem Gap

• nach oben, der Schlusskurs der vorangegangen Kerze bis zum Höchstkurs (vgl. Abb. 04.16, Punkt 2)

• nach unten, der Tiefkurs der folgenden Kerze (vgl. Abb. 04.16, Punkt 3)

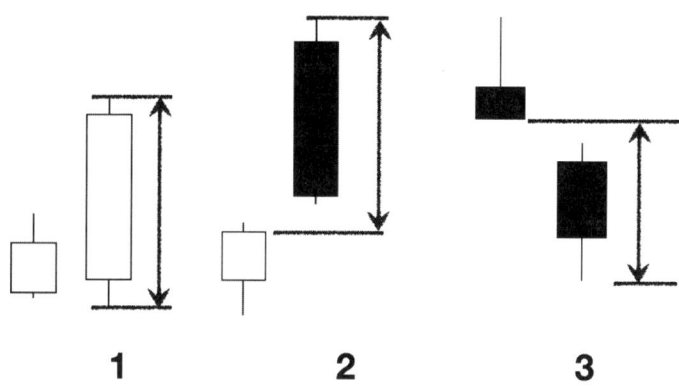

**1**          **2**          **3**

*Abb. 04.16: Schaubild Messmethode beim ATR*

Die Average True Range ist nun nichts anderes als der Durchschnitt einer bestimmten Anzahl an True Ranges.

Was sagt nun ein ATR14 aus? Die Zahl beim, hinter oder vor der ATR gibt immer an, wie viele Perioden betrachtet werden. 14 bedeutet also, dass die letzten 14 Kerzen zur Berechnung herangezogen werden. Die laufende Kerze wird nicht mit einbezogen, da diese noch nicht abgeschlossen ist. Die zurückgelegten Strecken werden nach obiger Vorgabe addiert und dann durch den Faktor 14 geteilt. Erhalten wir hierbei zum Beispiel das Ergebnis 32, dann wissen wir, dass sich der Markt in den letzten 14 Kerzen um durchschnittlich 32 Pip bewegt hat.

Diese Information können wir nutzen, um zum Beispiel unseren Stopp zu platzieren oder einen Teil unserer Gewinne zu realisieren.

## Warum genau diese Indikatoren?

Es gibt mittlerweile eine fast unüberschaubare Anzahl an Indikatoren. Es ist mir nicht möglich, Ihnen alle in diesem Buch für Einsteiger vorzustellen. Ich habe die vier dargestellten Indikatoren ausgesucht, da wir zum einen den Gleitenden Durchschnitt und die Average True Range weiter für unser Trading-Setup benötigen. Und ich möchte, dass Sie an ausgewählten, exemplarisch verdeutlichten Indikatoren verstehen, *warum* wir sie anwenden. Zum anderen wollte ich aufzeigen, dass die Gleitenden Durchschnitte doch wertvoller sind als von vielen zu Beginn gedacht. Denn viele der anderen Indikatoren nutzen diese oder setzen auf ihnen auf. Daher folgt hier erneut mein Appell: Kümmern Sie sich zuerst um die Basics. Erarbeiten Sie sich die Grundlagen, versuchen Sie, diese zu verstehen. Das wird Ihnen später helfen, die Zusammenhänge besser zu begreifen. Die Bedeutung von Trend und Seitwärtsbewegung und deren Verständnis sollte nicht unterschätzt werden. So habe ich versucht, mit den beiden Klassikern, dem MACD und der Stochastik, zu zeigen, wie wichtig es ist, für den richtigen Markt den richtigen Indikator zu wählen. Es nützt Ihnen nichts, wenn Sie sich in einem Trendmarkt befinden und dann einen Indikator anwenden, der die besten Ergebnisse in einem Seitwärtsmarkt hat.

Wir haben in diesem Kapitel gesehen, was ein Indikator ist, welche Arten es gibt und wir haben uns Gleitende Durchschnitte, den MACD, die Stochastik und die ATR genauer angeschaut und erfahren, wie diese funktionieren. Im nächsten Kapitel geht es wieder um etwas sehr Praktisches. Wir kümmern uns um den Trade-Ausstieg.

# Kapitel 5: Trade-Ausstieg

Viele Leser werden sich jetzt sicher fragen, warum das Thema Trade-Ausstieg vor dem Trade-Einstieg ausgeführt wird. Diese Frage ist absolut berechtigt. Lassen Sie es mich erklären. Nach meiner bisherigen Erfahrung legen Trading-Einsteiger fast immer den Fokus darauf, den perfekten Einstieg zu finden. Sie sind auf der Suche nach Strategien und Systemen, die ihnen den perfekten Einstieg zeigen sollen. Nach meinem Dafürhalten ist das jedoch eine falsche Schwerpunktsetzung. Denn habe ich einmal den Einstieg in den Markt gewählt und bin positioniert, liegt die Kontrolle des Kursverlaufes nicht mehr in meinen Händen. Den einzigen Punkt, den ich noch unter Kontrolle habe, ist, meinen Trade zu managen. Ich habe die Kontrolle darüber, ob ich weiter im Markt involviert bleibe oder ob ich den Ausstieg wähle beziehungsweise ob ich einen Teil der Position oder doch die ganze Position schließe. Daher sollte aus meiner Sicht das Augenmerk auf dem Ausstieg liegen.

Sollten Sie nun anmerken, Sie könnten sich darüber doch noch Gedanken machen, wenn Sie den guten Einstieg gefunden haben, dann muss ich Ihnen sagen, dass es zu diesem Zeitpunkt bereits zu spät ist. Denn die Planung des Ausstiegs hat nicht nur Einfluss auf Ihren Gewinn, sondern auch Einfluss auf die Verluste, die Sie machen werden. Gerade in Bezug auf die Bestimmung der Positionsgröße ist der Ausstieg von entscheidender Bedeutung. Hierüber sprechen wir in Kapitel 7 ausführlich.

Aufmerksame Leser werden gemerkt haben, dass wir zwei Stopps bei unserem Trade haben. Einmal einen Stop Loss oder auch Initial Stop genannt, also einen anfänglichen Stopp, der unser Verlustrisiko minimieren soll, und einen Stopp, bei dem wir unsere Gewinne sichern. Dieser wird auch Gewinn-Target, also Gewinnziel, genannt.

Beginnen wir mit dem Stop Loss.

# Stop Loss

Der Stop Loss ist unsere Notbremse, unser Fallschirm, unser Auffangnetz. Wenn wir im Markt engagiert sind und merken, dass unsere Analyse nicht stimmt, dann möchten wir nicht mehr in diesem Trade sein. Auch wenn wir dadurch manchmal eine Chance verpassen. Auf Dauer gesehen, fahren wir mit dieser Einstellung – nach meiner Erfahrung – am besten. Denn wie sagt man so schön: Besser Sie wünschen sich, in einem Trade zu sein, als dass Sie in einem Trade sind und sich wünschen, sie wären draußen.

Viele Trading-Einsteiger versuchen, einen Trade, der gegen sie läuft, so lange weiterlaufen zu lassen, bis die Position wieder im Plus ist. Diese Taktik hat schon so manches Konto bis auf den letzten Cent geleert. Daher sollten Sie mit Stopps arbeiten. Denn Sie müssen sich ab einem gewissen Punkt eingestehen, dass Ihre Analyse nicht zutrifft und Sie auf der falschen Seite des Trades liegen. Die Schwierigkeit ist immer, wie viel Freiraum ich dem Trade gebe, um sich zu entwickeln, und wann mir dieser Freiraum mehr schadet, als dass er nützt.

## Wie finde ich den richtigen Stopp?

Um einen Stopp-Punkt im Markt zu finden, gibt es verschiedenste Möglichkeiten. Dies hängt sowohl von der jeweiligen Trading-Strategie als auch von den persönlichen Vorlieben des Traders ab.

Grundsätzlich kann man jedoch drei Arten unterscheiden. Zum einen gibt es einen sogenannten»Mentalen Stopp«, zum anderen einen»Fixen Stopp« anhand von vorgegebenen Größen. Der ist gegeben wenn zum Beispiel meine Handelsstrategie sagt:»Setze immer 30 Pip an Risiko für deinen Trade ein.« Ich kann meinen Stopp jedoch auch anhand von Variablen wählen, unabhängig davon, ob dies nun durch Indikatoren hergeleitete variable Größen sind oder ob ich meinen Stopp variabel anhand der Struktur im Chart suche.

## Mentaler Stopp

Bei einem Mentalen Stopp sucht sich der Trader eine Chartmarke oder einen Preis oder eine fixe Summe aus, an der er aus dem Markt aussteigen wird. Diese Marke oder der Verlustbetrag existiert nur im Kopf des Traders. Dieser wird nicht in die Handelsplattform eingegeben. Trader, die diese Art von Stopp nutzen, argumentieren damit, dass Sie eine größere Flexibilität hätten, auf Marktveränderungen zu reagieren. Ich sage nicht, dass Mentale Stopps nicht funktionieren. Nur würde ich dies keinem Trading-Einsteiger empfehlen. Denn der Gebrauch dieser Art von Stopp erfordert großes Marktverständnis, äußerste Disziplin und immense Aufmerksamkeit. Habe ich diese Gewohnheiten nicht trainiert, führt dies erfahrungsgemäß dazu, dass Mentale Stopps nicht eingehalten, sondern verschoben werden. Ein immer größer werdender Verlust wird akzeptiert, und man gewöhnt sich daran. Es wir dann versucht, mit anderen Mitteln gegenzuwirken, zum Beispiel durch den Versuch, seine Position zu verbilligen, indem man bei einem tieferen Kurs seiner jetzigen Position eine weitere hinzuaddiert, um so den Einstiegspreis zu »verbilligen«. Konsequenz: Mentale Stopps sind nichts für Trading-Einsteiger.

## Fixe Größe

Die erste Variante mit der fixen Größe erschließt sich von selbst. Hierbei nimmt man immer die gleiche Größe für seinen Stopp, zum Beispiel 30 Pip. Diese Größe verändere ich nicht von Trade zu Trade, sondern diese bleibt immer gleich, bis ich meinen Trading-Plan ändere.

## Variabler Stopp

Die Findung eines Stopps durch variable Einflüsse kann ich, wie oben angegeben, noch einmal unterteilen. Ich kann anhand von Struktur im Chart, also aufgrund dessen, was ich im Chartbild erkennen kann, meinen Stopp suchen. Oder ich nehme mir technische Indikatoren zur Hilfe. Ich kann auch beide Möglichkeiten kombinieren.

## Struktur im Chart

Die Dogmatiker unter den Technischen Analysten lieben es, von Support und Resistance oder Unterstützung und Widerstand im Chart zu sprechen. Ich dagegen bevorzuge es einfach: Wie ich bereits in Kapitel 1 erwähnte, spreche ich persönlich gerne von Struktur im Markt oder genauer ausgedrückt, Struktur im Chartbild. Gemeint ist damit annähernd dasselbe, jedoch ohne die weitere Unterteilung, ob die Struktur für den Kurs unterstützend oder hemmend sein könnte.

Ein Strukturlevel ist nichts anderes als ein Bereich im Chart, in dem sich der Preis[25] längere Zeit aufgehalten hat.

Wenn Sie sich ein Chartbild zum ersten Mal anschauen, dann empfehle ich immer, zuerst so viele Kurs-Daten wie möglich von dem gewählten Instrument zu laden und dann den Chart so klein wie möglich »zusammenzufalten« (vgl. Abb. 05.01).

*Abb. 05.01: EUR/USD-5-Minuten-Chart, Zeitraum Ende Oktober 2010 bis Ende Juni 2013*

Auf der Abbildung sehen wir einen EUR/USD-Chart mit 5-Minuten-Kerzen. Mit diesem einen Chartbild haben wir knappe zwei Jahre und acht Monate im 5-Minuten-Bereich abgedeckt. Dies gibt uns einen ganz groben Überblick, wo wir uns historisch befinden. Nun haben wir zum Beispiel mit dem Ausgangspunkt der letzten Kurse die Möglichkeit, eine horizontale Linie in den Chart einzuzeichnen (vgl. Abb. 05.02). Hierbei können wir dann erkennen, ob sich in der Vergangenheit in diesem

---

[25] Eine Kerze im Chart ist nichts anderes als die Darstellung des Preises in der abgebildeten Zeitperiode.

Preisbereich etwas getan hat, ob sich der Markt hier aufgehalten hat und ob er um dieses Preislevel »herumgetänzelt« ist. Sprich, es geht darum, ob hier ein Strukturlevel vorliegt.

*Abb. 05.02: Strukturlinie im EUR/USD-5-Minuten-Chart*

Wir können erkennen, dass das momentane Preislevel in der Vergangenheit dem Kurs Spaß bereitet hat, denn er hat sich mehr als nur einmal dort aufgehalten. Im Dezember 2010 und Januar 2011 konnte der Markt dieses Level nicht nachhaltig durchbrechen. Auch im Januar, Februar, März und April 2012 versuchte der Markt, dieses Niveau nach unten zu durchbrechen. Schließlich gelang dies im Mai 2012. Der Markt verweilte dann bis Dezember 2012 unterhalb der aktuellen Marke. Doch dieser »Ausbruch« nach oben war nicht von langer Dauer. Der Markt kehrte zurück und oszilliert jetzt sozusagen um diese Marke. Dies ist nicht verwunderlich, denn es ist die 1,3000er Marke im EUR/USD.

Auf Abbildung 05.03 erkennen wir um diese markante Linie Cluster, also Stellen im Chart, an denen sich der Preis einige Zeit aufgehalten hat. Außerdem sehen wir klare Punkte, an denen der Markt von diesem Preisniveau zurückgewiesen wurde.

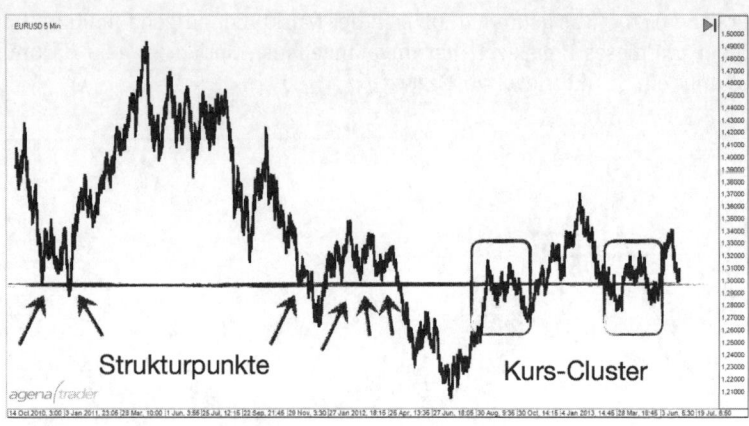

*Abb. 05.03: Strukturlevel im EUR/USD-5-Minuten-Chart*

Abbildung 05.04 zeigt eine Struktur, bei der es der Markt nicht geschafft hat, diese von unten nach oben zu überwinden:

*Abb. 05.04: Strukturlevel im AUD/USD-4-Stunden-Chart*

In beiden Fällen ist es dem Markt nicht besonders leicht gefallen, durch dieses Level durchzumarschieren. Im Falle der Abbildung 05.04 hat der Markt es nicht geschafft, die Preismarke nachhaltig zu überwinden.

Was bedeutet das nun für unsere Entscheidung, einen Stopp im Markt zu platzieren? Wir können solche Levels wunderbar nutzen, um einen Stopp im Chart auszumachen. Denn wenn der Markt einmal nachhaltig ein solches Level über- oder unterschreitet, ist die Wahrscheinlichkeit hoch, dass es in Richtung des Übertritts weitergeht. Wir können also unseren Stopp über (für einen Short-Trade) oder unter (für einen Long-Trade) dieses Level setzen. Denn die Wahrscheinlichkeit, dass der Trade sich nach einem nachhaltigem Überschreiten des Levels doch noch in die andere Richtung bewegt, ist aus meiner Sicht geringer als die, dass er dann in die gewünschte Richtung läuft.

Sie sehen, im Trading gibt es viele Variablen. Und – Sie merken es an meiner Formulierung – ich lege mich nicht fest, dass es genau so sein muss. Wie Sie schon ganz zu Beginn des Buches erfahren haben, ist Trading für mich kein Spiel mit Gewissheiten, sondern ein Ausspielen von Wahrscheinlichkeiten.

Dem aufmerksamen Leser wird schon aufgefallen sein, dass ich einen weiteren, schwammigen Begriff verwende, nämlich »nachhaltiges Überschreiten«. Was damit gemeint ist, soll die folgende Abbildung verdeutlichen.

*Abb. 05.05: EUR/USD-5-Minuten-Chart mit eingezeichneter Strukturlinie bei 1,3000*

Wir sehen auf dem Bild bei 1,3000 eine Strukturlinie eingezeichnet, die schon in der Vergangenheit ein wichtiges Strukturlevel darstellte. Auch bei dem aktuellen Anlauf hat der Preis, dargestellt durch die Kerzen im Chart, dieses Level kurz überwunden, um schließlich wieder oberhalb dieses Levels in eine Seitwärtsphase überzugehen. Der Ausbruch unter das Strukturlevel war also nicht von langer Dauer, sondern nur ein kurzer Ausflug in tiefere Sphären. Er war also nicht nachhaltig.

## Was bedeutet das für unseren Stopp beim Trading?

Wenn wir ein solches Strukturlevel (vgl. Abb. 05.06, Punkt 1 und Punkt 2) bei der Suche nach einem Stopp im Markt ausmachen und als unseren Stopp heranziehen, sollten wir immer mit einem Übertritt des Kurses über diesen Bereich rechnen (vgl. Abb. 05.06, Punkt 3). Es ist auch sinnvoll, in diesem Falle von einem Bereich und keiner exakten Linie – die ich mit einer Preismarke definieren kann – zu sprechen. Das heißt für unser Trading, dass wir unseren Stopp nicht direkt auf die Linie setzen sollten. Denn der Preis kann dieses Level antesten, um dann weiter in unsere Richtung zu laufen wie in Punkt 3 der Abbildung. Sei dies nun mit einer ganzen Kerze oder einer Reihe von Kerzen, die unterhalb des Levels schließen. Vergleichen Sie auch die Abbildung 05.05.

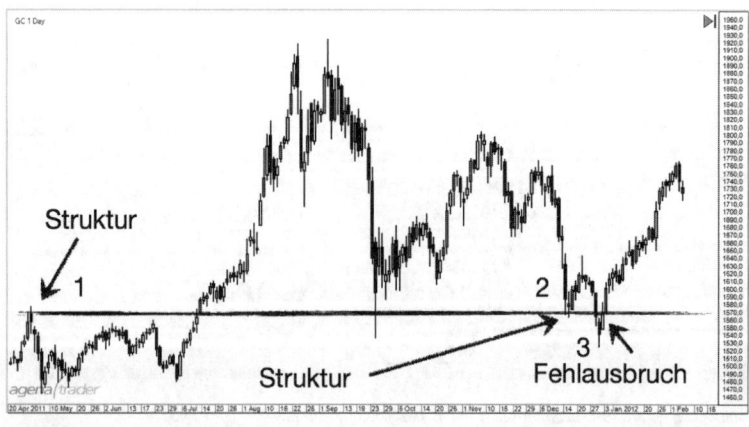

*Abb. 05.06: Strukturlevel mit Fehlausbruch*

Oder wie in Abb. 05.07 zu sehen, kann der Markt mit einem sogenannten Spike, also nur mit einer Lunte der Kerze über das Strukturlevel hi-
nausschießen.

*Abb. 05.07: Strukturlevel mit einem Spike über dieses Niveau*

Daher schauen Sie immer nach links. Die Struktur im Markt kann Ihnen
Anhaltspunkte dafür liefern, was der Markt als Nächstes tun wird.

*Abb. 05.08: Eine Straße in Großbritannien*

Dort werden Sie – manchmal – auch Anhaltspunkte dafür finden können, wie weit das von Ihnen ausgemachte Level vorher schon einmal getestet wurde. Sollten Sie zum Beispiel auf Abbildung 05.09 am Punkt 1 über einen Long-Einstieg nachdenken, so schauen Sie nach links. Dort finden Sie an Punkt 2 den Spike einer Kerze nach unten. Der Stopp muss also unterhalb dieser Kerze liegen, da es möglich ist, dass der Markt dieses Level noch einmal antestet. Wie Sie an Punkt 3 sehen können, erfolgte dieser Test. Die Kerze an Punkt 3 ging sogar ein wenig über das Niveau des Spikes von Punkt 2 hinaus.

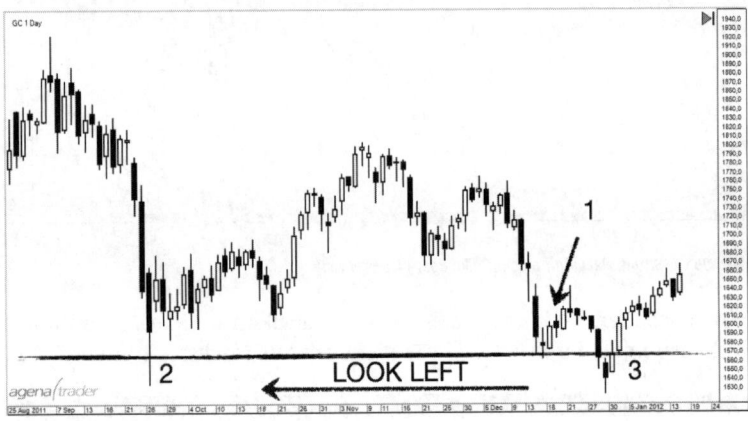

*Abb. 05.09: Anhaltspunkte für die Entfernung des Stopps*

Ist das Stopp-Level jetzt gefunden, muss der Spread bedacht werden. Damit befassen wir uns im Folgenden.

# Der Spread

Im Kapitel 2 »Broker« erwähnte ich, dass sich im Forex-Bereich viele Broker über den Spread finanzieren. Dieser Spread kann sehr stark variieren. Diese Tatsache sollten Sie beachten. Denn wenn Sie zum Beispiel im »Exotenpaar« Euro gegen die Norwegische Krone oder gegen die Tschechische Krone positioniert sind oder den US-Dollar gegen den Südafrikanischen Rand handeln möchten, so kann es vorkommen, dass Sie 40 bis mehrere Hundert Pip unterhalb/oberhalb des aktuellen Kurses in den Markt einsteigen werden. Wenn Sie nämlich Ihren Chart auf Geldkurs eingestellt haben und Ihr Broker für ein spezielles Währungspaar – sagen wir einmal – einen Spread von 40 Pip hat, dann liegt der Preis, zu dem Ihre Kauf-Order gefüllt wird, 40 Pip von der Stelle entfernt, die Sie als Einstiegspunkt ausgemacht haben. Diese 40 Pip müssen Sie erst einmal verdienen. Denn wenn Sie die Position sofort wieder schließen würden, ohne dass sich der Markt auch nur um einen Pip bewegt hat, hätten Sie automatisch einen Verlust von 40 Pip generiert.

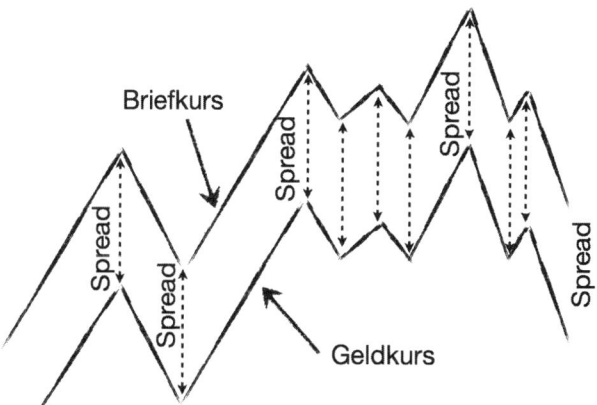

*Abb. 05.10: Schaubild Geld-/ Briefkurs*

Sie sehen, das Beachten des Spreads ist wichtig. Sie sollten Ihren durchschnittlichen Spread auch in die Stopp-Berechnung mit einkalkulieren. Denn sonst könnte es Ihnen passieren, dass Sie auf Ihren Chart sehen und feststellen, dass Sie ausgestoppt wurden, ohne dass Ihr Stop Level von der Chartkerze je berührt wurde. Eigentlich müsste der Kurs auf Ihr errechnetes Level plus den durchschnittlichen Spread für das Produkt gesetzt werden. Warum sollten Sie das eigentlich machen? Ganz einfach: Viele Broker bieten entweder feste Spreads an und lassen dann via Allgemeine Geschäftsbedingungen offen, den Spread in »extremen Marktsituationen« dennoch auszuweiten. Oder die Broker haben von vornherein variable Spreads. Erkundigen Sie sich, wie die Verhältnisse bei Ihrem Broker sind! Auch ist es nicht unüblich, dass sich der Spread (auch bei angeblich fixen Spreads) in den Nachtstunden ändert.

Spread ist also die Differenz zwischen Geld- und Briefkurs. Gehen wir daher noch einmal zurück zu diesem Thema. In der PATA-Stunde bestand eine kleine Verwirrung, was genau der Geld- und was der Briefkurs ist, beziehungsweise wann ich den Geldkurs und wann ich den Briefkurs bei meinem Broker bekomme.

**Exkurs: Geld- und Briefkurs oder Bid and Ask**

Geld- und Briefkurs dürften die meisten Leser schon gehört haben, zumindest einmal auf einer Bank oder Sparkasse oder in einer Wechselstube im Ausland gesehen haben. Bid and Ask ist die englischsprachige Variante davon. Bid ist der Geldkurs und Ask der Briefkurs.

Ihre Handelsplattform könnte so aussehen:

| EUR | USD |
|---|---|
| Geld<br>1,30<br>**114** | Brief<br>1,30<br>**124** |
| Geld verkaufen | Brief kaufen |

*Abb. 05.10a: Schematische Darstellung eines Handelsfensters*

Sie haben links den Geldkurs, den Sie kaufen und verkaufen können, und rechts den Briefkurs, den Sie ebenfalls kaufen und verkaufen können. Lassen Sie sich nicht verwirren, im Grunde ist es ganz einfach.

Stellen Sie sich vor, dass Sie im Handel, ob mit Finanzprodukten oder wirklichen Waren, fast immer jemanden brauchen, der bereit ist, Ihnen etwas zu verkaufen (wenn Sie long gehen oder die Ware wirklich besitzen möchten), oder von Ihnen etwas kaufen möchte (wenn Sie short gehen oder die Ware wirklich verkaufen wollen). Am Finanzmarkt ist es nicht anders.

Wenn Sie also eine Aktie oder den Euro gegen den US-Dollar kaufen wollen, brauchen Sie jemanden, der bereit ist, es Ihnen zu verkaufen. Sie fragen also nach einem Abnehmer Ihres Geldes gegen die Ware. Sie »Ask«en oder Sie kaufen den Briefkurs. Sie tauschen Ihr Geld gegen (früher) das verbriefte Recht.

Wenn Sie sich nun dazu entscheiden, Ihr gekauftes Produkt wieder zu verkaufen, dann bieten Sie es auf dem Markt gegen Geld an. Das ist das Bid oder eben der Geldkurs. Denn Sie möchten für Ihre »verbrieften Rechte« wieder Geld haben (vgl. Abb. 05.10b).

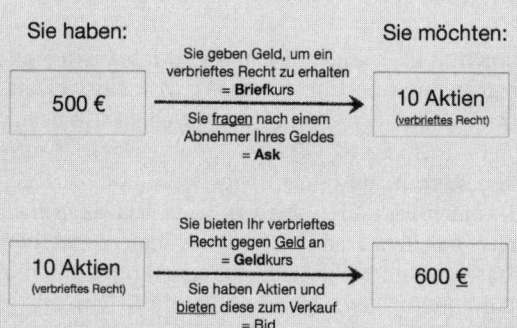

Abb. 05.10b : Schema Geld-/ Briefkurse

Stellen wir uns einmal vor, wir fahren nach London. Dort angekommen, müssen wir Geld wechseln, um uns etwas kaufen zu können. Wir geben also unser Geld (Euro) hin, um ein verbrieftes Recht (Pfund Sterling) zu erhalten. Vor der Abreise zurück auf das europäische Festland möchten wir die übrigen britischen Pfund wieder zurücktauschen und unsere Euro-Festlandswährung wiederhaben. Wir geben also das verbriefte Recht (Pfund Sterling) hin, um unsere Euro zurückzuerhalten.

Dies bedeutet angewandt auf unser Forex-Trading:

Long: Wir kaufen zum Briefkurs, wenn wir die Position eröffnen, und verkaufen zum Geldkurs, wenn wir die Position schließen (vgl. Abb. 05.10c).

Short: Wir verkaufen zum Geldkurs, wenn wir die Position eröffnen, und kaufen zum Briefkurs, wenn wir die Position schließen (vgl. Abb. 05.10c).

Abb. 05.10c: Schematische Darstellung einer Ordermaske einer Handelsplattform

## Der Fibonacci Double Flip und Struktur

Wenn wir uns nun bei unserem Fibonacci Double Flip Trade auf die Suche nach einem Stopp machen, müssen wir selbstverständlich neben der Struktur im Chart auch die Struktur unseres Patterns im Auge behalten. Denn bei diesem Pattern-Trade handelt es sich, wenn wir unseren Trade-Einstieg suchen, um eine Doppelformation, aus der sehr leicht auch eine Dreifach-Formation werden kann. Um dann nicht mit einem »Kerzen-Spike« aus dem Trade herausgenommen zu werden, sollten wir den Stopp unseres Trades oberhalb (für short) oder unterhalb (für long) der Doppelformation legen. Nur wenn wir diese Formation beziehungsweise dieses Strukturlevel verlassen, möchten wir nicht mehr im Markt sein, weil sich dann die Wahrscheinlichkeiten zu unserem Nachteil geändert haben.

Idealerweise verbindet sich die Doppelformation (also Doppelter Boden oder Doppel-Top) mit einem Strukturlevel in der Vergangenheit.

## HTF-Confirmation

HTF ist das Akronym für »Higher Time Frame«, und »Confirmation« ist die Bestätigung. Mir hat dieser Ausdruck einfach besser gefallen als »Höhere-Zeitebenen-Bestätigung«. Gemeint ist damit aber dasselbe.

Bei der HTF-Bestätigung suchen wir uns für unsere Trading-Entscheidung eine Bestätigung auf einer anderen Zeitebene.

Stellen wir hierbei einen Zusammenfluss eines Strukturlevels aus der höheren Zeitebene mit der auf unserer Handels-Zeitebene fest, stärkt das unsere Entscheidung, hier einen Stopp zu ziehen. Ich nenne dies die »kleine Bestätigung« oder die Minor-Time-Frame-Confirmation.

Wenn es eine kleine Bestätigung gibt, muss es logischerweise auch eine große geben. Die Major-Time-Frame-Confirmation würde ich dann eine weitere Zeitebene höher suchen. Nehmen wir als Beispiel einen 1-Stunden-Chart. Dort gehe ich vor wie beim 5-Minuten-Chart und 15-Minuten-Chart. Ich »falte« den Chart zusammen und suche nach Struktur.

Habe ich diese gefunden, versuche ich, diese mit dem Strukturlevel auf meiner Handelsebene (in diesem Falle dem 5-Minuten-Chart) abzugleichen.

Schauen wir uns ein Beispiel an. Nehmen wir an, wir bewegen uns in einem 5-Minuten-Chart, dann ändern wir unsere Charteinstellungen zum Beispiel auf 15 Minuten und den 1-Stunden-Chart (oder wir öffnen einen neuen, separaten Chart). Nun untersuchen wir den neuen Chart der Reihe nach, wie wir es auf der 5-Minuten-Ebene tun. Beginnen wir mit der 5-Minuten-Ebene. Auf Abbildung 05.11 könnte sich eventuell ein Fibonacci Double Flip Trade ergeben. Mit Punkt 1 haben wir eine Aufwärtsbewegung, die Punkte 2 und 4 bilden ein Doppeltop, denn Punkt 5 hat die Struktur von Punkt 3 gebrochen. Eventuell könnten wir nun an Punkt 6 (der ungefähr dem 61,8er-Fibo-Retracement entspricht) unseren Trade-Einstieg vermuten.

*Abb. 05.11: Möglicherweise ergibt sich hier ein Fibonacci Double Flip Trade*

Doch wechseln wir eine Zeitebene höher. Auf Abbildung 05.12 wird unser Trade-Setup im 15-Minuten-Chart angezeigt. Der Punkt 1 zeigt den Beginn der Aufwärtsbewegung (den Rest habe ich nicht übernommen, da der Chart schon so weit komprimiert ist, dass es unübersichtlich geworden wäre.) Was wir jedoch erkennen, ist die Linie, also die Verlängerung der Verbindung zwischen den Punkten 2 und 4 unseres Setups.

Links im Chart sehen wir, dass der Markt nicht nur mit einem Spike, sondern mit einigen Kerzen über unsere Strukturlinie »hinausgeschossen« ist. Das heißt, dass unser Stopp nicht nur oberhalb dieser 2–4-Linie liegen müsste, sondern eigentlich oberhalb dieser Struktur. Das würde das Chance-Risiko-Verhältnis dieses Trades verschlechtern, denn der Ausbruch über die 2–4-Linie entspricht ungefähr der Höhe unserer Doppelformation.

**Abb. 05.12: 2–4-Linie im 15-Minuten-Chart**

Langsam schwindet die Attraktivität dieses Trades. Aber schauen wir uns noch einen Chart einer noch höheren Zeitebene an. Nehmen wir den 1-Stunden-Chart. Auf Abbildung 05.13 sehen wir, dass der Markt schon öfter versucht hat, unser eingezeichnetes Strukturlevel (dies entspricht der 2–4-Linie) zu überwinden.

Wir dürfen nicht vergessen, dass die 2–4-Linie von uns aufgrund einer Marke im 5-Minuten-Chart eingezeichnet wurde. Wollten wir eine korrekte Strukturlinie in den 1-Stunden-Chart einzeichnen, müsste diese oberhalb dieses Levels liegen und zumindest zwei Hochpunkte verbinden.

Die Möglichkeit des weiteren Steigens des Marktes würde mich nun hellhörig machen. Sollte ich mich entschließen, diesen Trade einzugehen, würde ich diesen mit einem sehr engen Stopp absichern, denn die Wahrscheinlichkeit ist hoch, dass der Markt weiter steigt, wenn er unsere 2–4-Linie übersteigt.

*Abb. 05.13: 2-4-Linie im 1-Stunden-Chart*

Der Idealfall, wie wir ihn für unser Trading wünschen, wäre, dass sich eine Überschneidung auf allen Zeitebenen ergibt.

Bei Trading-Einsteigern kommt relativ schnell die Frage auf, wie sich das System mit der HTF-Confirmation verhält, wenn man nicht auf einem 5-Minuten-Chart handelt, sondern beispielsweise auf dem 1-Stunden-, 4-Stunden- oder Tageschart. Auf diese Frage gebe ich gerne Antwort: Mein Ziel ist es nicht, Ihnen ein vorgefertigtes »System« zu liefern. Ich möchte Ihnen Denkanstöße geben, wie Sie Ihre eigene Strategie finden können. Ich möchte nicht, dass Sie meine Vorgaben einfach blindlings umsetzen. Nehmen Sie den Gedanken der HTF und spielen Sie ein wenig damit. Erkunden Sie, welche Erfahrung Sie damit machen.

Die in meinem Beispiel genannten Zeitebenen von 5 Minuten als Trading-Time-Frame, 15 Minuten als Minor-Time-Frame-Confirmation und des 1-Stunden-Charts als Major-Time-Frame-Confirmation sind die Zeitebenen, auf denen ich in meinem Trading gerne arbeite. Ob diese für Ihren Markt richtig sind, müssen Sie austesten und sehen, welche Erfahrungen Sie damit machen. Ich kenne Trader, die ihre »Minor« als zweimal die Trading-Time-Frame und die »Major« als viermal die Trading-Time-Frame definiert haben. Ich persönlich empfinde dies bei einem 5-Minuten-Chart als nicht sehr effektiv, da der 10-Minuten-Chart und der 20-Minuten-Chart meiner Einschätzung nach nicht sehr verbreitet sind. Sie sehen, eine pauschal gültige Antwort gibt es nicht. Experimentieren Sie und analysieren Sie selbst, welche Ergebnisse die Vergangenheit geliefert hätte. Angenommen, Sie sind auf einem 1-Stunden-Chart unterwegs, dann experimentieren Sie beispielsweise damit, welche Erfahrungen Sie mit einem 4-Stunden-Chart als Minor und einem Tageschart als Major gemacht hätten, oder bei einem Tageschart mit einem Wochenchart als Minor und einem Monatschart als Major.

Nun wissen wir, wie wir unser Risiko bei dem Trade eingrenzen können. Ich kann Ihnen nur raten, die Sache mit den Stopps und dem Money-Management, das im Kapitel 7 behandelt wird, ernst zu nehmen. Die schwierigste Lektion beim Traden, aber auch der Schlüssel zum Erfolg ist Disziplin, Disziplin, Disziplin!

Nun, da wir abgesichert sind, wollen wir uns dem Geldverdienen, den Gewinnen zuwenden. Wenn der Trade einmal läuft und sich in unsere Richtung bewegt – sei dies bei einem Short oder bei einem Long –, benötigen wir ein Kursziel, an dem wir unseren Gewinn realisieren. Denn allzu oft passiert es, dass wir uns richtig positioniert haben, der Trade sich super entwickelt, dieser dann aber sozusagen auf dem Absatz kehrt macht und sich schnurstracks in Richtung unseres Einstiegs bewegt. Wenn wir dann nicht aufpassen, werden wir noch an unserem Stopp-Punkt mit einem Minus ausgestoppt, obwohl wir bereits gut im Plus waren. Daher ist es wichtig, sich Kursziele zu setzen oder eine Take-Profit-Strategie zu entwickeln.

## Gewinnziel-Bestimmung

Wie auch beim Setzen eines Stopps haben wir bei der Bestimmung unserer Gewinnziele mehrere Möglichkeiten. Wir können fixe Größen wählen, oder wir können unseren Stopp variabel gestalten. Ich persönlich habe eine Vorliebe für eine Mischung aus beidem.

# Fixe Gewinnziel-Bestimmung

Wie bei den Stopp-Punkten haben wir auch bei den Gewinnmarken die Möglichkeit, über einen fixen Euro-Betrag, einen Punktebetrag oder einen Prozentbetrag einen Ausstieg aus dem Trade zu suchen.

So können wir zum Beispiel unseren Trade schließen, sobald wir 200 Euro Gewinn gemacht haben. Oder wir können die Position schließen, sobald 30 Pip erreicht wurden. Oder wir suchen unseren Ausstieg danach, dass wir zum Beispiel 1 Prozent der Kontogröße erwirtschaftet haben möchten und erst dann aus dem Trade aussteigen. Sie sehen, dies sind sehr einfache, aber mögliche Gesichtspunkte, wie man eine Gewinnziel-Bestimmung durchführen kann.

Ich persönlich bin jedoch kein Fan dieser Methoden. Denn ich trade sehr gerne nach dem Chart, sprich nach dem, was ich sehe. Oft finden sich dort markante Punkte, die eine Kursumkehr signalisieren könnten. Liegt nun meine fixe Größe von zum Beispiel 30 Pip hinter dem möglichen Wendepunkt im Markt, werde ich mein Gewinnziel möglicherweise verfehlen. Das Gleiche gilt für fixe Geld- oder Prozentbeträge. Dies ist sehr ärgerlich, wenn der Trade kurz vor dem Gewinnziel die Richtung ändert und sich dann mit großen Schritten unserem Stopp nähert.

Wie Sie schon gemerkt haben, habe ich eine Vorliebe für Fibonacci-Verhältnisse (Ratios). Auch wenn diese Verhältnisse sich immer ändern, zähle ich sie zu den fixen Werten für die Berechnung des Ausstiegs. Denn ich kann die Fibonacci-Verhältnisse wunderbar nutzen, um im Vorfeld meine Gewinnermittlung zu bestimmen, und Take-Profit-Orders in den Markt legen. Dies hat den Vorteil, dass ich dies mit einer exakten Regel in meinen Trading-Plan aufnehmen kann. Und Sie wissen, Disziplin ist eine der Grundsäulen zum Erfolg beim Trading (mehr dazu im Kapitel Psychologie und Trading-Plan).

Bin ich dagegen auf die Bewegung eines Indikators angewiesen, kann ich in den meisten Fällen nicht konkret vorhersagen, wann sich der Indikator beginnt einzudrehen (vgl. Abb. 05.14).

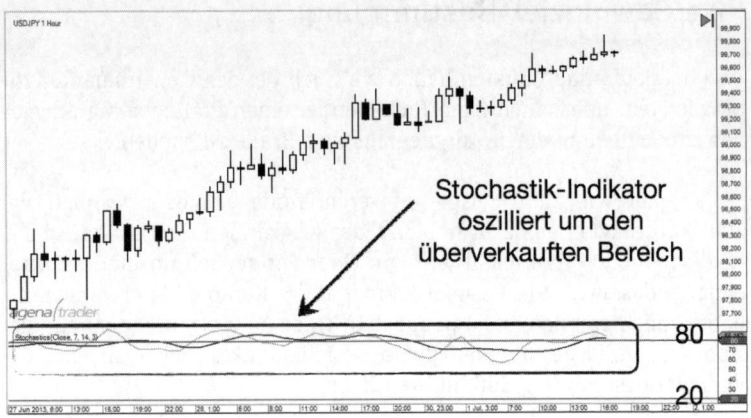

*Abb. 05.14: Bildbeispiel eines lange verweilenden Indikators im Extrembereich*

Zwar gibt es Methoden, die einige Indikatoren in die Zukunft projizieren, Standard ist dies jedoch bisher noch nicht.

## Gewinnziele mit Fibonacci

Es gibt zwei Methoden, um Gewinnziele mit Hilfe der Fibonacci-Ratios zu bestimmen. Der Unterschied der zwei Methoden liegt in den verschiedenen Bezugsgrößen, sprich den Messpunkten. Ich konnte nicht feststellen, ob die eine Methode generell besser ist als die andere. Ich werde Ihnen deshalb beide Methoden kurz vorstellen.

### Methode 1 (Fibonacci-Erweiterung ohne Berücksichtigung der Korrektur)

Diese Methode verwendet das normale Fibonacci-Werkzeug, das wir in den Kapiteln zuvor schon kennengelernt haben. Um unseren Fibonacci Double Flip zu definieren, hatten wir einen Rücksetzer zum 61,8 %-Retracement gesucht. Hierzu haben wir unser Fibonacci-Werkzeug am Anfang der Bewegung angesetzt und in Richtung des Kurses gezogen. Hierbei vorkommende Kurskorrekturen blieben außer Acht.

Der Unterschied zu dieser Methode liegt lediglich darin, dass wir jetzt nicht am Anfang und in Kursrichtung messen, sondern am Ende einer Bewegung und gegen die Kursrichtung (vgl. Abb. 05.15). Dies hat einfach mit der prozentualen Verteilung der Verhältnisse zu tun. Der Punkt, an dem wir beginnen zu messen, hat üblicherweise die 100 %. Das Ende unserer Bewegung sind in der Regel die 0 %[26].

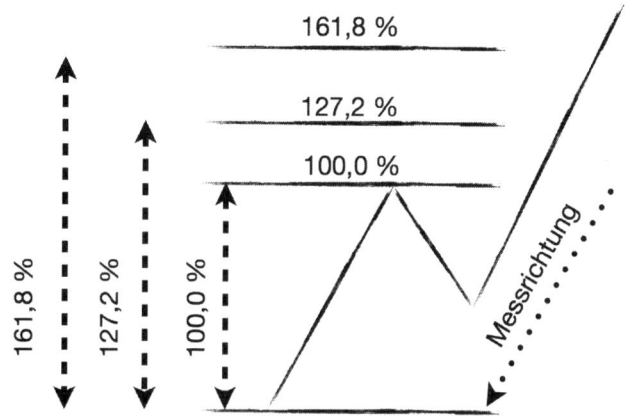

*Abb. 05.15: Schaubild – Fibonacci-Erweiterungen ohne Berücksichtigung der Korrektur*

Da wir vorliegend an der Bestimmung von Gewinnzielen interessiert sind, erwarten wir, dass der Kurs über den Punkt, an dem wir uns befinden, fallen (beim Short) oder steigen wird (beim Long). Wir erwarten also eine Bewegung über den Bereich hinaus, an dem wir uns momentan befinden. Daher setzen wir die 100 % (also den Messbeginn) auf den Punkt, an dem wir erwarten, dass der Kurs ihn über- beziehungsweise unterschreiten wird und messen die Strecke aus.

Nun liegt am Beginn unserer Messung die 100-%-Marke. Anschließend stellen wir unser Fibonacci-Tool so ein, dass es uns 127,2 % und 161,8 % anzeigt. Dies sind die beiden Marken, die ich gerne als Fibonacci-Zielzone verwende.

---

[26] Alternativ können Sie auch abgewandelt die Methode 2 verwenden. Siehe folgenden Absatz.

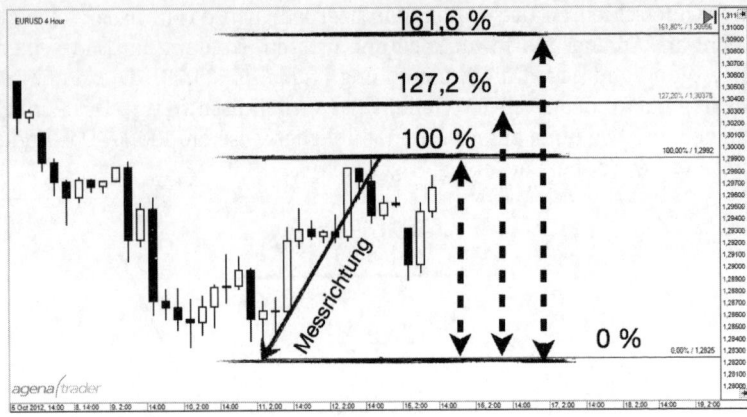

*Abb. 05.16: Fibonacci-Erweiterungen ohne Berücksichtigung der Korrektur – Anwendung zur Kurszielbestimmung*

Hierdurch erhalten wir nichts anderes als einen Zuschlag von 27,2 % beziehungsweise 61,8 % der ausgemessenen Strecke. Diese beiden Punkte könnte man als Gewinnziel heranziehen.

## Methode 2 (Fibonacci-Projektion unter Berücksichtigung der Korrektur)

Die zweite, alternative Methode hat andere Messpunkte und verwendet auch ein anderes Messwerkzeug. Das hierfür benötigte Werkzeug ist die Fibonacci-Projektion/-Expansion/-Extension. Die Charting-Softwares verwenden unterschiedliche Begriffe. Die Methode ist jedoch dieselbe. Wir messen eine Strecke und ziehen dann im gleichen Arbeitsschritt das Messwerkzeug auf das Ende des Rücksetzers. Wir berücksichtigen also die Korrektur des Kurses bei der Messung. Unsere 0-%-Marke wird also nicht am Anfang der Strecke liegen, sondern am Wendepunkt der Korrektur (vgl. Abb. 05.17). Was jetzt kompliziert klingt, ist relativ einfach. Nehmen Sie sich das Werkzeug in Ihrer Charting-Software zur Hand und experimentieren Sie damit. Sie werden sehen, wie einfach es ist (vgl. Abb. 05.17a).

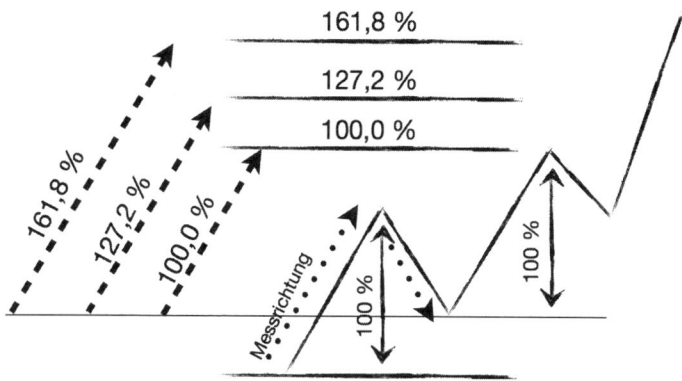

*Abb. 05.17: Schematische Darstellung einer Fibonacci-Projektion*

*Abb. 05.17a: Fibonacci-Projektion im Chart*

Was Sie hier erhalten, ist eine Erweiterung der Ausgangsstrecke, angesetzt am Wendepunkt des Rücksetzers. Um es zu verdeutlichen, be-
zeichnen wir die Strecken in der Abbildung 05.10 mit den Punkten A, B,
C, D.

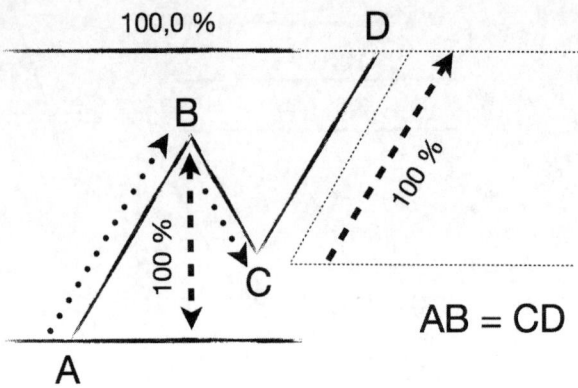

*Abb. 05.18: Schema-Bild einer AB=CD-Projektion*

Auf der Abbildung 05.18 können wir erkennen, dass wir die aufwärts-
gerichtete Strecke AB haben, die dann durch die abwärtsgerichtete
Strecke BC konsolidiert wird. Nachdem die Strecke BC ihren Wendepunkt gefunden hat, steigt der Kurs wieder an. An der 100-%-Marke ist
die Strecke AB gleich groß wie die Strecke CD. Findet der Kurs erneut
einen Wendepunkt, haben wir das, was man als ein AB = CD-Pattern
bezeichnet.

Deutlich wird der unterschiedliche Ansatzpunkt der beiden Messmethoden (vgl. Abb. 05.19/05.19a). Bei Methode 1 bleibt der Rücksetzer außer
Betracht. Ich beziehe diesen nicht in meine Berechnung mit ein. Methode 2 dagegen berücksichtigt den Rücksetzer. Der Unterschied liegt
dann im Ergebnis. Je nachdem, wie weit der Rücksetzer reicht, erhalte
ich unterschiedliche Zielpunkte für mein Gewinnziel.

Ich persönlich bevorzuge die Erweiterungsmethode für diesen Trade.
Dies ist aber eine reine Vorliebe von mir. Probieren Sie es selbst aus. Testen Sie, mit welcher Methode Sie die besten Ergebnisse erzielen.

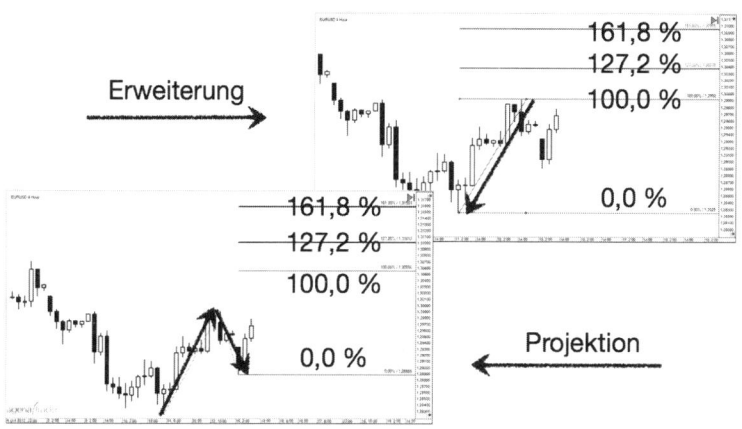

*Abb. 05.19: Chartbilder mit Fibo-Erweiterung und Fibo-Projektion*

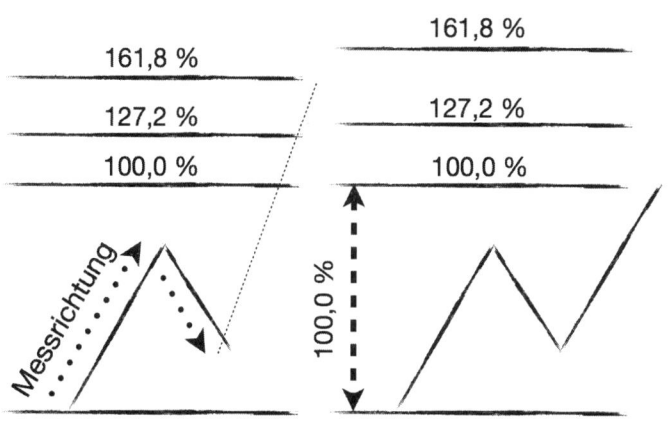

*Abb 05.19a: Schaubild – Vergleich der beiden Messmethoden*

## Variable Gewinnziel-Ermittlung

Neben den oben genannten Methoden, die es ermöglichen, schon im Vorfeld das Gewinnziel festzulegen, gibt es noch weitere Möglichkeiten.

Ich habe diese variable Gewinnziele genannt. Variabel deswegen, da ich im Vorfeld nicht exakt weiß, wie hoch genau mein Gewinn sein wird.

Ich habe bereits angesprochen, dass ich gerne eine Kombination von beiden Methoden anwende. Wie ist das möglich? Wenn es mir meine Kontogröße, sprich mein Money-Management (siehe Kapitel 8) erlaubt, teile ich gerne meine Position in drei Teile auf. Die erste Position nehme ich bei diesem Trade gerne am 127er-Fibonacci und den zweiten Gewinn am 162er-Fibonacci heraus. Den dritten Teil der Position lasse ich gerne »laufen«. Dies bedeutet in diesem Falle, dass ich gerne einen Trailing Stop verwende.

**Trailing Stop**
Ein Trailing Stop ist eine Orderart, die Sie in Ihrer Handelssoftware einstellen können. Statt einer »normalen« Stop Loss Order kann diese Art gewählt werden. Hierbei wird ein Stopp-Niveau mit einer festen Pip-Größe unter (bei long) und über (bei short) dem Einstiegslevel gewählt. Wenn sich nun der Kurs in Trading-Richtung verändert, dann wird der Stopp automatisch nachgezogen. Bewegt sich der Kurs jedoch gegen die Trading-Richtung, bleibt der Stop Loss unverändert.

Nehmen wir an, wir steigen in den EUR/USD long bei 1,3010 ein und setzen unseren Trailing Stop 20 Pip entfernt, also auf 1,2990. Nun bewegt sich der EUR/USD auf 1,3035. Dies bedeutet für unseren Stopp, dass er auf 1,3015 nachgezogen wird. Klettert der Markt weiter, sagen wir auf 1,3055, dann bewegt sich unser Stopp automatisch auf 1,3035. Fällt der Kurs nun wieder um 15 Pip, auf 1,3040, dann bewegt sich unser Stopp nicht. Steigt der Kurs wieder über 1,3055, zieht unser Stopp automatisch nach. Fällt er dagegen unter 1,3035, dann löst dieser automatische Stopp aus (vgl. Abb. 05.20).

Diese Methode verwende ich gerne in Kombination mit den »festen Gewinnzielen«. Denn wenn ein Trade am »Laufen« ist, das heißt, wenn er sich schon in einer Bewegung befindet, ist es durchaus möglich, dass diese Bewegung länger andauern wird. Der Trailing Stop bietet mir so die Möglichkeit, an dieser längeren Bewegung zu partizipieren. Allerdings darf ich den Trailing Stop nicht zu »eng« am Markt ansetzen, sonst nehme ich dem Trade die Chance, sich zu entwickeln, denn auch eine

Kursbewegung, die bereits am »Laufen« ist, zeigt gerne Rücksetzer (siehe Kapitel 1, Abschnitt »Die Psychologie hinter der Struktur«). Auf der anderen Seite darf der Stopp auch nicht so groß sein, dass ich noch mit Verlust aus dieser Position ausgestoppt werde. Denn wenn ich einmal mit einer Position Gewinn gemacht habe, möchte ich mit dieser kein Geld mehr verlieren.

*Abb. 05.20: Schaubild – Trailing Stop*

Ich verwende den Trailing Stop gerne bei Trades in höheren Zeitebenen, zum Beispiel im 4-Stunden- oder Tageschart. Auf einer kleineren Zeitebene, also zum Beispiel im 5-Minuten-Chart bleibe ich gerne bei der Zwei-Stopp-Strategie. Zwei-Stopp-Strategie bedeutet, dass ich mit zwei Gewinnzielen arbeite. Im Falle des Fibonacci Double Flip mit den 127,2 und 161,8. Dagegen bedeutet eine Drei-Stopp-Strategie drei Gewinnziele (vgl. Abb. 05.21). Die ersten beiden bleiben unverändert, die dritte Position wird getrailt. Der Stopp wird also anhand von Struktur im Chart nachgezogen.

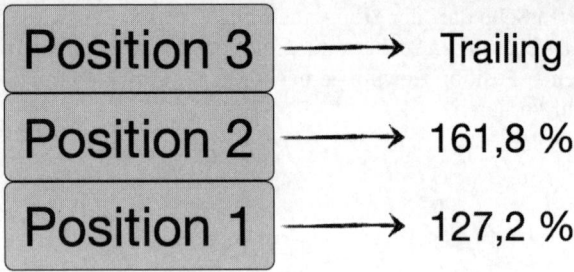

*Abb. 05.21: Schaubild – drei Positionen*

Hier ein Beispiel, bei dem man gut einen Trailing Stop hätte einsetzen können: Das Trade-Setup haben wir im Kapitel 3 unter »Weitere Beispiele« gesehen. Wir hatten für einen Tageschart ein sehr geringes Risiko. Daher hat er sich bei diesem Trade angeboten, ihn in drei Teile aufzuspalten und die dritte Position zu trailen. Da wir locker die ersten zwei Gewinnziele, wenn auch mit kleinem Gewinn, mitnehmen konnten, waren wir in einem absolut schmerzfreien Trade für die dritte Position. Diese konnten wir bis weit nach unten trailen, entweder durch Struktur im Chart den Stopp nachziehen oder durch eine Trailing Stop Order. Das geringe Risiko und der zudem hohe Gewinn machen den Trade sehr wertvoll. Kleines Risiko, große Gewinnchancen ... damit verdienen Sie beim Trading Ihr Geld!

Selbstverständlich ist es auch möglich, den Trailing Stop schon zu Beginn einzusetzen. Schauen Sie sich dieses nützliche Werkzeug einmal genauer an und üben Sie damit in einer Demo-Version Ihres Trading-Kontos. Schauen Sie sich an, wie dieses Werkzeug für die Vergangenheit auf Ihre Trades gepasst hätte. Suchen Sie nach der idealen Stopp-Größe.

*Abb. 05.21a: Beispiel eines getrailten Trades – geringes Risiko, gute Gewinnchancen*

## Indikatoren als Trade-Ausstieg

Wie wir oben aufgezeigt haben, muss ich für den richtigen Markt den richtigen Indikator wählen. Ich beziehe mich noch einmal auf den Trend- und den Seitwärtsmarkt. Wenn ich im Trendmarkt mit der Stochastik versuche, einen Trade-Ausstieg zu finden, nämlich dann, wenn diese im überverkauften oder überkauften Bereich ist, dann kann es sein, dass mich der Indikator in diesem Falle sozusagen an der Nase herumführt. Denn wie wir an folgendem Chart sehen, kann sich der Markt durchaus längere Zeit im sogenannten Extrembereich aufhalten oder sich um diesen herumbewegen (vgl. Abb. 05.22).

Daher ist es wichtig, den richtigen Indikator für die richtige Marktsituation auszusuchen.

Wir haben oben festgehalten, dass wir in einem »Trendmarkt« besser den MACD-Indikator anwenden. Ein Ausstiegssignal könnte uns das Kreuzen des Indikators mit seiner Trigger-Linie liefern. Wenn sich die MACD-Linie, jetzt im Beispiel der Abbildung 05.23, von unten durch die Trigger-Linie schiebt, könnten Anzeichen dafür gegeben sein, dass sich die Bewegung dem Ende nähert und der Kurs eine andere Richtung einschlagen wird.

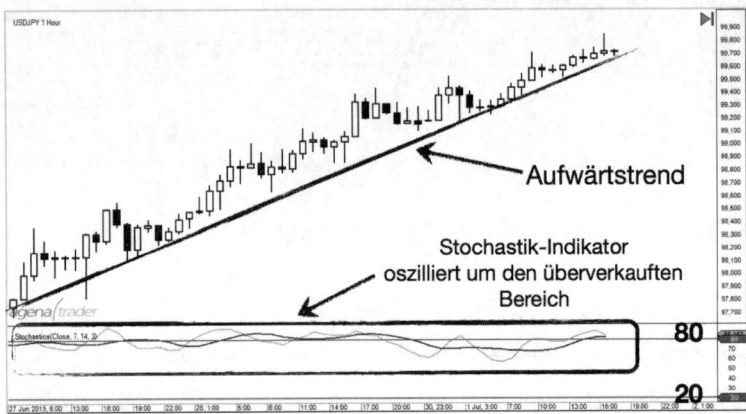

**Abb. 05.22: Stochastik im Trendmarkt**

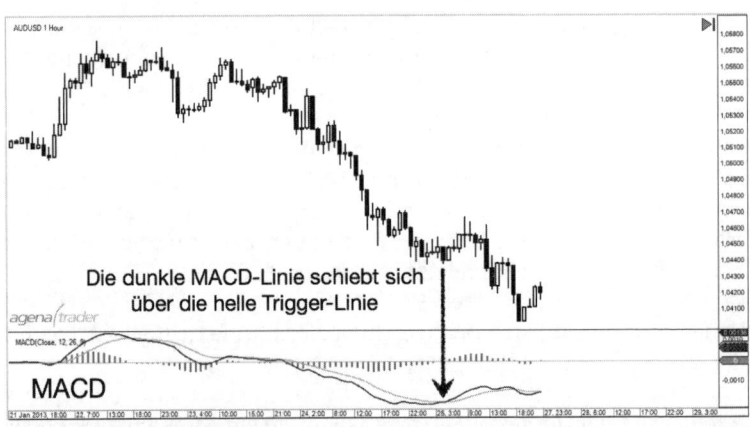

**Abb. 05.23: Der MACD-Indikator schiebt sich von unten über seine Trigger-Linie; die wäre ein möglicher Trade-Ausstieg mit Hilfe des MACD**

Dies könnte man als Ausstiegssignal für den Trade verwenden. Backtesten Sie diese Methode. Spielen Sie damit. Entwickeln Sie Ihren eigenen Ausstiegsplan.

Oder wie wäre es mit etwas ganz Einfachem? Einem Gleitenden Durchschnitt. Zu einfach, denken Sie? Testen wir es doch einfach einmal aus. Nehmen wir als Beispiel im 5-Minuten-Chart einen SMA, also einen einfachen Gleitenden Durchschnitt mit der Periode 21. Nun muss ich mir jedoch etwas einfallen lassen, damit ich nicht mit jeder kleinen Marktunruhe aus meinem Trade genommen werde. Daher nehme ich in Anlehnung an die Dow-Theorie ein Break and Close above/below, sprich einen Bruch des Gleitenden Durchschnitts und einen Schlusskurs darüber beziehungsweise darunter.

## Break Even, ein wichtiger Baustein zum Erfolg

Kurz und simpel, aber einer der wichtigsten Momente im Trading ist der Break-Even-Punkt. Als Break Even wird allgemein der Punkt bezeichnet, an dem ich aus den roten Zahlen komme. Doch was bedeutet das für das Trading?

Sobald ich mit meinem Trade das erste Gewinnziel erreicht habe, werde ich meinen Stopp verschieben. Ja, Sie haben richtig gelesen: Wir bewegen den Stopp, von dem ich normalerweise sage, dass er nicht angerührt geschweige denn verschoben werden sollte. Wir bewegen ihn aber nicht von unserem Trade weg, sondern zu unserem Gewinn hin. Und zwar bis zu dem Punkt, an dem wir in den Trade eingestiegen sind. Dies hat für mich den Vorteil, dass ich mit diesem Trade ab diesem Zeitpunkt in der Regel kein Geld mehr verlieren werde. Ich kann mich zurücklehnen und ganz entspannt sein. Ich kann den Trade weiter seinen Weg zum zweiten Gewinnziel oder den weiteren Gewinnzielen laufen lassen. Das Schlimmste, was mir im Normalfall passieren kann, ist, dass ich ohne einen weiteren Gewinn ausgestoppt werde. Aber Geld verliere ich nicht mehr. Ab diesem Zeitpunkt kann ich ganz gelassen sein und den Markt die weitere Arbeit für mich erledigen lassen. Dies ist eine so einfache, aber dennoch wirkungsvolle Methode, um den Stress aus einem Trade zu nehmen. Sie ermöglicht mir, meinem Plan viel gelassener zu folgen und mich »nach Vorschrift« zu verhalten.

## 90 %-Regel

Die 90 %-Regel ist ebenso wie der Break Even einfach und zugleich nützlich. Ist der Markt einige Zeit gelaufen und steht kurz vor meinem ersten Gewinnziel, kann es vorkommen, dass er noch einmal eindreht, um Schwung für einen weiteren Anlauf zu holen, oder er bewegt sich einfach längere Zeit in einer Seitwärts-Range. Das kann nervenaufreibend sein, und eigentlich möchte ich nicht gegen meinen Plan handeln und die Position vorher schließen. Hatte der Preis vorher 90 Prozent meines ersten Gewinnziels erreicht, ziehe ich einfach den Stopp von seinem Stopp-Level auf den Einstandskurs, sprich den Break-Even-Punkt. Auch in diesem Falle kann ich gelassener meinem Trading-Plan folgen.

Sie kennen nun die Grundlagen des Ausstiegs, die wichtigste Entscheidung beim Trading. Sie wissen, dass Sie einen Stopp nutzen sollten, und kennen nun eine Möglichkeit, das Gewinnziel zu bestimmen. Sie wissen, dass das Nachziehen des Stopps auf Break Even ein sehr hilfreiches Mittel sein kann. Wenden wir uns nun also dem Einstieg in die Märkte zu.

# Kapitel 6: Trade-Einstieg

Die Möglichkeiten, einen Trade-Einstieg zu finden, sind vielfältig. Dies kann über Candlestick-Formationen, technische Indikatoren, über Preispattern oder schlichtweg einfach nur über den Preis erfolgen.

Aber bevor wir mit dem Thema Trade-Einstieg beginnen, lassen Sie mich kurz die Geschichte von Ola erzählen.

### Börsenguru Ola

Ola war ein Affe und Hauptakteur oder – wie man besser sagen sollte – Crash-Test-Dummy im schwedischen »Elch-Test[27]« für Börsenanalysten. Im Spätsommer des Jahres 1993 starteten fünf erfahrene Börsenanalysten mit einem Startkapital von jeweils 10.000 Kronen, um innerhalb eines Monats die meiste Rendite aus diesem Betrag zu generieren. Ihre Gegenspielerin war die Schimpansin Ola. Auch sie wurde mit einem Startkapital von 10.000 Kronen ausgestattet.

*Die Analysten arbeiteten mit ihren jeweiligen Analysemethoden, Ola mit Pfeil und ... nein, nicht Bogen, sondern Dartpfeilen. An einer Wand waren Firmenlogos schwedischer Aktienunternehmen angebracht. Ola traf ihre Anlageentscheidung durch willkürliches Werfen mit dem Dartpfeil auf die Firmenlogos. Mit dieser Methode war Ola erfolgreicher als die Börsenspezialisten. Denn einige der von Ola ausgewählten Werte entwickelten sich positiver als die von den Profis ausgewählten. Der beste Analyst schaffte am Ende des Tests 11050 Kronen. Ola immerhin 11542 Kronen. Umgerechnet auf diesen einen Monat schaffte der Analyst somit einen Zuwachs von rund 10 Prozent, Ola, die Schimpansin rund 15 Prozent. Hut ab vor*

---

[27] Florek, E.; »Der Elch-Test«, in: Optionsschein-Magazin 7/98, S. 84–87.

*dem Schimpansen, denn sein Ergebnis liegt 50 Prozent höher als das des Analysten.*

*Ola ist aber nicht der einzige Affe, der in der Finanzwelt unterwegs ist. Adam Monk, ein Kapuzineraffe, der für die amerikanische Zeitung Chicago Sun Times arbeitete, lieferte in den Jahren 2003 bis 2008 seine Analysen ab. Er saß vor dem Wallstreet Journal und umkreiste oder markierte jedes Jahr Anfang Januar fünf Aktien, die gekauft wurden. So schlug Monk den Dow Jones Index.*

*Auch in Russland gab es den Schimpansen »Lusha«, dessen Portfolio sich im nächsten Jahr verdreifachte.*

Wenn Sie jetzt denken, dass diese Tiere übersinnliche Kräfte hatten oder dass es nicht mit rechten Dingen zuging, kann ich Sie beruhigen. So konnte man zum Beispiel von Adam Monk lesen, dass er nicht lange so ein glückliches Händchen hatte. Da er schon in fortgeschrittenem Affenalter war, durfte er daraufhin in den Ruhestand treten.

Was lehrt uns Olas Geschichte?

Eine der Lehren, die wir aus dieser Geschichte ziehen können, ist, dass der Einstieg wohl doch nicht die ganz große Rolle spielt, wie die meisten meinen. Viele Trader sind die meiste Zeit ihres Trading-Lebens auf der Suche nach dem perfekten System. Nach dem heiligen Gral. Nach dem Geheimnis, das von Super-Trader zu Super-Trader, von Generation zu Generation weitergetragen wird. Aber viele dieser Trader werden das System, das sie suchen, niemals finden. Und so stehen sie weiter am Beckenrand und trauen sich nicht, ins Wasser zu springen.

Bedeutet das nun, dass wir überhaupt keinen Einstieg brauchen und einfach wahllos unsere Trades platzieren sollen? Nein, definitiv nicht. Im Gegenteil. Aus den Gründen, auf die ich im Kapitel 10 »Ein bisschen Psychologie« näher eingehe, sage ich sogar, dass wir niemals einfach nur so in den Markt springen sollten. Wir brauchen ein festes Setup, das nachprüfbar, kontrollierbar und wiederholbar ist. Aber wenn wir einmal im Markt investiert sind, haben wir auf den weiteren Verlauf keinen Einfluss. Uns bleibt nur noch das, was Ola nicht gemacht hat, nämlich den Trade zu managen, uns eine Grenze für unsere Verluste zu setzen und unsere Gewinnziele klug zu wählen. Dies ist auch der Grund, warum wir den Ausstieg aus dem Trade vor dem Einstieg behandelt haben.

## Möglichkeiten des Einstiegs

Ganz wahllos sollten wir also nicht in einen Trade einsteigen. Um Einstiege ranken sich Mythen und Geheimnisse und ein großer, undurchsichtiger Schleier scheint das Mysterium zu hüten. Als ich mit meinem Trading begann, habe ich angefangen, viel Literatur zu lesen. Ich war einer der Jäger auf der Suche nach dem besten Einstieg. Bald bin ich jedoch in der Literatur und im Gespräch mit Trader-Freunden auf die immer wiederkehrende Leier gestoßen, die besingt, der Trade-Einstieg sei nicht das Wichtigste, sondern das Managen des Trades. Ich dachte dann immer, dass diese Menschen gut reden haben, wenn ihre Position im Plus und meine eigene im Minus ist. Es gibt ein paar Spielregeln, die man beachten sollte. Die meisten davon sind psychologischer Art, und es bedarf eines gewissen Trainings, um sie in den Griff zu bekommen. Die technische Seite des Einstiegs ist dagegen relativ simpel. Ich brauche ein Trade-Setup. Aus meiner Sicht eines, das relativ einfach zu überschauen ist und klare Regeln aufweist.

Ein solches Setup ist der uns bereits bekannte Fibonacci Double Flip Trade.

Eingangs haben wir diesen Trade bereits kennengelernt und haben sogar schon Regeln dafür aufgestellt.

1. Wenn der Markt eine Doppelformation zeigt, warte ich, bis diese Struktur gebrochen wurde.
2. Wenn die Struktur gebrochen wird, warte ich mindestens auf einen 61,8er-Fibo-Rücksetzer zurück in die Struktur.
3. Wenn der 61,8er-Rücksetzer gezeigt wurde, suche ich meinen Einstieg.

Wir befinden uns momentan an Punkt 3). Für den Einstieg haben wir nun verschiedene Möglichkeiten.

# Limit Order

Als aggressiven Einstieg kann ich pauschal eine Limit Order in den Markt legen, die dann ausgelöst wird, sobald das Preisniveau des 61,8er-Retracements erreicht wird. Dies hat Vorteile, aber auch Nachteile.

Einer der Vorteile liegt darin, dass ich meine Order im Vorfeld aufgeben kann. So wird die Order auch bei schnellen Marktbewegungen gefüllt. Ich komme emotionsfrei in den Markt und muss nicht die ganze Zeit auf den Trading-Monitor achten. Ich verpasse nichts.

Der Nachteil liegt darin, dass ich ohne Bestätigung in diesen Trade springe. Der Markt kann genauso gut weiter in die eingeschlagene Richtung laufen, ohne am 61,8er-Retracement zu wenden.

Möchte ich lieber eine Bestätigung für meinen Einstieg haben, habe ich die Möglichkeit, zum Beispiel einen Gleitenden Durchschnitt mit der Periode 13 in den Chart einzuzeichnen. Da ich einen Wendepunkt im Markt erwarte, warte ich ab, bis sich der Preis wieder über beziehungsweise unter den Gleitenden Durchschnitt geschoben hat. Dann kaufe beziehungsweise verkaufe ich die nächste Kerze mit dem Eröffnungskurs.

Auch dieser Einstieg hat Vor- und Nachteile. Der Vorteil ist, dass ich neben dem Fibo-Rücksetzer noch eine weitere Bestätigung erhalte, die meine Analyse bestätigt. Ich gewinne somit mehr Sicherheit, was die Richtigkeit meiner Entscheidung angeht.

Der Nachteil liegt darin, dass sich mein Einstiegspunkt in Richtung meines Gewinnziels verschieben kann. Das hat zwei Auswirkungen. Zum einen vergrößert sich hierdurch mein Stopp. Denn dieser muss über beziehungsweise unter der Doppelformation bleiben. Bekanntermaßen besteht weiter das Risiko, dass der Markt eine Dreifachformation ausbildet. Zum anderen reduziert sich mein Gewinn, da der

Einstieg näher am Gewinnziel liegt. Beides in Kombination hat wiederum den Nachteil, dass sich mein Risiko-Gewinn-Verhältnis für diesen Trade ändert.

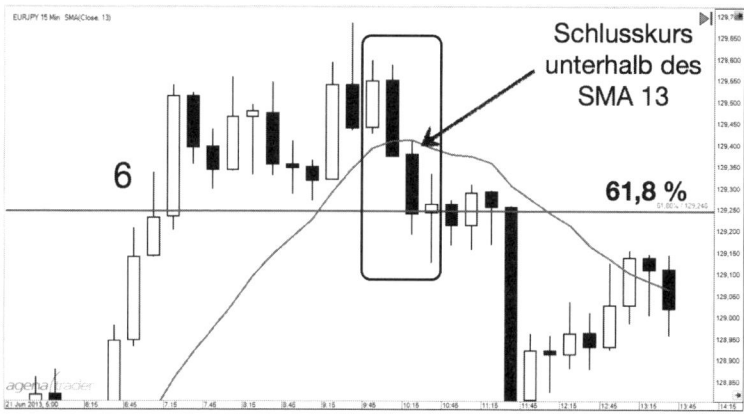

*Abb. 06.01: Fibonacci Double Flip-Einstieg mit Bestätigung*

Ich persönlich bevorzuge daher bei diesem Trade den aggressiven Einstieg. Aber testen Sie es aus, was Ihnen die besseren Ergebnisse liefert. Testen Sie aus, was für Sie persönlich am angenehmsten ist. Wählen Sie die Methode, mit der Sie sich wohl fühlen.

## Einstieg mit dem KTPS

Dieses Akronym steht für »**K**ombiniertes **T**rading-**P**unkte-**S**ystem«. Es ist eine andere Art, neben der des Fibonacci Double Flip, in den Markt einzusteigen.

Hierbei tragen wir die Faktoren in einer Tabelle zusammen, die wir für unsere Trading-Entscheidung als wichtig erachten. Wir vergeben dann für die einzelnen Kriterien Punkte und setzen uns eine bestimmte Marke, ab wann wir – gemäß unserem Trading-Plan – einen Trade eingehen »dürfen« und wann nicht.

Ob wir hierbei jedes Kriterium gleich gewichten oder ein Kriterium für wichtiger als ein anderes halten, steht jedem Ersteller einer solchen Checkliste frei.

## Warum eine Checkliste?

Warum wir manchmal bei komplexen Sachverhalten scheitern können, kann zwei Ursachen haben. Auf der einen Seite kann es sein, dass uns Wissen fehlt. Auf der anderen Seite kann es sein, dass wir genug wissen, dieses jedoch nicht richtig umsetzen können. Ich komme also selbst mit dem besten Wissen manchmal nicht zum Ziel.

Kürzlich kam ich nach einem Vortrag mit einer Dame ins Gespräch. Sie erzählte mir, sie beschäftige sich jetzt seit einiger Zeit mit der Thematik des Trading. Sie habe viele Bücher zu dem Thema gelesen und auch schon einige Seminare besucht. Doch das mit dem Trading wolle nicht so richtig funktionieren. Ich konnte mich daran erinnern, dass ich dieselbe Dame schon einmal bei einem Vortrag einen Monat zuvor getroffen hatte. Während des Vortrags hat sie sich damals mit in die Diskussion eingebracht. Mir fiel auf, dass bei ihr wirklich Wissen, zum Teil auch Detailwissen vorhanden war. Jedoch hatte sie es bisher noch nicht geschafft, das zur Verfügung stehende Wissen für ihren Trading-Erfolg auch richtig anzuwenden. Sie bezeichnete ihre Situation als eine Art »overload« mit Informationen.

Von diesem Status erzählen mir Trading-Einsteiger häufig. Sie berichten davon, dass Sie noch dieses eine Buch lesen müssten, damit sie endlich das richtige Grundgerüst hätten, um mit dem erfolgreichen Trading zu beginnen. Es kommt mir so vor, als würden sie darauf warten, dass in diesem einen Buch das magische Geheimnis steckt – nach all den Büchern, die sie zuvor bereits über das Trading gelesen haben. Nach all den Seminaren, die sie besucht haben. Sie müssten eigentlich in der Lage sein, sofort loszulegen. Trifft man diese Trading-Einsteiger jedoch einige Zeit später wieder und fragt sie nach dem Stand der Dinge, kommt dabei oft heraus, dass sie noch immer dabei sind, Wissen anzuhäufen.

Trading ist einfach, aber es ist nicht leicht! Trading kann sehr komplex sein. Das Auf und Ab der Kurse, die Unsicherheit, wo die Kurse in ein paar Minuten, am Abend oder am nächsten Tag stehen werden, kann unser Hirn in eine Art Stresszustand versetzen. Dann kommen noch die vielen Faktoren hinzu, auf die ich achten muss. Je mehr Informationen ich in meinen Chart lege, desto mehr Informationen muss ich verarbeiten. Beim Trading muss ich die Analyse richtig machen, ich muss darauf achten, dass ich alles richtig in die Handelssoftware eingebe, ich muss meinen Stopp richtig wählen. Ich muss den Trade beobachten, ich muss ihn managen. Nebenbei soll ich noch meinen Trading-Plan beachten und zum Teil gegen meinen inneren Schweinehund ankämpfen und diszipliniert bleiben. Sie sehen, Trading kann komplex sein.

Passieren uns Fehler, dann unterscheiden wir sie oft unbewusst in zwei Kategorien und bewerten sie. Unterläuft uns ein Fehler, weil uns Wissen fehlt, tun wir ihn üblicherweise als nicht so schwerwiegend ab. Denn wir konnten ja nichts dafür. Es fällt uns leicht, über solche Fehler hinwegzusehen oder sie zu akzeptieren. Oft ist es schlimmer, wenn Fehler geschehen in Bereichen, in denen wir fundiertes Wissen besitzen. Wir haben dieses Wissen nicht oder falsch angewandt. Anders ausgedrückt, wir haben eine Fähigkeit, wenden diese aber nicht oder falsch an. Wir waren also unfähig, unser vorhandenes Wissen zu nutzen. Die eigene Unfähigkeit zu erkennen, ärgert die meisten von uns.

Die Lösung zu diesem Problem liegt nach meiner Einschätzung – zumindest wenn es um das Trading geht – im Erwerb von praktischer Erfahrung. Es geht darum, das komplexe Wissen, das uns manchmal überfordert, zuverlässig und routiniert anzuwenden.

Ein hilfreiches und sehr effektives Werkzeug, um Fehler zu vermeiden, sind Checklisten. Wenn Sie nun denken, dass Sie zu erwachsen für Checklisten sind, denken Sie doch einmal darüber nach, wo überall im professionellen Bereich Checklisten verwendet werden. Selbst ein Pilot, der kurz vor der Rente steht und zig Jahre Berufserfahrung hat, geht vor dem Start seine Checkliste durch. Würden Sie ruhigen Gewissens mit einem Flugzeug fliegen, bei dem der Pilot vor dem Start die Checkliste nicht abgearbeitet hat? Komplexe Abläufe im Krankenhaus werden nach Checklisten abgearbeitet. Selbst die NASA arbeitet mit Checklisten. Sind Sie nun immer noch der Meinung, zu erwachsen für eine Checkliste zu sein? Glauben Sie immer noch, dass ein so hocheffektives Hilfsmittel nichts für Ihr eigenes Trading sein kann?

Checklisten helfen. Sie helfen dem Trading-Einsteiger, das erworbene Wissen in die Praxis umzusetzen und in stressigen Situationen den Überblick zu behalten. Sie helfen aber auch dem alten Hasen im Geschäft. Checklisten verhindern, dass sich eine Art Berufsblindheit einschleicht und man sich im Lauf der Zeit einen Fehler aneignet, der sich fortpflanzt.

Checklisten kann ich für viele Bereiche im Trading erstellen, zum Managen des Trades, zum Beginn oder Abschluss des Handelstages oder zum Einstieg in einen Trade. Das werde ich Ihnen jetzt vorstellen. Wir stellen nicht nur eine Checkliste auf, sondern wir bewerten diese Punkte auch. So erhalten wir ein Kombiniertes-Trading-Punkte-System, kurz KTPS.

## Beispiel eines KTPS

### Checkliste

| Bedingung | Punkte | Gesamtpunkte |
|---|---|---|
| Divergenz im MACD | 1 | |
| Stochastik überkauft/überverkauft | 1 | |
| Formation | 1 | |
| Mehrfachtest von Struktur | 1 | |
| HTF-Bestätigung | 1 | |
| Zusammenfluss von Ratio und Struktur | 1 | |
| AB=CD-Pattern | 1 | |
| Doppelformation | 1 | |
| Schluss unterhalb/oberhalb SMA 13 | 1 | |

*Abb. 06.02: KTPS-Tabelle*

**Einstieg:** Es müssen mindestens 4 Gesamtpunkte vorliegen, damit ich in einen Trade einsteigen kann.

## Anwendung des KTPS

Lösen wir uns kurz vom Fibonacci Double Flip und sehen uns ein anderes Trade-Setup an. Wir haben schon genug Wissen angesammelt, um ein weiteres Setup zu verstehen. Eingangs erwähnte ich, dass das Grundlegendste der Technischen Analyse das Verständnis der Bewegungen des Marktes, also die Theorie von höheren Hochs und höheren Tiefs, sei. Kombinieren wir dies nun mit Struktur und legen einen oder zwei Indikatoren in den Markt und eventuell noch ein Fibo-Retracement oder Extension so haben wir ein weiteres Setup.

Betrachten wir als Beispiel die Tabelle der Abbildung 06.02. Sie zeigt uns verschiedene Kriterien, für die wir Punkte vergeben können. Ich habe als Beispiel unsere zwei bekannten Indikatoren, den MACD und die Stochastik gewählt. Dazu habe ich die Strukturlevel notiert, HTF-Bestätigungen, Mehrfachtests der Struktur, das Zusammenfallen von Struktur mit einem Fibo-Ratio-Level, das AB = CD Muster, die Doppelformation und schließlich den Schlusskurs über beziehungsweise unter dem SMA 13. Einzig neu ist der Punkt Formationen. Beispiele hierfür sind Dreiecke, Wimpel, Flaggen und viele mehr. In der Abbildung 06.03 begegnet uns eine dieser Formationen.

Der Umgang mit der Liste ist einfach. Sie überlegen sich, wie viele Kriterien Sie erfüllt haben müssen, um in einen Trade einsteigen zu dürfen. Dann nehmen Sie sich die Liste zur Hand und vergeben für jedes erfüllte Kriterium einen Punkt. Am Ende addieren Sie die Punkte zusammen und vergleichen diese mit Ihrer Punkt-Vorgabe. Ist sie erfüllt, dürfen Sie in den Trade einsteigen. Ist sie nicht erfüllt, dann sehen Sie von der Seitenlinie aus zu.

Das KTPS bedeutet jedoch nicht, dass ich auf die Grundvoraussetzungen meines Trading-Plans verzichte. Insbesondere achte ich weiterhin auf einen Stopp und ein gutes Chance-Risiko-Verhältnis. Das Money-Management muss weiterhin stimmen. Mein Trading-Plan hat weiterhin Vorrang.

# Entwicklung eines eigenen KTPS

Sie können das Kombinierte Trading-Punkte-System für alle Arten von Trades einsetzen. Es lässt sich wunderbar dazu nutzen, eine eigene Strategie zu entwickeln. Kombinieren Sie Kriterien, die für Sie wichtig sind. Schauen Sie zusätzlich auf das Marktgeschehen.

Nehmen wir rein hypothetisch an, ohne es getestet zu haben, Sie haben ein Strukturlevel, dieses wird durch den höheren Zeitrahmen bestätigt. Hierfür weist Ihre Checkliste jeweils eine gewisse Punktzahl auf. Die gezeigte Bewegung kann auch als Vervollständigung eines AB = CD-Pattern gesehen werden, was ebenfalls mit Punkten belohnt wird. Schließlich tritt noch eine Divergenz im MACD dazu. Die Stochastik ist im überverkauften Bereich. Auch das gäbe Punkte. Und zuletzt haben wir noch eine Dreiecks-Formation. Diese belohnen wir ebenfalls mit Punkten. Hätten Sie jetzt genügend Anhaltspunkte, um einen Trade zu starten?

Wenn Sie das ganze System noch verfeinern möchten, haben Sie die Möglichkeit, einzelne Punkte stärker zu werten als andere. Solche Faktoren könnten zum Beispiel Einfluss auf Ihre Positionsgröße haben. Haben Sie zum Beispiel gute Erfahrungen mit dem Traden von AB = CD-Pattern gesammelt und Ihr Backtesting hat ergeben, dass diese profitable Ergebnisse liefern, dann vergeben Sie für dieses Kriterium doch statt einem zwei oder drei Punkte. Haben Sie gute Testergebnisse mit Divergenzen im MACD, vergeben Sie dort mehr Punkte. Je höher die Punktzahl, desto größer könnten Sie Ihre Positionsgröße wählen. Nehmen wir an, die benötigte Grundpunktzahl wären 4 Punkte. Dies würde eine kleine Position bedeuten. Haben Sie dagegen 8 Punkte gesammelt, dürfen Sie zwei kleine Positionen traden ... so können Sie das Punkte-System auch für die Positionsgrößenbestimmung heranziehen. Aber: All dies muss im Rahmen Ihres Money-Managements geschehen! Traden Sie keine zwei Positionen, wenn Sie damit die nach Ihrem Money- und Risikomanagement erlaubte Anzahl von Positionen überschreiten. Auch wenn das Punktesystem sagt, Sie dürfen, hat noch immer das Money-Management den Vorrang!

Sehen wir uns das ganze System in einem Chart an. Zur Vereinfachung vergebe ich für jedes Kriterium einen Punkt. Ich benötige mindestens 4 Punkte, um in den Trade einsteigen zu dürfen.

Abbildung 06.03 zeigt eine Abwärtsbewegung, die dann korrigiert wird, und danach eine weitere Abwärtsbewegung. Anschließend gibt es eine kleine Seitwärtsbewegung des Marktes. Sie überlegen nun, ob Sie in diesen Trade long einsteigen könnten.

Analysieren wir das, was wir sehen: Beginnen wir mit den Indikatoren. Punkt 1 zeigt uns den MACD-Indikator. Dieser steigt, obwohl der Kurs fällt (vgl. Punkt 1 im Chart). Dies nennen wir eine Divergenz. Wir haben unser erstes Kriterium auf der Liste erfüllt. Wir notieren einen Punkt für Divergenz im MACD auf unserer KTPS-Liste.

Punkt 2 auf der Abbildung 06.03 zeigt den Stochastik-Indikator. Dieser ist ebenfalls anwendbar, da wir eine kleine Seitwärtsbewegung haben. Der Indikator befindet sich unterhalb der 20, also im überverkauften Bereich. Wir notieren Stochastik im überverkauften Bereich. Ein Punkt auf der KTPS-Liste.

Punkt 3 auf dem Chart zeigt uns, dass der Markt mehrfach versucht hat, durch ein Level durchzubrechen. Dies ist ihm nicht gelungen. Wir notieren Mehrfachtest auf unserer Liste. Ein Punkt.

Punkt 4 zeigt uns ein AB = CD-Pattern. Die Strecke AB wurde um 61,8 % korrigiert und setzte sich dann zu 100 % nach unten fort. Dies bedeutet, dass die Stecke AB genauso lang ist wie die Strecke CD[28]. Wir notieren, AB = CD-Pattern. Ein Punkt.

Wenn wir jetzt ganz genau hinsehen, können wir aus der Linie Punkt 3 und der Linie Punkt 1 eine Dreiecksformation zeichnen. Dies ergibt einen weiteren Punkt für die Formation auf unserer Liste.

Als Nächstes wechseln wir nun von der in Abbildung 06.03 gezeigten Zeitebene des 1-Stunden-Charts auf eine höhere Zeitebene, nämlich den 4-Stunden-Chart auf der Abbildung 06.04. Dort zeichnen wir am aktuellen Kurs eine Linie in den Markt und »falten« den Chart zusammen. Wir erkennen, dass der Kurs momentan an einem Strukturlevel angekom-

---

[28] Wegen der Übersichtlichkeit wurde darauf verzichtet, ein Fibonacci-Extension oder zwei gleich lange Wegstrecken in das AB=CD-Pattern einzuzeichnen.

men ist. Wir rechnen damit, dass der Kurs es schwerhaben wird, durch dieses Level durchzustoßen.

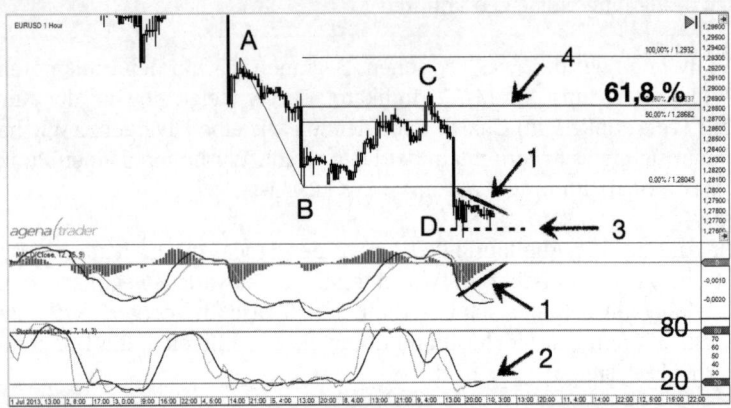

**Abb 06.03: KTPS-Trade**

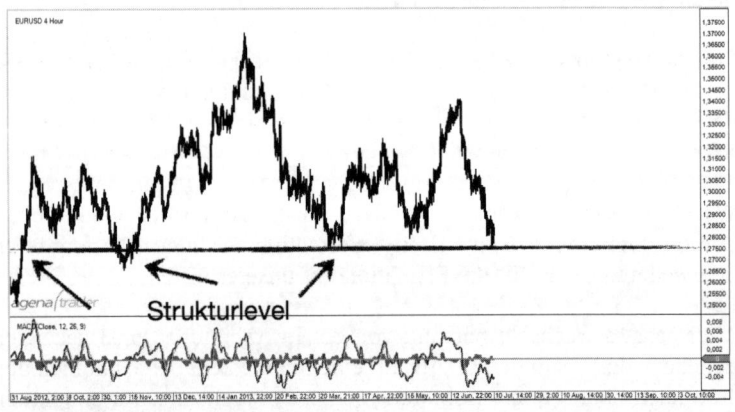

**Abb. 06.04: Höhere Zeitebene – 4-Stunden-Chart**

Auf der Abbildung 06.05 gehen wir noch eine Zeitebene höher und schauen uns den Tageschart an. Auch hier erkennen wir, dass der Markt sich momentan an einem Strukturlevel aufhält. Schön zu erkennen ist der Mehrfachtest dieses Niveaus auf der rechten Seite des Charts. Deshalb notieren wir auf unserer Liste einen Punkt für die HTF, also die Bestätigung auf höherer Zeitebene.

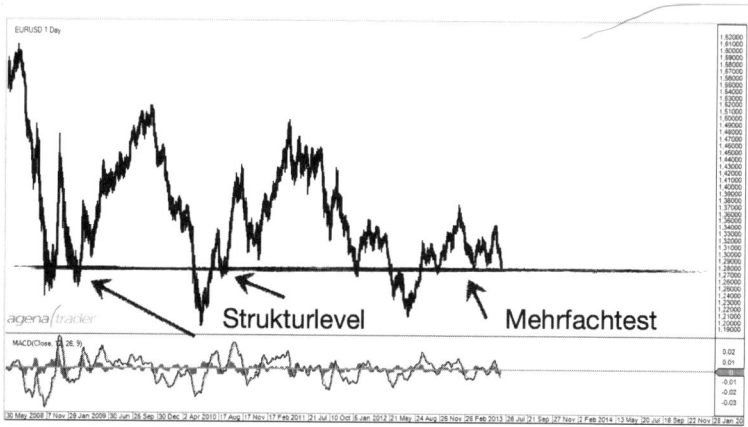

*Abb. 06.05: Höhere Zeitebene – Tageschart*

| Bedingung | Punkte | Gesamtpunkte |
|---|---|---|
| Divergenz im MACD | 1 | 1 |
| Stochastik überkauft/überverkauft | 1 | 1 |
| Formation | 1 | 1 |
| Mehrfachtest von Struktur | 1 | 1 |
| HTF-Bestätigung | 1 | 1 |
| Zusammenfluss von Ratio und Struktur | 1 | 0 |
| AB=CD-Pattern | 1 | 1 |
| Doppelformation | 1 | 0 |
| Schluss unterhalb/oberhalb SMA 13 | 1 | 0 |

*Abb. 06.06: zweite KTPS-Liste*

Nun addieren wir die Punkte zusammen (vgl. Abb. 06.06). Wir haben 6 Punkte gesammelt. Vier hätten wir gebraucht, um den Trade in Long-Richtung eingehen zu dürfen. Das heißt, wir würden den Trade unter Beachtung der Risiko- und Money-Management-Vorgaben platzieren.

In diesem Kapitel haben wir den Trade-Einstieg in den Fibonacci Double Flip Trade kennengelernt. Weiter haben wir gesehen, wie wir uns ein Trading-Punkte-System erstellen können, aufgrund dessen wir in den Markt finden. Und wir haben die Geschichte von Ola, dem Börsenguru, gehört. Immer wieder tauchte das Wort Money-Management auf. Daher widmen wir uns nun im nächsten Kapitel dieser Thematik.

# Kapitel 7: Money-Management

Eigentlich müsste das Kapitel Risiko- und Money-Management heißen. Denn für ein erfolgreiches Trading brauche ich beides – sowohl Risiko- als auch Money-Management.

Das Risikomanagement bezeichnet das, was wir im Kapitel 5 »Trade-Ausstieg« unter dem Punkt »Stop Loss« behandelt haben. Dort haben wir gesehen, wie wichtig es ist, einen Stopp zu setzen, um das Risiko des Trades zu begrenzen, falls ich mit meiner Analyse falschliege. Es geht darum, die Verluste zu kontrollieren, um auch eine Reihe von Verlusten überstehen zu können. Und genau das ist das Risikomanagement. Rein technisch ist das Risikomanagement jedoch ein Trade-Ausstieg, und daher habe ich es vorgezogen, dieses Thema dort zu behandeln. Aber das eine macht nur in Kombination mit dem anderen Sinn. Das Money-Management braucht das Risikomanagement. Denn es kommt immer wieder vor, dass mir Trader auf Messen mit geschwellter Brust von ihren »Heldentaten« erzählen. Sie berichten, wie toll sie reagiert und agiert hätten und dass sie doch richtiglagen mit ihrer Entscheidung, einen Trade »auszusitzen«. Aussitzen bedeutet, dass diese Trader mit ihrer Analyseentscheidung falschlagen und sich der Trade entgegen der vorhergesagten Richtung entwickelt hat. Nun haben diese Trader keinen Stopp in den Markt gelegt. Das heißt, diese Trader haben für sich kein Limit gesetzt, an dem sie sich eingestanden haben, mit ihrer Analyseentscheidung falschzuliegen und die Konsequenzen daraus zu ziehen. Statt dessen haben sie den Trade weiterlaufen lassen und haben die Verluste akzeptiert in der Hoffnung, dass sich alles doch noch zum »Guten« wenden wird. Bekanntlich stirbt die Hoffnung zuletzt.

Das ist eine fatale Entscheidung. Denn aus dieser einen Fehlentscheidung gibt es kein positives Entkommen. Ist eine Fehlentscheidung einmal getroffen, passiert es relativ häufig, dass psychologisch eine Hemmschwelle fällt. Verluste, die man vor dieser Entscheidung nur schwer hätte akzeptieren können, relativieren sich nun. Der Trader gewöhnt sich an den Schmerz und akzeptiert ein viel höheres Verlustrisiko als vorher geplant.

Das Schlimmste, was in einer solchen Situation passieren kann, ist nicht, dass der Trader sozusagen sein Konto zerlegt, er also das Geld auf seinem Konto vernichtet. Nein, es ist viel schlimmer, wenn sich der Trade wendet, und der Trader den Trade Break Even, also null auf null, schließen kann, ohne Verluste hinnehmen zu müssen. Noch schlimmer aber ist es, wenn er den Trade sogar noch im Gewinn schließt. Denn dann passiert psychologisch Folgendes: Der Trader empfindet es als nicht so schlimm, gegen seine Regeln verstoßen zu haben. In einer ähnlichen Situation besteht dann die Gefahr, dass eine ähnliche»Fehlentscheidung« leichter getroffen wird, da es das letzte Mal ja noch positiv ausgegangen ist. Glauben Sie mir, ich spreche aus Erfahrung. Am Beginn meines eigenen Tradings habe auch ich so gehandelt. Es ging einige Male gut, bis zu dem Zeitpunkt, an dem sich der Trade nicht zum Guten wendete und ich viel Geld damit verloren habe. Auch ich dachte immer wieder, dass sich der Trade zum Positiven für mich wenden würde. Oft tat er das auch. Bis auf das eine Mal. Schon eine einzige Fehlentscheidung dieser Art ist psychologisch für das Trading sehr folgenschwer und wirft Sie in Ihrem Trading-Erfolg um viele Schritte zurück. Geld zu verlieren, ist nicht das Schlimmste, was passieren kann. Dies gehört zum Trading dazu. Schlimmer ist es jedoch, gegen seinen eigenen Plan zu verstoßen.

Ein erfahrener Trader, mit dem ich einmal ins Gespräch kam, versuchte, es mir am Anfang meines eigenen Tradings so zu erklären: Stellen Sie sich vor, Sie machen in einem Monat 2.000 Euro Gewinn mit Ihrem Trading. Da aber nicht jeder Trade ein Erfolg ist, brauchen Sie Rücklagen. Denn Sie werden im Laufe des Monats von diesen 2.000 Euro wieder 1.000 Euro an den Markt abgeben. Die erste Frage, die sich mir dann aufdrängte, war, warum ich nicht nach diesen 2.000 Euro Gewinn sofort aussteigen würde. Dies ist durchaus eine Möglichkeit. Jedoch stellt sich dann die Frage, wann Sie wieder mit dem Trading beginnen? Nehmen wir an, Sie haben den Gewinn von 2.000 Euro schon in der ersten Woche des Monats »eingefahren«. Würden Sie dann die restlichen drei Wochen stillhalten und nicht traden? Oder würden Sie denken, dass Sie eine Glückssträhne haben und dass dieser Monat ein Super-Erfolg sein könnte? Diese Frage ist mit so vielen hypothetischen Wenn und Abers verknüpft, dass es wohl keine richtige Lösung gibt.

Aus meiner Sicht ist es für den Trading-Erfolg entscheidend, eine gewisse Kontinuität im eigenen Trading zu erreichen. Stellen Sie sich das psychologische Wellental vor, durch das Sie gehen werden, wenn Sie einen Monat weit überdurchschnittlich abschneiden, den nächsten Monat Break Even, also null auf null enden und im Monat darauf einen Verlust generieren. Nach meiner Erfahrung liegt der Schlüssel zur Kontinuität in einem guten Money-Management. Das Risiko- und Money-Management ist eine der wichtigsten, wenn nicht gar die wichtigste Komponente im Trading.

Viele neue Trader sind so sehr darauf versteift, einen Trade-Einstieg zu finden, dass sie diesen doch so wichtigen Punkt sehr stiefmütterlich behandeln. Das sollten Sie aber nicht. Denn auch wenn Sie sehr gute Analysen tätigen, werden Sie mit Ihrer Trading-Entscheidung nicht immer richtigliegen. Verluste zu machen, gehört mit zum Trading-Geschäft. Sie müssen lernen zu akzeptieren, dass trotz der besten Analyse nicht jeder Trade ein Treffer sein wird. Bedenken Sie immer, trotz einer sorgfältigen Analyse kann der Trade gegen Sie laufen. Denn eine alte Börsenhändlerweisheit besagt:»Der Markt hat immer recht«. Dies bedeutet, dass auch bei der besten Analyse, bei einem penibel eingehaltenen Trading-Plan ein Trade schiefgehen kann. Es bedeutet, dass Sie in Ihrer Analyse keinen Fehler eingebaut haben und der Markt sich trotzdem nicht so verhält wie von Ihnen gedacht. Schieben Sie dann nicht die Verantwortung auf den Markt und wälzen Sie nicht die Verantwortung auf diesen ab. Sie sind der Trader. Sie haben die Entscheidung getroffen. Sie sind verantwortlich für den Trade. Für den Markt sind Sie uninteressant. Dieser nimmt keine Rücksicht auf Sie. Akzeptieren Sie, dass nicht jeder Trade aufgeht. Akzeptieren Sie, dass Sie Verluste machen werden. Aber machen Sie diese Verluste nicht unkontrolliert und ohne Plan.

## Was bedeutet Money-Management genau?

Mit dem Money-Management möchte ich das Risiko, das ich mit einem Trade eingehe, steuern. Ziel ist es, in Verbindung mit dem Risikomanagement eine Wertsicherung meines Handelskontos zu bekommen. Erreicht werden soll dieses Ziel dadurch, dass ich die Positionsgröße für den einzelnen Trade steuere.

Haben Sie gewusst, dass Sie, um einen Verlust von 5 Prozent auszugleichen, 5,3 Prozent Gewinn erzielen müssen? Um 20 Prozent Verlust auszugleichen schon 25 Prozent Gewinn, bei 40 Prozent Verlust brauchen Sie schon 66,7 Prozent, und bei 50 Prozent Verlust müssen Sie schon 100 Prozent Gewinn erzielen, nur um diesen Verlust auszugleichen. Schließlich sind es bei 90 Prozent Verlust 900 Prozent Gewinn, die Sie erwirtschaften müssen. Ich hoffe, spätestens die letzte Zahl verdeutlicht, wie wichtig ein richtiges Money-Management ist.

Kommt es denn auch auf die Kontogröße an? Hier möchte ich eine kleine Episode weitergeben, die ich einmal in einem Buch von Alexander Elder gelesen habe. Er erzählt von zwei Tradern, die ein kleines Spiel spielen. Es geht wieder einmal um den Münzwurf. Der Einsatz beträgt 25 Cent pro Wurf. Trader Nummer 1 hat einen Einsatz von einem Euro für dieses Spiel. Trader Nummer 2 dagegen 10 Euro. Wer wird dieses Spiel wohl gewinnen? Kommen vier Verluste in einer Reihe, ist Trader Nummer 1 aus dem Spiel. Trader Nummer 2 dagegen bräuchte eine Reihe von 40 Verlusttrades in einer Reihe, um aus dem Markt geworfen zu werden. Die Wahrscheinlichkeit besagt, dass Trader Nummer 1 zuerst einbrechen wird. Dies gilt umso mehr für das echte Trading. Denn hier müssen Sie noch mit Kosten für den Broker und damit rechnen, dass Sie eventuell nicht den gewünschten Ausführungspreis erhalten.

Dieses Beispiel nutze ich gerne, um zu verdeutlichen, dass wir a) eine vernünftige Kontogröße benötigen, um zu traden, und b) dass wir uns mit unserem Konto nicht »überhebeln« dürfen. Trader Nummer 1 ist mit einem Risiko von 25 Prozent pro Trade in dieses Spiel gestartet. Trader Nummer 2 dagegen lediglich mit einem Risiko von 2,5 Prozent pro Trade.

Viele Trading-Einsteiger legen beim Trading den Fokus falsch. Trading ist bei vielen Menschen mit Gewinnen und mit Reichtum verbunden. Da der Mensch von Natur aus ungeduldig ist, kann es damit nicht schnell genug gehen. Bekanntestes Beispiel dafür ist wohl der Amerikaner Larry Williams. Er gewann 1987 die Trading-Weltmeisterschaft im Futures Trading der Robbins Trading Company. Innerhalb eines Jahres machte er mit einer geschickten Money-Management-Methode aus 10.000 US-Dollar mehr als 1.000.000 US-Dollar. Daher werden auch auf vielen Blogs und auf Internetseiten Rechnungen angestellt, wie schnell man doch wie viel Geld ertraden könne. Wie schnell es gehe und wie einfach es sei, ein Konto zu verdoppeln. Oder gar, wie einfach es sei, aus einem kleinen Konto eine Million zu machen. Solche Dinge liest man häufig, wenn es um Trading geht. Ja, es gibt Menschen, die in kürzester Zeit ein Vermögen an den Finanzmärkten verdient haben. Aber die Zahl derer, die dort ein Vermögen verloren haben, dürfte doch größer sein. Selten liest man darüber, wie schnell man ein Konto ruinieren kann. Selten liest man, dass dies nur mit wenigen Trades möglich ist. Selten liest man, dass viele Trading-Einsteiger absolut unterkapitalisiert ein viel zu hohes Risiko für ihren Trade eingehen und ihre Positionsgröße absolut falsch gewählt haben. Als Trading-Einsteiger sollten Sie daher Ihren Fokus nicht darauf richten, was Sie pro Trade oder in einem bestimmten Zeitabschnitt gewinnen können. Machen Sie sich klar, dass für Sie als Trading-Einsteiger die Frage an erster Stelle stehen sollte, wie viel Sie verlieren können.

Die Frage, die sich dann aufdrängt, ist, warum wir das Risiko nicht auf null reduzieren. Die Antwort hierauf ist relativ einfach. No Risk, no fun. Dies klingt jetzt zuerst einmal sehr plakativ und etwas verharmlosend. Aber es ist so. Trading ist risikoreich. Denn Sie möchten mit dem Trading Geld verdienen. Wenn Sie eine sichere Anlage wählen, ist der Ertrag entsprechend niedrig. Die Kunst liegt darin, ein ausgewogenes Verhältnis zwischen Gewinn und Risiko zu erzielen, sodass wir unser Trading profitabel gestalten können. Ist das Risiko zu niedrig, wird der Ertrag sehr niedrig sein, oder noch schlimmer, der Trade hat nicht genügend »Luft«, um sich entwickeln zu können, und ich werde öfter ausgestoppt, als dass ich Gewinne erzielen kann. Ist das Risiko dagegen zu hoch, holt mich früher oder später die Realität ein, und das Risiko wird zur Realität.

Aber was genau meine ich eigentlich mit »Risiko« für einen Trade? Werfen wir einen Blick auf die Praxis.

## Anhand eines Beispiels erklärt

Nehmen wir unser Beispiel des Fibonacci Double Flip Trades (vgl. Abb. 07.01). Wir haben festgelegt, dass wir den Stopp für diesen Trade oberhalb des Doppel-Top oder unterhalb des Doppelten Bodens legen müssen, egal welche Stopp-Methode wir bevorzugen. Für das hier gezeigte Long-Setup müsste der Stopp also unterhalb der Punkte 2 und 4 liegen (gestrichelte Linie).

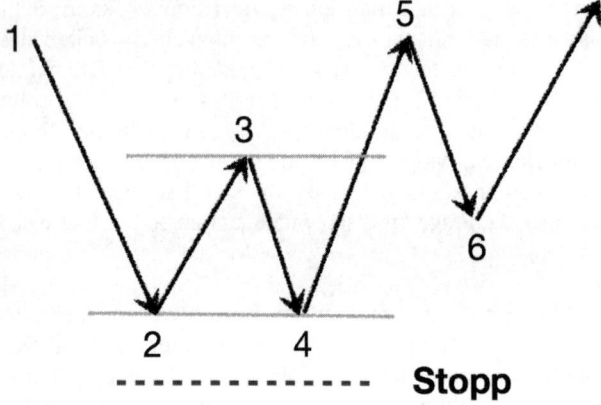

*Abb. 07.01: Fibonacci Double Flip – Schema-Stopp*

Der Stopp-Wert, also die Anzahl der Pips, die ich für meinen Trade kalkuliere, ist die Differenz zwischen Trade-Einstieg (Abb. 07.02, Punkt 6) und dem Stopp (unterhalb von Punkt 2 und 4).

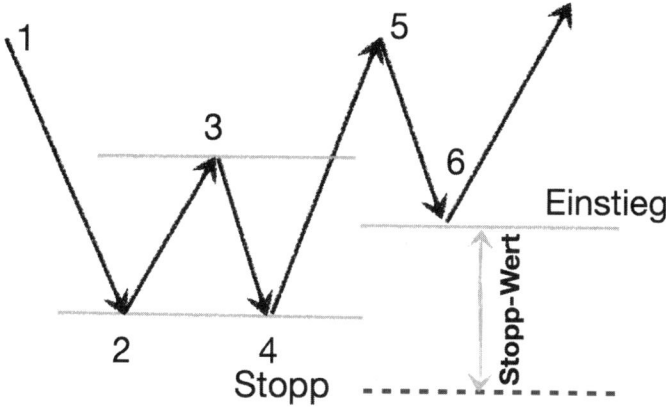

*Abb. 07.02: Fibo Double Flip – Stopp und Einstieg*

Der Stopp wird nicht auf jedem Chart den gleichen Stopp-Wert zeigen. Nehmen wir zwei Beispiele. Wenn ich mich auf einem 5-Minuten-Chart (vgl. Abb. 07.03) bewege, wird mein Stopp wesentlich weniger Pips in Anspruch nehmen, als wenn ich mich auf einem 4-Stunden-Chart bewege.

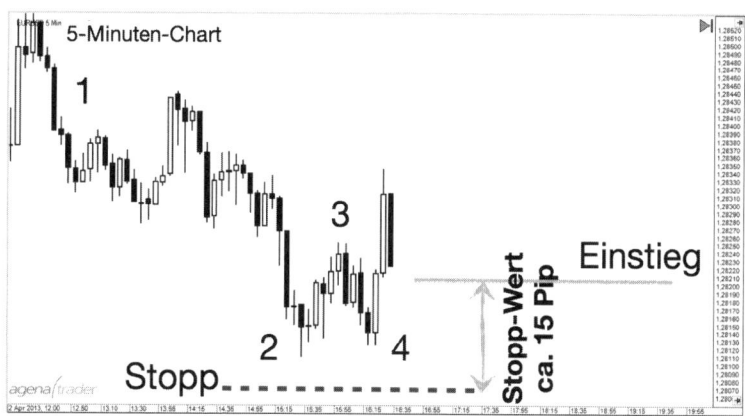

*Abb. 07.03: Stopp-Wert im 5-Minuten-Chart*

Wir sehen an diesem Chartbild, dass der Trading-Einstieg ungefähr 15 Pip vom Stopp entfernt liegt (vgl. Abb. 07.03). Nehmen wir dagegen einen Tageschart, liegt der Stopp schon um die 100 Pip entfernt (vgl. Abb. 07.04).

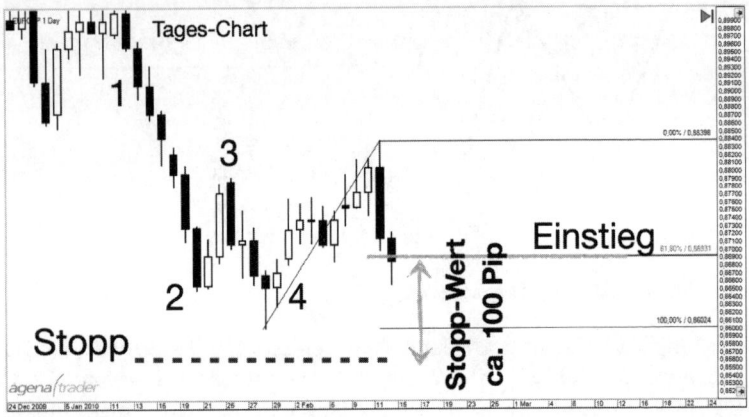

**Abb. 07.04: Stopp-Wert im Tageschart**

Diese Gegebenheit muss ich in meine Trading-Entscheidung mit einbeziehen.

## Warum Money-Management?

Das Money-Management soll sicherstellen, dass unser Trading-Konto so lange wie möglich erhalten bleibt. Der Kapitalerhalt ist also unser primäres Ziel.

Wie wir an den Beispielen gesehen haben, habe ich auf einer kleinen Zeitebene einen – von der Pip-Anzahl her gesehen – geringeren Stopp.

Wenn ich einen Trading-Plan entwickelt habe und meinen Trade-Einstieg und meinen Trade-Ausstieg definiert habe, wäre es ungeschickt, diesen Plan einfach zu ändern, wenn ich die Zeitebene wechsle. Auf einer größeren Zeitebene muss mein Stopp ebenso nach dem Trading-Plan gesetzt werden. Ich kann meinen Stopp nicht näher an den Markt legen, nur damit mir dieser – im Falle des Greifens des Stopps – nicht das ganze Konto ruiniert. In unserem Trading-Plan haben wir den Stoppkurs definiert. Hieran können wir nichts ändern.

Auf der anderen Seite macht ein Stoppkurs keinen Sinn, wenn mein Konto vom Broker geschlossen wurde, bevor dieser greift. Das wäre zwar auch eine Art Stopp, aber diese trägt sicher nicht zum Kapitalerhalt bei. Daher benötige ich ein Money-Management. Ansatzpunkt hierbei ist die Anzahl der Positionen oder die Positionsgröße. Im Falle des Währungshandels stellt sich die Frage, ob ich ein Standard-Lot handle oder ob ich lieber doch zum Micro-Lot greifen sollte.

Entscheidend hierbei ist der Pip-Wert. Diesen haben wir zu Beginn des Buches in der Einleitung kurz angesprochen, ohne auf die genaue Berechnung einzugehen. Dies ist unser nächster Punkt. Denn wenn wir den genauen Pip-Wert kennen, haben wir eine exakte Auskunft darüber, was uns der aktuelle Trade, im Verlustfall, kosten würde. Durch den Pip-Wert können wir entscheiden, wie groß die Position sein darf, die wir eingehen können.

# Der Pip-Wert

Der Pip-Wert bedeutet nichts anderes als die Größe der Kontobewegung, wenn sich das gewählte Währungspaar um einen Pip bewegt. Dies ist von zwei Faktoren abhängig: zum einen von der gewählten Lot- oder Positionsgröße und zum anderen vom Wechselkurs des Währungspaars.

In der Einleitung sind wir schon einmal kurz auf Pip und Lot eingegangen. Dort habe ich kurz erwähnt, dass es sogenannte »Lot«-Größen gibt. Diese sind nichts anderes als standardisierte Einheiten von Positionsgrößen.

Nehmen wir uns nun noch einmal das Beispiel vom Anfang dieses Buches und rechnen es nach. Wir gingen von einem in Euro geführten Konto aus und haben uns das Währungspaar EUR/USD, also den Euro gegen den US-Dollar angeschaut. Der Kurs, den wir angenommen hatten, lag bei 1,2996 Euro.

Da ein Mini- und ein Micro-Lot nur eine Teilmenge eines Lots sind, nämlich das Mini-Lot ein Zehntel und das Micro-Lot ein Hundertstel, rechnen wir uns am besten zuerst den Pip-Wert für ein Lot aus und rechnen
es dann auf die entsprechende Größe herunter.

Wenn Sie sich ein Währungspaar bei Ihrem Broker oder in einer Kurs-
liste ansehen, werden Sie für den Euro gegen den US-Dollar meist folgendes sehen:

**EUR/USD**

Was bedeutet EUR/USD? Das erste Kürzel ist immer die Basiswährung.
Also die Basis oder Vergleichsgröße, auf die wir uns beziehen. Das
zweite die Währung, die gehandelt wird. In dem oben genannten Fall ist
der Euro die Basiswährung und die Handelswährung ist der US-Dollar.
Ich kann es mir vereinfacht ausgedrückt so vorstellen: Alles was ich mit
diesem Währungspaar anstelle, bezieht sich auf den ersten Wert, also in
diesem Falle auf den Euro.

Positioniere ich mich jetzt long in diesem Währungspaar, dann kaufe ich
den Euro und verkaufe die Handelswährung, also den US-Dollar. Ich
gehe also im Euro long, und dies bedeutet zwangsläufig, dass ich im
US-Dollar short bin (vgl. Abb. 07.05).

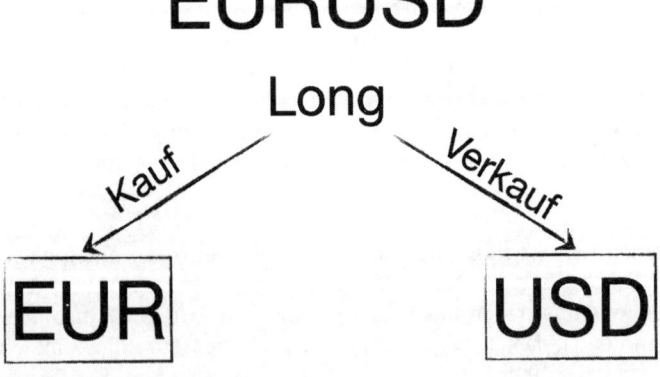

*Abb. 07.05: Schaubild – Long im EUR/USD*

Warum ist das so?

Ich muss mir den Währungshandel wie ein »Tauschgeschäft« vorstellen. Gehandelt wird ein Währungspaar. Das heißt, ich handle eine Währung gegen eine andere. Daher muss ich mich sowohl im Referenzkurs als auch in der Handelswährung positionieren. Vorliegend scheint dies etwas verwirrend, da unser Konto in Euro geführt wird und wir hier nicht sofort erkennen, dass wir die Basiswährung auch kaufen müssen. Am zweiten Beispiel weiter unten (USD/JPY) wird dies klarer.

Schließe ich jetzt diese Position, dann verkaufe ich den Euro und kaufe den US-Dollar (vgl. Abb. 07.06).

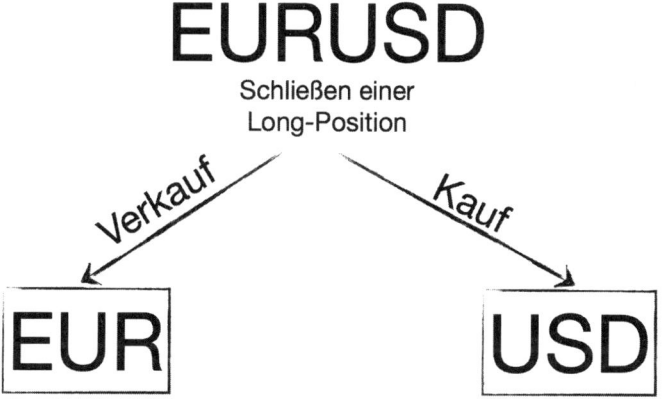

*Abb. 07.06: Schaubild – Schließen der Long-Position*

Positioniere ich mich short, dann verkaufe ich den Euro und kaufe den US-Dollar (vgl. Abb. 07.07).

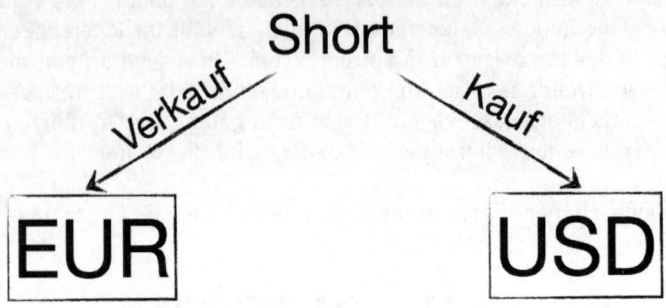

*Abb. 07.07: Schaubild – EUR/USD Short*

Schließe ich die Short-Position, dann kaufe ich den Euro und verkaufe den US-Dollar (vgl. Abb. 07.08).

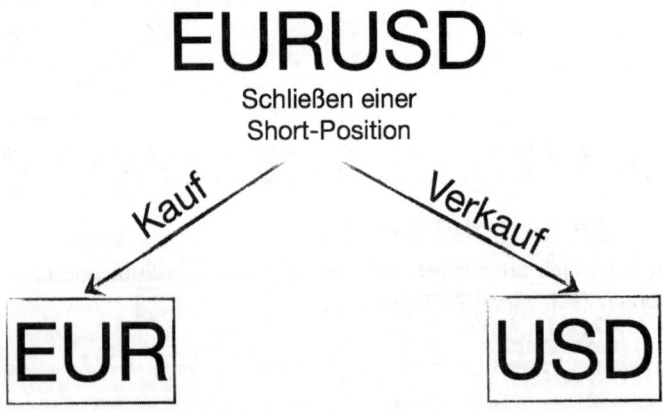

*Abb. 07.08: Schaubild – Schließen einer Short-Position*

Beginnen wir also mit dem Lot, es hat 100.000 Einheiten. Gehen wir davon aus, dass wir long gehen und somit 1 Lot (100.000 Euro) kaufen (vgl. Abb. 07.09).

Da unser Konto in Euro geführt wird und wir den Euro gegen den US-Dollar kaufen, kaufe ich somit 100.000 Euro und verkaufe 129.960 US-Dollar.

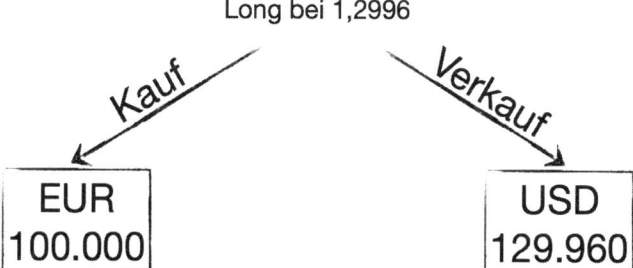

Abb. 07.09: Kauf EUR/USD

Gehen wir weiter davon aus, dass sich der Trade positiv entwickelt und der EUR/USD um 1 Pip steigt. Er steht also bei 1,2997. Wenn ich nun das Geschäft schließe, um den Gewinn von 1 Pip zu realisieren, dann muss ich die Position von 100.000 Euro verkaufen und bekomme hierfür 129.970 US-Dollar[29] (vgl. Abb. 07.09a).

Die Differenz aus diesem Geschäft ist unser Gewinn. Als wir das Geschäft geschlossen haben, erhielten wir dafür 129.970 US-Dollar. Bezahlt haben wir dafür jedoch lediglich 129.960 US-Dollar. Die Differenz sind 10 US-Dollar, unser Gewinn (vgl. Abb. 07.10).

Unser Referenzkurs war in diesem Beispiel der Euro. Verkauft und dann wieder gekauft haben wir den US-Dollar. Unser Gewinn steht daher jetzt in US-Dollar. Diesen müssen wir nun noch in Euro umrechnen, da unser Konto ja in Euro geführt wird. Dies machen wir einfach so, dass wir die 10 US-Dollar durch den aktuellen Kurs, also die 1,2997 teilen. Als Ergebnis erhalten wir 7,69 Euro.

---

[29] Bei dieser Berechnung werden Spreads und Gebühren nicht mit berechnet, da dieses Beispiel nur exemplarisch für die Verdeutlichung des Pip-Wertes dient.

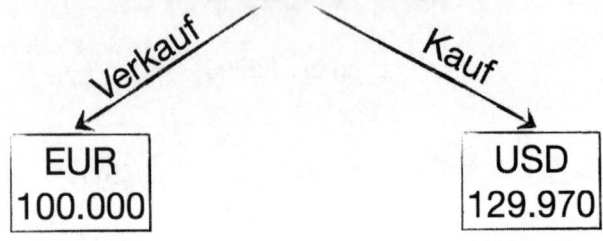

Abb. 07.09a: Schaubild – Schließen der Long-Position

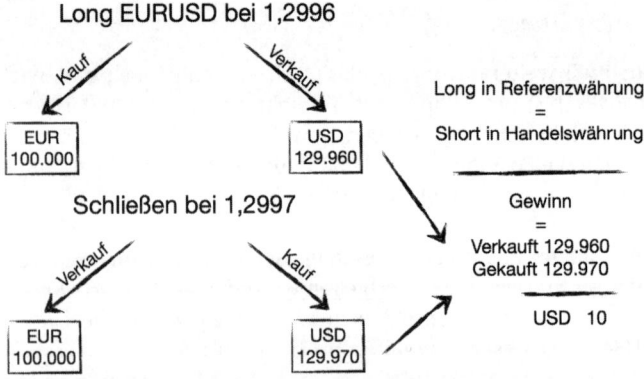

Abb. 07.10: Schaubild – Gewinn bei 1 Pip (ohne Kosten)

Jetzt kennen wir den Pip-Wert für ein Lot. Wie wir wissen, ist ein Lot 100.000 Einheiten der Basiswährung. Ein Mini-Lot sind 10.000 Einheiten der Basiswährung, also müssen wir unseren Pip-Wert für das Lot einfach durch 10 teilen:

7,69 Euro/10 = 0,77 Euro (gerundet)

Dies ist der Pip-Wert für das Mini-Lot. Ein Micro-Lot sind 1.000 Einheiten der Basiswährung. Also teilen wir den Pip-Wert für das Lot einfach durch 100:

7,69 Euro/100 = 0,08 Euro (gerundet)

Der Pip-Wert für das Micro-Lot beträgt also gerundete 8 Euro-Cent.

Zur Verdeutlichung möchte ich noch ein zweites Währungspaar als Beispiel anführen: den US-Dollar gegen den Japanischen Yen USD/JPY. Um die Sache ein wenig anspruchsvoller zu machen, gehen wir jetzt nicht long, sondern short.

Ich erinnere noch einmal: Alle Aktionen mit einem Währungspaar beziehen sich immer auf den Referenzkurs. Wir beginnen wieder mit der Bestimmung des Pip-Wertes für ein Standard-Lot. Das Lot hat die Einheit 100.000 des Referenzkurses. Der USD/JPY steht bei 100,42. Der EUR/USD noch immer bei 1,2996.

Gehen wir nun short, dann verkaufen wir 100.000 US-Dollar und kaufen 10.042.000 Japanische Yen[30].

Schließe ich nun diese Position mit einem Pip Gewinn bei 100,41[31], dann kaufe ich 100.000 US-Dollar und verkaufe 10.041.000 Japanische Yen.

Die Differenz (10.042.000 – 10.041.000) ist mein Gewinn. Dieser beträgt 1.000 Yen.

Nun muss ich die Yen in US-Dollar zurückrechnen. Dies mache ich wie gehabt, ich teile die 1.000 Yen durch den Kurs USD/JPY von nun 100,41. Ich erhalte 9,959 US-Dollar.

---

[30] 100.000 Einheiten x Kurs 100,42
[31] Da ich short war, bedeutet ein gefallener Kurs Gewinn für mich.

Da mein Konto in Euro geführt wird, muss dieser Betrag noch einmal in Euro umgerechnet werden. Wir teilen also die 9,959 USD durch 1,2996 Euro und wir erhalten 7,66 Euro als Pip-Wert für den USD/JPY[32].

Für das Mini-Lot bedeutet das ein Zehntel dieses Wertes, also 0,77 Euro. Für das Micro-Lot einen Pip-Wert von 8 Euro-Cent.

Jetzt stellt sich die Frage, was wir mit dieser Information anfangen können. Da wir nun den Preis für einen Stopp errechnen können, können wir uns um eine Money-Management-Strategie kümmern.

## Money-Management-Strategien

Strategien für das Money-Management gibt es unzählige. Einige Strategien beziehen viele statistische Daten mit ein, wie zum Beispiel die Trefferquote, das Gewinn-Verlust-Verhältnis und weitere Daten. Andere Strategien dagegen basieren auf einem fixen Verhältnis, das Grundlage des Money-Managements bildet. Diese Systeme sind relativ einfach umzusetzen und dennoch effektiv. Grundsätzlich können wir die Systeme danach unterscheiden, welche Voraussetzungen man benötigt, um sie anzuwenden. Habe ich die Daten sozusagen »auf der Hand«, die ich zum errechnen brauche, oder muss ich erst »Daten sammeln«, um das System anwenden zu können. Es stellt sich also die Frage, ob ich statistische Daten aus meinen Trades sammle und diese auswerte oder ob ich Daten aus einem umfangreichen Backtesting zur Verfügung habe, aus dessen Datenpool ich schöpfen kann. Um statistisch aussagefähige Daten zu haben, gilt die »Faustregel«, dass man mindestens 100 Trades auswerten sollte. Je mehr, desto besser.

Wir werden uns jeweils ein System etwas näher anschauen. Ich wähle eines, das ich mit den Daten, anwenden kann, die mir immer vorliegen und eines, das statistische Daten benötigt.

Meine Vorliebe gilt Systemen, die ich nutzen kann mit den Daten, die mir vorliegen. Ich habe dieses System in abgewandelter Form als erste

---

[32] Das Ergebnis ist stark gerundet.

Art des Money-Managements für meine Trades verwendet, ohne dass ich davon gelesen habe oder gar den »Fachausdruck« kannte. Diese Art von Money-Management erschließt sich eigentlich von selbst.

## Fixed Size

Diese Strategie ist eigentlich die einfachste Art, ein Money-Management aufzubauen. Nehmen Sie beispielsweise an, Sie teilen den Wert Ihres Handelskontos in 100 gleich große Teile auf. Sie setzen jeweils eines dieser Teile als Ihr Risiko bei jedem Trade ein. Das wäre pro eingegangenem Trade ein Risiko von 1 Prozent des ursprünglichen Kontos. Sie könnten theoretisch (ohne Broker-Kosten) 100 Mal in Folge falschliegen und erst dann wäre Ihr Konto leer (vgl. Abb. 07.11).

| Trade No. | Kapital | Veränderung |
|-----------|---------|-------------|
| 1 | 5.000 € | -50 € |
| 2 | 4.950 € | -50 € |
| 3 | 4.900 € | -50 € |
| ... | ... | ... |
| 99 | 100 € | -50 € |
| 100 | 50 € | -50 € |

*Abb. 07.11: Tabelle Fixed Ratio*

Diese Methode hat den Vorteil, dass sie recht einfach zu handhaben ist. Jedoch wird damit eine gute Strategie immer weniger gut ausgenutzt, da immer von der gleichen Positionsgröße ausgegangen wird und ein Gewinnzuwachs auf dem Konto keine Berücksichtigung findet. So wird nicht das gesamte zur Verfügung stehende Potenzial ausgeschöpft.

Dagegen wird eine schlechte Strategie immer risikoreicher. Denn ein schwindendes Konto findet ebenso wenig Berücksichtigung. Dies hat den Effekt, dass sich im Falle einer Verlustserie das eingegangene Risiko immer weiter erhöht.

Daher werfen wir einen Blick auf eine andere, etwas elegantere Methode. Das sogenannte Fixed Fractional.

## Fixed Fractional

Fixed Fractional ist der Name der Methode, die ich anwende. Der Grundgedanke ist der oben beschriebene. Ich setze für jeden Trade immer eine bestimmte, fixe Größe meines Kontos als Risiko für jeden Trade ein. Nehmen wir das gleiche Beispiel wie oben, je Trade 1 Prozent, denn dies lässt sich leichter rechnen. Nehmen wir weiter an, unsere Kontogröße beträgt ebenso 5.000 Euro. Das bedeutet, dass ich beim ersten Trade 50 Euro an Verlust machen darf, um die 1-Prozent-Regel nicht zu verletzen.

Ist dieser erste Trade dann ein Verlusttrade, schmilzt mein Konto um diese 50 Euro. Nun nehme ich nicht die starren, fixen 50 Euro wie oben weiter, sondern ich nehme eine neue Basis für meine Berechnung, nämlich die 4.950 Euro. War der Trade jedoch ein Gewinntrade und brachte mir zum Beispiel 100 Euro Gewinn ein, dann ist die Berechnungsgrundlage für den nächsten Trade 5.100 Euro.

Diese Methode hat den Vorteil, dass sie sehr flexibel ist. Denn sowohl die Veränderungen einer Kontobewegung auf die negative Seite wie auch die auf die positive Seite werden berücksichtigt. Dies sichert mich im Verlustfall ab, ermöglicht mir aber gleichzeitig, wenn das Konto Gewinne erzielt, diese automatisch mit in die Positionsgrößenbestimmung einzubeziehen, um so die Chancen zu erhöhen.

Während die eingangs erwähnte Methode Fixed Size immer einen festen Prozentsatz des Ausgangskapitals als Grundlage nimmt und damit die theoretische Zahl von 100 Verlusttrades in Folge zulässt, bis das Konto genullt wäre, befinden sich bei der Fixed-Fractional-Methode nach 100 Verlusttrades in Folge noch immer ca. 35 Prozent Ihres Startguthabens auf Ihrem Trading-Konto[33] (vgl. Abb. 07.12).

---

[33] Auch hier ohne Broker-Kosten gerechnet; vergleiche die Tabelle im Anhang.

| Trade No. | Kapital | Veränderung |
|---|---|---|
| 1 | 5.000 € | -50 € |
| 2 | 4.950 € | -49,50 € |
| 3 | 4.901 € | -49,01 € |
| ... | ... | ... |
| 50 | 3.056 € | -30,56 € |
| 51 | 3.025 € | -30,25 € |
| ... | ... | ... |
| 99 | 1.867 € | -18,67 € |
| 100 | 1.849 € | -18,49 € |

*Abb. 07.12: Tabelle Fixed Fractional*

Nehmen wir unser Beispiel des EUR/USD-Long-Trades. Dort hatten wir für das Standard-Lot einen Pip-Wert von 7,70 Euro ausgerechnet. Nun teilen wir unsere 50 Euro durch die 7,70 Euro. Dies ergibt gerundet 6 Pip, die unser Stopp entfernt sein darf. Auch ohne Abzug der Broker-Kosten wird ersichtlich, dass ich mit diesem Stopp nicht weit komme. Nach dieser Methode kann ich also mit einem 5.000-Euro-Konto kein Standard-Lot handeln.

Beim Mini-Lot verhält es sich wie folgt: Wir hatten einen Pip-Wert von 0,77 Euro errechnet. Dies ergibt einen Stopp von gerundeten 64 Pip (50/0,77) – eine Stoppgröße mit der man gut im Day Trading, also bei Trades, die innerhalb eines Tages abgewickelt werden, arbeiten kann.

Beim Micro-Lot müssen wir die 50 Euro durch 0,08 Euro teilen. Hierbei kommen wir dann auf einen Stopp, der über 600 Pip entfernt sein kann. Dies kann ich für Swing Trades nutzen, also für Trades, die über mehrere Tage oder Wochen laufen und dadurch eine größere Bewegung mitnehmen. Oder ich kann mehrere Positionen eröffnen und eine Strategie handeln, die aus mehreren Gewinnmitnahmezielen besteht.

Stellen wir uns jetzt vor (nur damit es einfacher zu rechnen ist), wir wären einen Trade eingegangen, der als Verlusttrade geendet hätte. Damit würde unser Kontostand nicht mehr 5.000 Euro betragen, sondern lediglich 4.950 Euro. Nun würde ich diese Größe als Grundlage für unsere

Berechnung heranziehen. Bei einem Verlusttrade ändert sich in der Rechnung nicht viel. Wenn das Konto jedoch in Bewegung ist, bin ich sowohl auf der Down-Side als auch auf der Up-Side immer in einer besseren Position, als wenn ich nur eine fixe Größe verwende, die sich nicht den Veränderungen anpasst.

Wie ich schon andeutete, werde ich Ihnen noch eine zweite Methode vorstellen. Für diese Methode brauchen Sie Daten aus der Vergangenheit zu Ihren Trades. Ohne diese Daten funktioniert diese Methode nicht.

# Erfolgsmanagement oder die Formel zum Erfolg

## Trading-Erfolg

Erfolg beim Trading basiert auf zwei Komponenten: zum einen aus der Trefferquote und zum anderen aus dem Chance-Risiko-Verhältnis.

Die Trefferquote bestimmt sich durch das Verhältnis von Gewinnen zu Verlusten, also durch das Verhältnis von Gewinntrades zu Verlusttrades. Das Chance-Risiko-Verhältnis erhält man, indem man das potenzielle Risiko (Stopp) gegen den möglichen Gewinn (Target) stellt.

Kennt man diese Faktoren, zum Beispiel durch ein Backtesting oder durch ein sehr genaues Trading-Tagebuch, kann man den Trading-Erfolg in eine Formel gießen:

Trading-Erfolg = (Gewinn x Chance) – (Verlust x Risiko)

Was können wir jetzt mit diesem Ergebnis anfangen? Was genau besagt der so berechnete Trading-Erfolg? Simpel und einfach ist es nichts anderes als der Erwartungswert dieses speziellen Trades oder Systems.

Der Erwartungswert gibt uns Auskunft darüber – wie der Name schon sagt –, welche Erwartungen wir mit diesem Trade verbinden dürfen.

Sich über den Erwartungswert Gedanken zu machen, birgt ganz interessante Erkenntnisse.

Wenn man sich mit dem Thema Money-Management beschäftigt, stößt man unweigerlich irgendwann auf Spieltheorien. Ja, es geht um das Glücksspiel. Sie sehen, die Verwandtschaft ist nahe, auch wenn viele Trader es nicht wahrhaben möchten. Betrachtet man sich den Erwartungswert eines Roulette-Spiels, so geht man gemeinhin davon aus, dass die Gewinn-/Verlust-Chancen beim »Setzen« auf Rot oder Schwarz wesentlich mehr auf der Gewinnseite angelegt sind als beim einfachen Setzen auf eine Zahl. Davon ging ich, bevor ich mich damit beschäftigte, auch aus. Dem ist aber nicht so. Der Erwartungswert ist in beiden Fällen gleich. Noch schlimmer, der Erwartungswert beim Roulette, ob Schwarz oder Rot sowie beim Setzen auf eine bestimmte Zahl, ist negativ! Und zwar –2,7 %.

Eigentlich sollte man die Finger von einem Spiel mit einem negativen Erwartungswert lassen. Denn ausgeglichen ist ein Spiel, wenn es einen Erwartungswert von null hat. Ist dieser größer als null, dann habe ich auch die Chance, das Spiel zu gewinnen. Dennoch sind die Spielbanken rund um die Welt gut besucht. Klar, es erwischt immer einen glücklichen Gewinner. Aber in den Kasinos dieser Welt gibt es mehr Verlierer als Gewinner.

Und so ist es auch beim Trading. Wie oft springen Trader in einen Trade, ohne eine genaue Vorstellung davon zu haben, warum sie jetzt im Markt engagiert sind, und vor allem, ohne zu wissen, wo sie aus dem Trade aussteigen sollen: weder für den positiven Fall, also wann und an welcher Stelle die Gewinne zu realisieren sind, noch für den negativen Fall, wann die Notbremse zu ziehen ist.

Dabei bietet uns gerade die Formel zum Erwartungswert des Trades eine hervorragende Möglichkeit, unser Trading-Ergebnis zu steigern. Schauen wir uns die Formel einmal genauer an.

Mit Verlust ist der durchschnittliche Verlust gemeint, den die Strategie im Backtesting oder beim Sammeln der Daten ergeben hat. Unter Gewinn wird dagegen der durchschnittliche Gewinn verstanden, den diese Strategie abgeworfen hat. Unsere Chance ist die Gewinnwahrscheinlichkeit, also die Zahl, wie oft wir mit unseren Entscheidungen richtiglagen. Unser Risiko dagegen ist die Zahl, wie oft wir mit unserer Entscheidung falschlagen. Chance und Risiko werden also jeweils in Prozent ausgedrückt, Gewinn und Verlust als Euro-Betrag.

Betrachten wir ein System, das einen von vier Trades verliert. Wir haben also ein Risiko von 25 Prozent. Damit beträgt unsere Gewinnwahrscheinlichkeit 75 Prozent.

Durchschnittlich riskieren wir pro Trade 100 Euro, können damit aber einen Gewinn von 200 Euro erzielen. Dies entspricht einem Gewinn-Verlust-Verhältnis von 2 zu 1 oder einem Chance-Risiko-Verhältnis (CRV) von 2 zu 1. Ich setze also einen Teil, um den zweifachen Teil zu erhalten.

Wir setzen dies in unsere Formel ein:

Trading-Erfolg = (Gewinn x Chance) – (Verlust x Risiko)

Trading-Erfolg = (2 X 0,75) – (1 X 0,25)

Trading-Erfolg = 1,25

Sie sehen: Wenn Sie einen Teil riskieren, um zwei Teile zu gewinnen, dann können Sie jeden vierten Trade verlieren und profitabler sein, als das Roulette in der Spielbank.

Jetzt könnten Sie aber auch Ihre Trading-Strategie optimieren. Sagen wir, Sie riskieren wieder 1 R um 2,5 R zu erhalten. (Sie riskieren 100 Euro, um 250 Euro Gewinn zu erzielen).

Trading-Erfolg = (2,5 X 0,75) – (1 X 0,25)

Trading-Erfolg = 1,625

Wir nähern uns doch schon dem Ergebnis einer Spielbank. Optimieren wir ein wenig weiter. Nehmen wir an, wir erzielen nun das Vierfache von dem, was wir an Risiko für diesen Trade setzen. Wir riskieren also wieder 1 R, um 4 R zu erlangen.

Trading-Erfolg = (4 X 0,75) – (1 X 0,25)

Trading-Erfolg = 2,75

Damit erreichen wir schon knapp den Erfolg einer Spielbank!

Schauen wir uns die Formel noch einmal an und ändern andere Parameter um zu sehen, was passiert wenn wir nun eine Strategie haben, die nicht so erfolgreich ist, aber dafür das Vierfache von dem einbringt, was wir setzen. Nehmen wir an, wir sind nur bei jedem zweiten Trade erfolgreich. Dann würde sich das Ganze wie folgt gestalten: Wir haben eine Gewinn-zu-Verlustwahrscheinlichkeit von 50 zu 50. Wir riskieren 1 R, um 4 R zu erhalten.

Trading-Erfolg = (4 X 0,5) – (1 X 0,5)

Trading-Erfolg = 1,5

Wir sind noch immer im positiven Bereich! Wir können nur mit jedem zweiten Trade erfolgreich sein und damit Gewinne erwirtschaften, wenn wir aus einem Trade das Vierfache dessen mitnehmen, was wir riskieren.

Ein weiteres Beispiel: Nehmen wir an, wir haben eine Strategie, die mehr verliert, als dass sie gewinnt. Sagen wir, wir sind nur mit einem aus vier Trades erfolgreich. Das heißt, dass wir drei Trades verlieren und nur einen gewinnen. Dafür bringt uns diese Strategie aber jedes Mal das 5-Fache von dem ein, was wir setzen. Beispiel: Wir riskieren 100 Euro und erhalten im Erfolgsfalle 500 Euro zurück.

Trading-Erfolg = (5 X 0,25) – (1 X 0,75)

Trading-Erfolg = 0,5

Noch immer positiv, obwohl wir nur einen von vier Trades gewonnen haben. Die überwiegende Anzahl von Trades sind Verlusttrades und trotzdem ist unser System erfolgreich.

Das Ganze kann man jetzt auf die Spitze treiben und theoretisch anneh-men, dass ich bei einem System, das uns 15-mal den Einsatz bringt, neun von zehn Trades verlieren kann und trotzdem noch erfolgreich bin. Ich riskiere also 1 R, erhalte dafür aber 15 R, wenn das System erfolg-reich ist. Dafür landet das System nur jedes zehnte Mal einen Treffer, mein Gewinn-Risiko-Verhältnis ist also 1 zu 9.

Trading-Erfolg = (15 X 0,1) – (1 X 0,9)

Trading-Erfolg = 0,6

Sie sehen: Ich kann auch noch profitabel traden, wenn ich nur mit je-dem 10. Trade erfolgreich bin, dafür aber neun Trades in Folge verliere. Auf jeden Fall gilt es in der Theorie. In der Praxis braucht man dafür, neben dem Wissen auf dem Papier, zusätzlich sehr starke Nerven. Denn nicht jeder Trader ist dafür geschaffen, eine so lange Verlustserie auch psychologisch durchzustehen. Stellen Sie sich die immense emotionale Belastung vor, neunmal hintereinander das eigene Geld zu setzen und zu verlieren, nur um diesen einen Trade zu bekommen, der das gesamte Konto wieder ins Plus führt. Eine solche Strategie ist nichts für Einstei-ger. Als Trading-Einsteiger sollten Sie eine Strategie wählen, bei der ein gutes Gewinn-Risiko-Verhältnis herrscht.

Einer der Schlüssel zu einem erfolgreichen Trading liegt darin, die Verluste zu begrenzen und mit dem eingegangenen Risiko den größtmöglichen Erfolg zu erzielen.

Sie kennen nun den Schlüssel zu einem erfolgreichen, profitablen Trading. Daher wird es Zeit, den Trade zu planen.

# Kapitel 8: Der Trading-Plan

## Ein beispielhafter Plan

Es ist einerlei, wo der Markt hingehen wird. Denn wenn ich einen Plan habe, werde ich wissen, welche Aktion ich als Nächstes unternehmen werde und an welchem Punkt ich das tun werde. Wenn ich mein Trading richtig organisiert habe, interessiert es mich nicht wirklich, wo sich der Markt hinbewegen wird. Denn ich kann den Markt ohnehin nicht kontrollieren, ich möchte lediglich an ihm partizipieren.

Jedoch muss ich als Trader wissen, was ich tue. Nichts ist schlimmer, als eine Marktsituation zu beobachten und nicht zu wissen, was man tun soll. Oft kommt dem Trading-Einsteiger dann der Gedanke: »Ich warte erst einmal ab.« Wenn der Markt sich dann doch relativ zügig bewegt, wird man nervös und springt schlussendlich unbeholfen hinein, weil man Angst hat, einen Trade zu verpassen. Das ist ein verhängnisvolles Unterfangen. Damit verliert man auf Dauer Geld!

Wie wir nun schon mehrfach festgestellt haben, ist Trading nichts anderes als das Ausspielen von Wahrscheinlichkeiten. Ich möchte wissen, ob die Wahrscheinlichkeit, dass der Markt steigt, höher ist als die Wahrscheinlichkeit, dass er fällt. Mit dem Instrument der Technischen Analyse habe ich dabei verschiedene Möglichkeiten, mir meine eigene Meinung zu bilden. Ich kann zum Beispiel die Struktur des Marktes untersuchen und kann nach Strukturlevel Ausschau halten. Ich kann nach Kursmustern suchen und kann Fibonacci-Bereiche oder Indikatoren zur Hilfe nehmen, um meine Analyse zu bestätigen.

Die hier vorgestellten Hilfsmittel sind so einfach, dass ich sie mit fast jeder gängigen Handelsplattform nachbilden kann. Dennoch ist die Kombination der vorgestellten Methoden effektiv. Eigentlich brauche ich zum erfolgreichen Trading keine kostspielige Handelssoftware oder ein

Black-Box-System, das ich teuer erwerben muss und von dem ich keine Ahnung habe, wie es funktioniert.

Das Einzige, was ich brauche, sind Regeln, wie ich mich in einer gewissen Situation verhalte. Dazu zählt, wann ich in den Markt einsteige, warum ich genau an dieser Stelle einsteige und zu welchem Zeitpunkt ich aussteige. Egal ob ich dies tue, um meinen Gewinn mitzunehmen oder um meinen Verlust zu begrenzen. Ich muss wissen, was ich riskieren kann und wie meine Gewinnerwartung ist. Diese Eckdaten muss ich zwingend in Regeln gießen. Damit kann ich die Vergangenheit testen und beurteilen, ob mein Trading profitabel gewesen wäre. Wenn dies der Fall ist, brauche ich nur noch eines: Disziplin.

Unseren Fibonacci Double Flip Trade haben wir schon mit Regeln versehen. Wir haben festgestellt, dass

1. **Wenn** der Markt eine Doppelformation zeigt, **dann**
2. warten wir ab bis die Struktur gebrochen wird. **Wenn** die Struktur gebrochen wurde, **dann**
3. warte ich mindestens auf einen 61,8er-Fibonacci-Rücksetzer.

Diese Regeln überführen wir jetzt eins zu eins in unseren Trading-Plan. Wir fügen Regeln hinzu für die Ausstiege, also für die Notbremse, für den Fall dass wir mit unserer Analyse falschliegen, und für den positiven Fall, dass wir Gewinne verbuchen können. Schon haben wir die Einsatzregeln, wann wir in den Markt dürfen und wann nicht. Diese Einsatzregeln verhindern, dass wir einfach ungeplant in einen Trade springen, und unser Geld im Markt involvieren, ohne genau zu wissen warum.

Oft hört man, dass Trading-Entscheidungen aus dem Bauch heraus getroffen werden, dass der Instinkt leite. Es gibt sehr interessante Untersuchungen zu diesem Thema, auf welche Weise die rechte mit der linken Gehirnhälfte bei Trading-Entscheidungen in Relation steht. Dem Trading-Einsteiger jedoch würde ich nicht empfehlen, alle Entscheidungen aus dem hohlen Bauch heraus zu treffen. Beim Trading treffen viele Informationen gleichzeitig auf unser Hirn. Diese verarbeiten zu müssen, versetzt uns in einen gewissen Stresszustand. Gerade wenn das eigene

Geld auf dem Spiel steht. Es ist ein Unterschied, ob ich eine Trading-Entscheidung auf dem Papier treffe oder ob ich mein eigenes, mein echtes Geld setzen muss. In dieser stressigen Situation ist es aus meiner Sicht sehr sinnvoll, einen Plan an der Hand zu haben, der mir sagt, was ich tun und was ich lassen soll.

> Also denken Sie immer daran: Springen Sie nicht unbeholfen in den Markt. Oft nimmt das kein gutes Ende.

Schauen wir uns einmal an, wie denn ein solcher Einsatzplan, also unser Trading-Plan, aussehen könnte. Beispielhaft – wie immer in diesem Buch – werde ich Ihnen das anhand unseres Fibonacci Double Flip Trades darlegen. Er ist nur ein Beispiel, wie man sich der Thematik Trading-Plan nähern kann. Nutzen Sie das Beispiel, um sich Ihre eigenen Strategie zu basteln oder diesen Plan mit Ihren eigenen Gedanken zu füllen beziehungsweise umzugestalten. Aber, ein kleiner Tipp von meiner Seite: Versuchen Sie nicht, den Plan zu »über«-optimieren. Belassen Sie es einfach, und dafür erfolgreich!

### Einsatzregeln für den Fibonacci Double Flip Trade

Einsatzregeln:

1. **Wenn** der Markt eine Doppelformation zeigt, **dann**
2. warten wir ab bis die Struktur gebrochen wird. **Wenn** die Struktur gebrochen wurde, **dann**
3. warte ich mindestens auf einen 61,8er-Fibonacci-Rücksetzer.

Einstieg (aggressiv):
Setze eine Limitorder in den Bereich des 61,8-Retracements, unter Berücksichtigung von X-Pip-Spread

Einstieg (bestätigt durch SMA):
Auf gleicher Zeitebene, nach dem Erreichen des 61,8-Retracements zum Eröffnungskurs der nächsten Kerze nach einem Schlusskurs oberhalb/unterhalb des SMA 13 kaufen beziehungsweise verkaufen

Gewinnziele & Stopps:
*(Die Stopps können anhand von Struktur im laufenden Trade nachgebessert werden; so auch bei runden Zahlen)*

Gewinnziel 1: 127,2 % Extension der Doppelformation

(Nach einem Schlusskurs über- beziehungsweise unterhalb des Tief-/Hochpunktes der Doppelformation kann der Stopp auf Einstand (BE) gezogen werden. Spätestens jedoch nach Erreichen des ersten Gewinnziels.)

Gewinnziel 2: Das 161,8 % Retracement der Doppelformation

Erlaubt ist auch ein Target anhand von Struktur!

Stopp: Je nach Struktur ober- beziehungsweise unterhalb der Spikes der Doppelformation oder 2 x ATR der höchsten Kerze zur ersten Doppelspitze

**Achten Sie auf das Gewinn-Verlust-Verhältnis! 1/2–1–R ist wünschenswert.**

Das ist mein Original-Trading-Plan, seit ich begonnen habe, diese Strategie zu traden. Seien Sie kreativ. Wenden Sie einen solchen Plan auf Ihre Trading-Idee an. Oder ändern Sie den Plan. Wenn es Ihr Konto erlaubt, traden Sie doch mit drei Positionen und lassen Sie zum Beispiel die dritte Position mit einem Trailing Stop laufen.

Aber sichern Sie jede Veränderung, die Sie in Ihrem Trading-Plan vornehmen, vorher ab. Das bedeutet, dass Sie nicht aus dem hohlen Bauch heraus einfach einen Parameter an Ihrem funktionierenden Plan ändern sollten. Bevor Sie etwas an Ihrem Echtgeld-Trading-Plan ändern, sollten Sie die Veränderung auf die Vergangenheit bezogen getestet haben.

## Warum ein Trading-Plan?

Ein Trading-Plan ist wichtig, damit wir uns überhaupt im Klaren sein können, warum wir traden. Manche werden sich möglicherweise fragen, wofür das gut sein soll. Trading ist für mich zu einem sehr großen Teil durch Psychologie beeinflusst. Man könnte fast sagen, Trading ist Psychologie. Und ich bin der Auffassung, dass meine Einstellung zu meinem Tun das Ergebnis beeinflusst. Daher ist die erste Aufgabe für mich als Trader, mir klarzumachen, warum ich überhaupt trade. Trade ich, um schnell reich zu werden, um in kurzer Zeit möglichst viel Profit aus dem Markt zu schlagen? Trade ich zum Zeitvertreib, einfach so und ohne Ziel? Trade ich, weil ich den »Kick« benötige? Trade ich, weil ich damit meine Altersvorsorge betreiben möchte? Oder trade ich, weil ich

Kredite zurückzahlen muss? Oder trade ich gar, weil Trading mein Beruf ist?

All diese Faktoren beeinflussen mein Trading. Ich habe unterschiedlichste Voraussetzungen, wenn ich in einen Trade einsteige. Ich habe unterschiedlichste Motivationen. Daher unterscheidet sich auch das Trading und speziell der Trading-Erfolg der einzelnen Trader so stark. Stellen Sie sich vor, Sie stehen unter einem enormen Druck, weil Sie traden müssen, weil Sie erfolgreich traden müssen, da die nächste Rate eines Kredits fällig wird. Dies kann Ihr Trading beeinflussen, da der Druck, der auf Ihnen lastet, Sie eine Entscheidung treffen lässt, die Sie unter anderen Umständen eventuell nicht getroffen hätten.

Oder Sie traden einfach nur so, weil Sie nichts Besseres mit Ihrer Zeit anzufangen wissen. Einfach mal so. Das Trading dümpelt bei Ihnen vor sich hin. Für den einen Trader kann dies absolut erfolgreich sein, da das Trading ganz entspannt läuft und das Fehlen jeglichen Drucks den Kopf frei macht. Für den anderen kann diese Methode nicht zielführend sein, da eben dieses Ziel fehlt. Oft sehe ich, dass diese Art von Tradern ihre Entscheidungen an sich richtig treffen. Dann fehlt jedoch irgendwie die Motivation. Das sind oft diejenigen, die kein Geld verlieren, aber auch kein Geld machen. Ich nenne sie die Break-Even-Trader. Es kann, wie Sie sehen, unter Umständen hilfreich sein, sich Gedanken darüber zu machen, warum man das tut, was man tut. Und Sie werden sicher auch schon gemerkt haben, dass das Aufstellen von Einsatzregeln nicht der ganze Trading-Plan sein kann. Die Einsatzregeln sind nur ein Teil des Trading-Plans.

## Wie erstelle ich meinen eigenen Trading-Plan?

Stellen Sie sich vor, Sie möchten sich mit einem kleinen Betrieb selbstständig machen. Dann würden Sie viele Vorüberlegungen anstellen. Sie würden die Markt- und Konkurrenzlage erkunden, Sie würden sich nach geeigneten Räumlichkeiten umsehen. Sie würden sich nach Maschinen oder nach einem Kassensystem umsehen. Sie würden sich über Werbung Gedanken machen, über Kundengewinnung, über Steuern, über Miete. Sie würden sich mit Sicherheit Gedanken darüber machen, wie Sie die ganze Sache finanzieren. Sie würden sich überlegen, wie Sie Ihr Gehalt oder das Ihrer Mitarbeiter bezahlen können. Sie würden sich ein Worst-Case-Szenario ausmalen und wie lange Sie durchhalten können.

Solche Überlegungen werden allgemein als wichtig empfunden, wenn Sie eine neue Geschäftsidee umsetzen möchten. Möchten Sie für Ihr neues Unternehmen einen Kredit bei einer Bank bekommen, kommen Sie ohne einen solchen – neudeutsch – Businessplan kaum noch aus.

Beim Trading sieht das in vielen Fällen anders aus. Um vernünftig traden zu können, benötigen Sie ein gefülltes Handelskonto. Je nach Ziel Ihres Tradings muss dort schon eine gewisse Summe vorhanden sein, die häufig dem – wenn nicht weit mehr – entspricht, was Sie zur Eröffnung eines kleinen Betriebes benötigen. Dennoch halten es viele Trader für nicht angebracht, einen Plan erstellen zu müssen. Sie stürzen sich in das Abenteuer Trading, ohne zu wissen, wie sie ihr Kapital einsetzen werden, oder eine Vorstellung davon zu haben, wie sie ihr Risiko begrenzen oder wie ihre Gewinnmöglichkeiten sind.

Wir haben diese Seite schon abgedeckt, indem wir Einsatzregeln erstellt haben. Es gehört aber mehr dazu. Wir müssen Regeln für unsere Positionsgröße festlegen. Hierzu haben wir im Kapitel 7 »Money-Management« Anhaltspunkte gesehen, wie wir dies bewerkstelligen können und sollten.

Mit diesen beiden Punkten haben wir die rationale Seite abgedeckt. Diese Punkte sollten Sie als Regeln in einem Trading-Plan ausformulieren. Denn ein geschriebenes Regelwerk kann verhindern, dass Sie unausgereifte, spontane und emotionale Trades eingehen. Viele Fallstricke, wie die Angst, endlos Geld zu verlieren, können damit eingedämmt werden. Ein Trading-Plan hindert uns daran, zu gierig zu werden, ohne Profit in irgendeiner Weise generiert zu haben. Denn unsere Gewinnziele stehen im Vorfeld fest. Der Trading-Plan schützt uns vor Kopflosigkeit.

Wie ich oben schon angedeutet habe, ist dies jedoch nur ein Aspekt dessen, was in Ihrem ausformulierten Trading-Plan stehen sollte. Der psychologische Faktor muss genauso Inhalt eines Trading-Plans sein. Machen Sie sich Gedanken darüber, warum Sie traden. Was ist Ihre Intention, was sind Ihre Ziele? Schreiben Sie auf, dass Sie an Ihre Strategie glauben. Vernachlässigen Sie nicht den Faktor Disziplin. Der beste Plan hilft Ihnen nicht weiter, wenn Sie ihn nicht einhalten. Auch dieser Aspekt sollte in Ihren Trading-Plan einfließen. Machen Sie sich klar, dass Sie keinen Einfluss auf den Marktverlauf haben. Akzeptieren Sie Verluste, denn diese gehören zum Trading dazu.

Formulieren Sie alles aus. Schreiben Sie es auf. Was Sie formulieren, wird ein Regelwerk, eine Anleitung zu Ihrem Trading-Erfolg geben. Aktualisieren Sie Ihren Plan regelmäßig. Denn Ihre Trading-Erfolge und -Misserfolge spiegeln sich in Ihrer Erfahrung wieder. Halten Sie von Zeit zu Zeit Trading-Fehler fest, die Sie begehen, und formulieren Sie für sich eine positive Regel, um diese Fehler zu vermeiden.

Ich spüre oft die Abneigung und die Ungläubigkeit der Teilnehmer meiner Seminare, wenn ich sie auffordere, ihren Plan auszuformulieren und schriftlich festzuhalten. Erfolgreiches Trading aber bedeutet, an sich selbst zu arbeiten. Trading ist einfach, aber es ist nicht leicht! Ein Trading-Plan hilft Ihnen, Ihre momentane Sichtweise festzuhalten und mit Ihrer Entwicklung zu vergleichen. Sowohl im positiven, als auch im negativen Sinn. Positiv, um Ihre Entwicklung und Verbesserung festzustellen. Negativ, um zu sehen, wo Sie sich von Ihren ursprünglichen Zielen zu Ihrem Nachteil entfernt haben.

Der Trading-Plan ist etwas Persönliches. Mein eigener umfasst mehrere Seiten, in denen ich meine Vorstellungen, Ziele, Erfahrungen, meine Überzeugungen, meine Regeln und vieles mehr in Prosa niedergelegt habe. Wenn ich davon in meinen Vorträgen spreche, fragen mich die Zuhörer oft, ob Sie einen Blick hineinwerfen dürfen. Das verneine ich grundsätzlich. Wie gesagt, dieser Plan ist persönlich. Es sind innere Motivationen, Ängste, Schwächen, Zielsetzungen darin festgehalten. Diesen Plan führe ich bei meinen Trading-Unterlagen. Teile davon zeige ich den Zuhörern und Ihnen als meinen Lesern, so zum Beispiel die Einsatzregeln. Der Rest ist meine Privatsache. Sie hätten auch nicht viel davon – außer der Befriedigung der Neugierde. Denn ein effektiver Plan muss von jedem Trader selbst entworfen werden. Oft kommt das Argument, dass man doch gerne eine Vorlage sehen würde, damit man wisse, wie man so etwas angeht. Aber hierin liegt ja gerade die Aufgabe. Sie müssen sich mit dieser Thematik auseinandersetzen und sich Gedanken machen, wie Sie einen solchen Plan gestalten können. Sie müssen Ihren persönlichen Stil verwenden. Das Abkupfern fremder Gedanken bringt Ihnen nichts.

Ich kann Ihnen lediglich Anhaltspunkte vermitteln, die einen groben Überblick über die meist technischen Abläufe geben. Den persönlichen Beitrag kann ich Ihnen nicht abnehmen.

Technisch betrachtet sollten Sie sich erst einmal ein Grundgerüst schaffen, in dem Sie sich bewegen können. Dazu zählt, dass Sie definieren, welche Märkte Sie handeln möchten. Zu welcher Uhrzeit. Welche Produkte Sie überhaupt traden. Wollen Sie beispielsweise den Forex-Markt im Rolling-Spot, im CFD oder gar einen Währungs-Future kaufen. In welchem Zeitrahmen möchten Sie dies tun? Nur im 5-Minuten-Chart, oder möchten Sie auch den Stunden-, 4-Stunden-, Tageschart oder gar einen Wochenchart handeln?

Legen Sie fest, wie groß Ihr Konto ist (Sie sehen, nach einer gewissen Zeit wird es bereits hier einen Anpassungsbedarf geben). Wie groß ist das maximale Risiko, das Sie pro Trade eingehen wollen? Legen Sie hierzu Ihre Risiko- und Money-Management-Strategie fest (soweit diese nicht Bestandteil Ihrer Einsatzregeln sind). Selbstverständlich gehören Ihre Einsatzregeln dazu. Dürfen Sie von Ihren Einsatzregeln abweichen? Zum Beispiel bei der 90-%-Regel? Dürfen Sie den Stopp, nachdem Sie ihn auf den Einstandspreis gezogen haben, weiter verändern? Zum Beispiel anhand von Struktur? Legen Sie fest, wie Sie mit den Spreads umgehen. Legen Sie fest, ob Sie einen Trade in verschiedene Positionen aufteilen dürfen, um so eine Mehr-Positionen-Gewinn-Strategie entwickeln zu können. Legen Sie fest, ob und wie Sie sich weiterbilden werden. Legen Sie zum Beispiel fest, wie Sie mit einer Reihe von Gewinn- oder Verlusttrades umgehen. Wie lange traden Sie pro Tag? Wann machen Sie Pause? Wann gestalten Sie Ihren Urlaub? Wie gehen Sie mit Börsenfeiertagen im Inland oder im Ausland um? Wie verhalten Sie sich, wenn Ihr Computer oder die Internetverbindung während des Tradings ausfällt? Notieren Sie sich die Telefonnummern Ihres Brokers. Prüfen Sie diese regelmäßig auf Aktualität. Regeln Sie, was passiert, wenn Sie gegen Ihren Trading-Plan verstoßen.

Und zu guter Letzt, noch eine Sache. Es kommt zwar nicht häufig vor, aber ich glaube, den meisten Tradern ist es schon passiert, dass sie am Ende des Tages eine Limit Order im Markt vergessen haben. Beim nächsten Blick in die Handelssoftware staunt man. Mal positiv, mal negativ. Eventuell ist das ja auch ein Kästchen auf einer Checkliste wert.

Sie haben an einem Beispiel gesehen, wie man einen Trading-Plan aufstellen kann. Aber es ist nur ein Beispiel. Kreieren Sie Ihren eigenen Plan. Mit diesem Plan an der Hand sind Sie in der Lage, Ihre Trading-Strategie zu testen. Und zwar wie diese in der Vergangenheit funktioniert hätte.

# Kapitel 9: Backtesting

Bevor Sie sich mit echtem Geld mit einer neuen Strategie an den Markt wagen, sollten Sie Ihr System testen. Hierzu gibt es mehrere Möglichkeiten. Entweder Sie testen es »live« auf einem Demokonto. Sprich ein Konto, das Ihnen von Ihrem Broker zur Verfügung gestellt wird und auf dem sich ein fiktiver Geldbetrag befindet. Dort können Sie dann Erfahrungen sammeln und austesten, ob die Trades erfolgreich laufen. Diese Methode hat jedoch ein grundlegendes Problem. Bis Sie die Datenmenge bekommen, um daraus eine aussagekräftige Schlussfolgerung ziehen zu können, dauert es eine lange Zeit. Denn um etwas über die Effektivität eines Systems sagen zu können, sollten Sie einige Trades gesammelt haben. Über die genaue Menge gibt es unterschiedliche Auffassungen. Einige sind sogar der Meinung, dass es mindestens 100 Trades sein müssen, die man untersucht, um halbwegs verlässliche Daten zu erhalten. Diese im Live-Chart zu sammeln, dauert eine Weile.

Daher gibt es noch eine andere Möglichkeit. Und zwar die Möglichkeit des Backtestings. Das heißt, Sie nehmen sich historische Daten Ihres Datenanbieters und suchen diese in der Vergangenheit nach Ihrem Trade-Setup ab.

Mein Tipp: Nehmen Sie die komplette Bandbreite der Ihnen zur Verfügung stehenden Daten. Selbst wenn dies 10 Jahre zurück in die Vergangenheit geht. Testen Sie die Daten aus.

## Maschine oder Papier?

10 Jahre an Daten zurückzugehen, um ein Trading-Setup zu suchen, klingt anstrengend und nach viel Arbeit, wenn ich dies manuell machen soll. Wir leben im Computerzeitalter und selbstverständlich können uns die Maschinen auch in diesem Bereich Arbeit abnehmen. Es gibt Computerprogramme, die es ermöglichen, ein Backtesting automatisch

durchzuführen. Ich gebe die Parameter ein, durch die mein Trade-Setup gekennzeichnet ist, und das System testet in Sekundenschnelle die zur Verfügung stehenden Daten für mich durch. Ich bekomme eine komplette Liste mit erfolgreichen Trades, mit Verlusttrades, mit dem Verhältnis Gewinner gegen Verlierer. Es liefert außerdem eine Übersicht, wie oft mein erstes, wie oft mein zweites Gewinnziel erreicht wurde. Ich bekomme viele statistische Daten und das binnen Sekunden. Computer-Fans sind ganz begeistert von diesen neuen Methoden. Als sie neu auf den Markt kamen, saßen gelangweilte Computer-Fans vor ihrer Maschine und backtesteten viele der technischen Handelsansätze per Computer. Sie kamen zu dem Schluss, dass die Technische Analyse nicht funktionieren würde. Ein Professor der Princeton-Universität ließ sich daraufhin verächtlich über die Technischen Analysten aus. Neue Erkenntnisse eines MIT-Professors zeigen dagegen, dass die Technische Analyse doch funktioniert. Es entstand in der Folge ein akademischer Streit, ob Börsenbewegungen nun Zufall sind oder nicht. Darüber lesen Sie im nächsten Kapitel mehr.

Ich führe diesen Aspekt hier an, weil ich der Meinung bin, dass Trading und die Finanzmärkte durch Psychologie getrieben sind. Es gibt verschiedene psychologische Marken und Bewegungen, die durch das Verhalten der Trader ausgelöst werden. Wie ich in Kapitel 3, Abschnitt »Pattern« dargelegt habe, spiegeln Kursmuster eine Art Kollektiv-Psychologie der Marktteilnehmer wider. Daher habe ich für mich entschieden, mein Backtesting nicht über eine Maschine laufen zu lassen. Ich gebe es offen zu. Ich liebe die Errungenschaft, die mit der Einführung der Computer verbunden ist. Ich schätze auch bei meinem täglichen Trading, dass ich mit einem kleinen Computer in der Größe von wenigen Blatt Papier meinen kompletten Trading-Alltag meistern kann. Dieser Computer ist kaum schwerer als eine Flasche Wasser und ich kann mit einer Akkulaufzeit mehrere Stunden am Pool über den Dächern der Lagune von Grado sitzen und meine Trades verfolgen. Oder am Abend beim Lūʻau noch einmal nachsehen, wie die Märkte in Europa eröffnen. Egal, wo auf der Welt. Dennoch kann ich mich nicht dazu durchringen, meine Trading-Entscheidung durch eine Maschine treffen zu lassen. Und so plädiere ich für die althergebrachte Variante mit Stift und Papier. Scrollen Sie Ihren Chart so weit wie möglich zurück und beginnen Sie, Trading-Setups zu suchen. Jetzt werden Sie einwenden, dass das bei 10 Jahren Chart-Historie Tage oder Wochen dauern kann. Diesem Argument kann ich nur beipflichten. Ja, das kann es. Erstellen Sie sich eine Liste mit Tag, Datum und Uhrzeit. Dies ist nicht nur wichtig, wenn Sie später einen Trade noch einmal genauer begutachten wollen, sondern auch um feststellen zu können, ob dieser Trade in Ihrer Trading-Zeit liegt. So können Sie eventuell Ihre Trading-Zeit optimieren.

Schreiben Sie sich den Grund des Einstiegs auf. Den Preis, zu dem Sie eingestiegen sind, wo Ihr Stopp lag und wo Ihre Gewinnziele. Schreiben Sie sich auf, ob Ihr Gewinnziel 1 und Ihr Gewinnziel 2 erreicht wurden. Eventuell verarbeiten Sie noch die Variante mit dem Trailing Stop, vielleicht in der dritten Position oder als Alternative für die Position 2. Dann können Sie vergleichen, welche Methode die besseren Ergebnisse gebracht hätte. Dies ist ein hartes Stück Arbeit. Aber ich wiederhole mich gern: Trading ist einfach, aber nicht leicht!

Das Backtesten auf Papier hat neben meiner persönlichen Abneigung (Liebhaber automatischer Handelssysteme mögen mir bitte verzeihen), die Trading-Entscheidungen einer Maschine zu überlassen, noch weitere Vorteile. Denn Kursmuster sind Ausdruck einer Art Gruppenpsychologie.

Durch das Backtesting mit Papier und Stift fangen Sie an, sich an diese Muster zu gewöhnen. Ihr Auge wird auf diese Muster fixiert und trainiert. Sie fallen Ihnen im Chart leichter auf. Sie bekommen ein Gefühl dafür, wie der Markt reagiert. Sie lernen, den Markt zu lesen. Sie bauen Vertrauen in die von Ihnen gewählte Strategie auf. Diese Vorteile entgehen Ihnen, wenn Sie das Backtesting einer Maschine überlassen. Denn das Wissen, das Sie dabei ansammeln, stärkt Ihr Vertrauen in die Methode. Sie wissen, dass das von Ihnen gewählte System in der Vergangenheit funktioniert hat. Sie haben erlebt, dass diese Methode auch versagen kann, haben aber gemerkt, dass sich dieser Nachteil ausgleicht, da Sie sich gut im Markt abgesichert haben. Ihr Stopp hat Sie vor Schlimmerem bewahrt. Sie sammeln Selbstvertrauen aufgrund Ihrer Entscheidungsfähigkeit und entwickeln Vertrauen in Ihre Methode und Ihr Trading. Sie bekommen ein Marktgefühl. Sie sehen, zu welchen Extremreaktionen der Markt fähig ist.

Damit Sie sehen, dass auch ich mich den Vorzügen der modernen Technik nicht verschließe, möchte ich hier noch auf ein Werkzeug hinweisen, das ich sehr zu schätzen gelernt habe. Nämlich den Data-Replay oder das Aufzeichnen von Kursdaten.

## Data-Replay

Hierbei handelt es sich um eine Methode, bei der Sie durch Ihre Trading- oder Charting-Software historische Kursdaten benutzen können. Diese können Sie dann Kerze für Kerze abspielen. Es ist fast so, als sei es ein Live-Chart. Sie können zudem an der Abspielgeschwindigkeit Änderungen vornehmen, sodass Sie für die Vervollständigung der Stundenkerze nicht eine ganze Stunde benötigen, sondern eine wesentlich kürzere Zeit. Diese Methode hat den Vorteil, dass Sie (da Sie den Chart nicht kennen) nicht wissen, was auf der rechten Seite des Charts passiert, in der »Zukunft«. All die Daten zu Ihrer linken Hand haben Sie jedoch zur Verfügung für Ihre Analyse. Das heißt, Sie können Strukturlevel erkennen und markieren. Sie können Ihren Trade-Einstieg Balken für Balken suchen, ohne dass Sie dabei beeinflusst sind durch das Ergebnis, das Sie schon im Vorfeld gesehen haben. Sie können sogar pausieren und über das nachdenken, was Sie gerade sehen. Sie können sozusagen nahezu eine Live-Demo durchführen, mit dem Vorteil dass Sie die Geschwindigkeit erhöhen und viele Daten aus der Vergangenheit auswerten können. Dies ist ein überaus nützliches Werkzeug und ich spiele auf meiner Plattform sehr gerne damit. Auch viele andere Plattformen bieten mittlerweile diese Möglichkeit. Diese Errungenschaft möchte ich nicht mehr missen!

## Demo-Konto

Nachdem Sie Ihr Backtesting durchgeführt und es ausgewertet haben, wäre es eigentlich Zeit für einen Trade. Die Frage, die mir oft gestellt wird, ist, ob man den ersten Trade lieber auf einem Demo-Konto machen sollte oder gleich auf dem eigenen Echtgeldkonto.

Ohne Frage, Demo-Kontos sind wichtig! Sie geben Ihnen die Möglichkeit, sich mit Ihrer Handelsplattform vertraut zu machen. Sie können die Funktionen wie die Orderaufgabe, das Einrichten eines Stopps oder eines Trailing Stop, das Nachziehen des Stopps, die Target Order und sämtliche weiteren Funktionen testen. Gehen Sie nicht live in den Markt, wenn Sie nicht hundertprozentig mit Ihrer Handelsoberfläche vertraut sind. Trading kann in gewissen Situationen Stress für Sie bedeuten. Dann brauchen Sie einen freien Kopf, um sich um die wesentlichen Dinge, nämlich Ihre Trading-Entscheidung zu kümmern. Die Handelsplattform müssen Sie fast im Schlaf beherrschen. Bei einem Demo-Konto spielt es keine Rolle, ob Sie die Order in die falsche Richtung aufgeben, statt sie zu schließen, zukaufen oder statt zuzukaufen, die Order schließen. Es macht nichts, wenn Sie statt einem Micro-Lot ein Standard-Lot kaufen oder wenn Sie sich im Instrument vertun. Stellen Sie sich aber einmal vor, Sie wären im Echtgeldkonto, Sie wollen in einem Micro-Lot im EUR/USD long gehen. Versehentlich, durch einen dummen Zufall, passiert es aber, dass Sie im Dax-Future short sind, der gerade eine rasante Aufwärtsbewegung hinlegt, da gute Zahlen verkündet wurden. Wie wir vorhin kurz angesprochen haben, bewegt sich der Pip-Wert beim Micro-Lot im EUR/USD plus/minus 10 Euro-Cent. 1 Punkt im Dax dagegen sind 25 Euro. Wäre der EUR/USD in einer kurzen heftigen Bewegung 50 Pip gegen Sie gelaufen, hätten Sie das locker wegstecken können. Sehen Sie aber nun die Kontobewegung im Dax-Future von 50 Punkten auf Ihrem Konto, und dies zu Ihrem Nachteil, haben Sie schnell die rote 1.000 Euro-Marke geknackt. Plus Kosten für den Broker. Können Sie sich vorstellen, dass Sie eine solche Situation leicht in Stress versetzen könnte? Daher sollten Sie Ihre Plattform gut beherrschen.

Sie denken, das ist nicht möglich? Selbstverständlich geht das. Es gibt Broker, bei denen Sie Futures, Forex, CFDs, Aktien und vieles mehr über ein und dasselbe Konto handeln können. Und jeder Broker gestaltet seine Handelsplattform etwas anders. Manchmal unterscheiden sich nur die Begriffe, manchmal jedoch sogar die Art der Orderaufgabe. Mit den Begriffen Stop Buy, Sell Limit, Market, Trailing usw. müssen Sie sich auseinandersetzen. Aber hierzu gibt es bei jedem Broker spezifische Anleitungen, wie die Plattform funktioniert und was die einzelnen Orderarten bedeuten. Machen Sie sich damit vertraut, bevor Sie in einen Trade gehen!

Ich halte jedoch nicht viel davon, ewig die Strategie auf einem Demo-Konto zu testen. Wenn ich weiß, wie sie funktioniert, muss ich auch irgendwann einmal zur Tat schreiten. Ich möchte Ihnen an dieser Stelle nicht raten, als Trading-Einsteiger gleich mit echtem Geld in die Märkte einzusteigen. Aber ich kann Ihnen erzählen, was ich getan habe und immer noch gerne tue. Auch aus diesem Grund habe ich für die Darstellung in diesem Buch die Forex-Märkte ausgewählt. Denn ich teste meine Forex-Strategien gerne am Echtgeldkonto und zwar mit einem Micro-Lot. Sollte die Strategie nicht funktionieren, bleibt der Verlust überschaubar. Aber ich habe den Vorteil, dass ich hierbei mein Geld aufs Spiel setze. Es ist psychologisch – diese Erfahrung habe ich persönlich gemacht – ein großer Unterschied, ob ich mit dem virtuellen Geld des Brokers auf einem Demo-Konto handle oder ob es mein eigenes Geld ist, das auf dem Spiel steht. Auch wenn es nur ein paar Cent oder Euro sind. Bei mir wirkt ein psychologischer Faktor, der mich anders handeln lässt. So fällt es mir zum Beispiel wesentlich leichter, auf einem Demo-Konto die Gewinne bis zur Zielzone laufen zu lassen. Wenn sich der Markt nach halber Strecke gegen meine Richtung entscheidet, habe ich auf dem Demo-Konto meist die Ruhe weg und kann mich auch gerne mit Verlust ausstoppen lassen. Habe ich jedoch auf meinem Echtgeldkonto mit einem Trade schon ein paar Cent verdient, dann kostet es mich – wenn ich ehrlich bin – auch heute noch viel Disziplin, mich an den Plan zu halten und nicht die Gewinne, die ich schon gemacht habe, einfach einzubuchen, wenn der Markt dreht. Was ich damit sagen will, ist Folgendes: Es fällt mir sehr viel schwerer, mich an meinen Trading-Plan zu halten, wenn echte Emotionen im Spiel sind. Mein Hirn schafft es nämlich sehr gut zu unterscheiden, was ein echtes Konto und was ein Demo-Konto ist. Auch im Cent-Bereich. Der Einsatz echten Geldes löst bei mir andere Emotionen aus als »Spielgeld«. Diese Beobachtung konnte ich schon häufig mit anderen Tradern teilen. Wie gesagt, es ist sicher kein allgemeingültiges Gesetz, und manche können auf einem Demo-Konto gute und realistische Erfahrungen sammeln. Daher möchte ich Ihnen auch nicht empfehlen, gleich mit einem Echtgeldkonto zu beginnen. Es ist nur eine Beobachtung, was die menschliche Psyche angeht. Aber es kann für Sie ein Anreiz sein, Ihr Verhalten an dieser Stelle zu überprüfen.

Jetzt haben wir alle Grundlagen für einen Trade geschaffen. Sie kennen den Ausstieg, den Einstieg, Sie wissen über Risiko- und Money-Management Bescheid, Sie haben den Plan aufgestellt und getestet. Reden wir doch noch kurz über Psychologie und ob alles Zufall ist, was an den Finanzmärkten passiert.

# Kapitel 10: Ein bisschen Psychologie

Trading bedeutet, in Eigenverantwortung Entscheidungen zu treffen. Diese Entscheidungen können schwerwiegende Folgen haben. Sie haben meist mit Gewinnen oder Verlieren zu tun. Beides sind hoch emotionale Themen. Beide Themen sind bestimmt durch unsere Psyche.

Behavioral Finance lautet das Stichwort. Dies ist keine neue, aber eine Wissenschaft, die in den letzten Jahren immer mehr Beachtung findet. Im Mittelpunkt der Forschung dieser Spezialdisziplin steht der psychologische Faktor bei Trading-Entscheidungen.

## Erfolg und Misserfolg an den Finanzmärkten

Trading hat mit Veränderung zu tun. Mit neuen Sachverhalten, die auf den Trader zukommen. Tag für Tag. Denn fast kein Trading-Tag ist wie der andere. Diese Tatsache steht eigentlich im Widerspruch zu den sonstigen Vorlieben der Menschen.

Ist Ihnen eigentlich schon aufgefallen, dass Menschen die Routine lieben? Früher ausgeprägter als heute gab es in vielen Orten, in vielen Lokalitäten einen »Stammtisch«. In der Regel ist ein Stammtisch nicht nur mit einem festen Zeitpunkt, sondern auch mit einer festen Örtlichkeit verbunden. Damit meine ich nicht nur dasselbe Lokal, sondern auch denselben Tisch. Und gehen wir noch weiter, dann sitzt auch die überwiegende Teilnehmerschaft immer am selben Platz. Ich selbst beobachte das häufig beim traditionellen Stammtisch meines Lauftreffs, aber auch bei anderen Veranstaltungen, an denen ich regelmäßig als Teilnehmer oder Referent teilnehme. Die überwiegende Anzahl der Menschen sucht sich, nach Möglichkeit »ihren« Platz. Oder haben Sie bei der Arbeit, beim Einkaufen oder im Wohnviertel keinen Lieblingsparkplatz? Oft kann man doch hören, dass »mein Parkplatz« jetzt gerade besetzt sei, obwohl diese Person keinerlei Besitzansprüche auf genau diesen Parkplatz hat.

Es ist der Stamm. Er bedeutet Stärke, Zuverlässigkeit. Ein Stamm gräbt seine Wurzeln tief in die Erde und vermittelt damit Sicherheit. Ob am Stammtisch oder beim Stammplatz.

Es gibt eine weltweite Kaffeehaus-Kette, die versucht, all ihre Standorte möglichst nach dem gleichen Muster einzurichten. Der Kunde soll sich wohlfühlen. Der Kunde soll wissen, was er hat, egal ob in Amsterdam, Berlin, London, New York, San Francisco, Tokio oder Zhenjiang. Ob im Urlaub oder auf Geschäftsreise, der Kunde soll sich möglichst heimisch fühlen. Der Kunde soll zum »Stamm-Kunden« werden. Und das Konzept scheint aufzugehen.

Das ist verständlich. Denn Veränderungen haben etwas mit Risiko zu tun.

Aber gerade die Finanzmärkte unterliegen einer großen Spannbreite an Veränderungen. Es gibt Zeiten, in denen sich die Notenbanken zu Wort melden und das, was sie zu sagen haben, bewegt die Märkte innerhalb kurzer Zeit (in oft weniger als einer Stunde, manchmal sogar in Minuten) um hundert oder mehrere Hundert Pip oder Punkte.

Gerade dieses Festhalten an dem Gewohnten steht dem eigenen Trading-Erfolg oft im Wege. In Zeiten, in denen mein Trading nach Plan läuft, sprich, ich steige in den Trade ein und dieser entwickelt sich sofort in meine Richtung, tritt keine Veränderung ein. Denn ich habe diese Entwicklung ja genau so erwartet. Läuft der Trade jedoch etwas holprig, dann ist es emotional nicht mehr so einfach. Es ist nicht mehr so einfach, objektiv den Markt zu beobachten, wenn ich in einem Trade involviert bin und mein Trade schwankt vom Plus ins Minus und vom Minus ins Plus. Hier werden Emotionen frei. Es wird schwierig, einen kühlen Kopf zu bewahren. Dann kann es vorkommen, dass man in alte Muster zurückfällt und auf das zurückgreift, was man kennt und was man immer tut. Das gewohnte Verhalten vermittelt das Gefühl von Geborgenheit und Sicherheit. Aber gerade das kann in einer solchen Situation die falsche Entscheidung sein. Denn der Markt bewegt sich unabhängig von unseren Gewohnheiten. Und Sie kennen die alte Weisheit bereits: Der Markt hat immer Recht!

Das Schwierige ist, in Zeiten hoher Emotionalität einen klaren Kopf und einen neutralen Blick auf die eigene Trading-Entscheidung zu behalten. Zu erkennen, dass man falschliegt und dann gegen das Gewohnte zu handeln. Sprich, die Position durch einen Stopp zu schließen, den Verlust zu akzeptieren. Ein weiterer wichtiger Punkt folgt unmittelbar: Nicht einfach den Trade switchen, sich also zu sagen, wenn es jetzt nicht long war, dann muss es doch short sein. Nein! Märkte können sich auch seitwärts bewegen. Wenn der Long-Trade nichts wurde, heißt das noch lange nicht, dass nun der Short-Trade Erfolg haben wird. In solchen Situationen fällt es vielen schwer, einfach stillzuhalten und auf das nächste Trade-Setup zu warten.

Was bedeutet diese Erkenntnis nur für mein eigenes Trading? Da das ständige Hin und Her der Kurse und die ständige»Unsicherheit« Stress für das menschliche Hirn bedeuten, kann das Erstellen eines Trading-Plans teilweise die Emotionen aus dem Trading nehmen und helfen, eine objektive Sichtweise auf die Märkte zu bewahren. Da Menschen in der Regel nach Ordnung und Sicherheit streben, hilft der Trading-Plan, gewisse Strukturen zu schaffen, auf die man dann zurückgreifen kann.

Je öfter und intensiver Sie sich mit dem Trading beschäftigen, desto größer wird der Erfahrungsschatz, aus dem Sie schöpfen können. Sie generieren damit neue Fähigkeiten.

Lernen Sie, dass es nicht nur zwei Richtungen für Ihre Trading-Entscheidung gibt. Neben der Entscheidung Long oder Short gibt es auch die Entscheidung, nicht zu investieren und abzuwarten, bis das nächste Trade-Setup kommt. Nicht der Trader, der am häufigsten oder am längsten im Markt investiert ist, verdient das meiste Geld, sondern derjenige, der seine Trading-Entscheidung ohne Druck treffen kann. Zwar gibt es das Sprichwort»Unter Druck entstehen Diamanten«, nach meiner Erfahrung trifft es auf das Trading jedoch nicht zu.

Das ständige Auf und Ab der Märkte führt zu einer Belastung für Ihr Gehirn. Nach meiner Auffassung sollten Sie daher, gerade als Trading-Einsteiger, Ihren Chart nicht mit zu vielen Informationen überfrachten. Als Trader sind wir eh einer Informationsflut ausgesetzt. Stressen Sie Ihr Hirn nicht noch mit zusätzlichen Informationen. Halten Sie es einfach, aber erfolgreich!

Wenn Sie das Trading ernsthaft betreiben und sich mit den getroffenen und zu treffenden Entscheidungen auseinandersetzen, werden Sie viel über sich selbst erfahren. Genau dieser Punkt wird Sie weiterbringen.

Bei vielen Gesprächen mit Tradern kommt das Argument, dass noch dieses oder jenes Buch auf dem Schreibtisch wartet, um gelesen zu werden. Oder dass man, wenn man noch ein bestimmtes Buch gelesen hätte, endlich den Wissensstand erreichen würde, damit man erfolgreich sein kann. Nicht das angehäufte Wissen oder die Anzahl der besuchten Seminare, nicht die geheimste Strategie oder der Broker mit der besten Ausführung macht Sie erfolgreich. Nein. Legen Sie sich ein solides »Grundhandwerkszeug« zu. Verstehen Sie, was Sie tun. Nehmen Sie anfangs nur wenige Hilfsmittel, aber begreifen Sie, was diese zu bedeuten haben. Erstellen Sie sich einen Plan und testen diesen zurück. Halten Sie sich an diesen Plan. Seien Sie diszipliniert.

## Random Walk Down Wallstreet?

Ein »Random Walk« bedeutet sinngemäß übersetzt eigentlich »Spaziergang ohne Ziel«, Umherlaufen aufs Geratewohl. In der Mathematik dagegen wird unter »Random Walk« eine zufällig gewählte Zahlenreihe verstanden.

Übertragen auf Finanzgeschäfte besagt die Random-Walk-Theorie, dass die Kursverläufe der Finanzprodukte einem Zufallsprinzip folgen. Folgt man der kleinen Geschichte von Ola und ihren Kollegen, ist es demnach nicht vorhersehbar, wohin sich die Kurse entwickeln werden. Eine Analysemethode wie die Technische Analyse sei demnach völlig nutzlos.

Einer der größten und härtesten Verfechter der Random-Walk-Theorie ist der Princeton-Professor Burton Malkiel mit seinem Buch *A Random Walk Down Wall Street*. Er macht keinen Hehl aus seiner Verachtung gegenüber den Technischen Analysten. Er stellt die »akademische Welt« gegen die Technische Analyse. »Die technische Analyse wurde von der akademischen Welt mit einem Bannstrahl belegt«[34], schreibt er in der deutschen Übersetzung. Dies sei »nicht nur eine persönliche Voreingenommenheit, sondern auch eine professionelle Haltung«. Weiter habe er es sich zur Regel gemacht »nie mit einem Chartisten zu essen. Das ist schlecht für die Verdauung«[35]. Und schließlich sei »die Zentrale Aussage der Chartanalyse (...) falsch«[36]. Er begründet seine Haltung damit, dass er angefangen von der Dow-Theorie über verschiedene Systeme (Filter, Relative Stärke oder das Kurs-Umsatz-System) die Technische Analyse zerlegt habe. Er greift sich noch verschiedene Technische Analysten persönlich heraus und stellt diese an den »Papierpranger«. Schließlich kommt er zu dem Schluss, dass es »deutlich geworden zu sein (scheint), dass unter wissenschaftlicher Betrachtung die Interpretation von Charts auf der gleichen Stufe wie Alchemie steht«[37].

Der Autor und Princeton-Professor stellt mit einer extremen Selbstsicherheit die angebliche Haltung der Wissenschaft gegen der Technische Analyse dar.

Dem war auch lange Zeit so. Bereits angefangen mit Arbeiten Ende der 1950er-Jahre etablierte sich die Random-Walk-Theorie als Doktrin der finanzwissenschaftlichen Lehren. Doch seit Ende der 1990er-Jahre wird an diesem Grundsatz mit Nachdruck gerüttelt. Bis zu diesem Zeitpunkt fanden Arbeiten, die sich gegen die Doktrin stellten, wenig Anklang. Doch mit dem Werk von Lo und MacKinlay hat sich das geändert. Eigentlich ist der Titel des Buches allein schon Aussage genug. In *A Non-Random Walk Down Wall Street* treten die Autoren, der MIT[38]-Professor Andrew W. Lo und A. Craig MacKinlay, Professor an der University of Pennsylvania, dieser klassischen Lehrmeinung von Malkiel und Kollegen entgegen. Die beiden sind nicht die Ersten und Einzigen, die sich gegen die vorherrschende Meinung richten. Aber ihnen ist es gelungen, aus dem Schatten dieser verkrusteten Meinung auszubrechen und

[34] Malkiel, Burton G.; *Börsenerfolg ist kein Zufall*, S. 139.
[35] Malkiel, Burton G.; *Börsenerfolg ist kein Zufall*, S. 138.
[36] Ebd. S. 140.
[37] Ebd. S. 159.
[38] Massachusetts Institute of Technology; Professor of Finance an der Sloan School of Management

breites Gehör zu finden. Nach Durchführung ihrer umfangreichen Test-
serie und über zehn Jahren Forschung kommen die Autoren zu dem
Schluss, dass die Finanzmärkte doch Prognosen zulassen. In ihrem Fazit
in Kapitel 9 des Buches schreiben die Autoren, »dass die Preise an den
Aktienmärkten vorhersehbare Bestandteile enthalten, ist nun eine gut
fundierte Tatsache. [...] Unser Ergebnis zeigt, dass im Aktienmarkt vorhersehbare Bestandteile tatsächlich vorhanden sind und dass ausgeklü-
gelte Voraussagemodelle basierend auf Messung der Wirtschaftsbedin-
gungen Vorhersagekraft besitzen.«[39]

Oft höre ich das Argument, dass die Technische Analyse eine »self-fulfil-
ling prophecy« sei, also eine sich selbst bewahrheitende Vorhersage. Anders ausgedrückt wird argumentiert, dass die Technische Analyse nur
deshalb funktioniere, weil viele Trader sich an der gleichen Stelle einbil-
den würden, dass genau an dieser Stelle ein Wendepunkt liege. Das
Ganze funktioniere nur, weil dem so sei.

Spielt das denn letztlich eine Rolle? Solange es funktioniert und es mir
die Möglichkeit gibt, ein Trading-Setup darauf aufzubauen? Kümmern
wir uns lieber um das Geldverdienen als um die Rechthaberei.

Ist es wirklich Zufall oder nicht? Testen wir es aus. Im ersten Trade.

---

[39] *Non-Random Walk Down Wall Street*, S. 283, 284; »That stock-market prices contain predictable components is
now a well-established fact. (...) Our results show that predictable components are indeed present in the stock
market, and sophisticated forecasting models based on measures of economic conditions do have predictive po-
wer.«

# Kapitel 11: Der erste Trade

Wir haben uns Gedanken über ein Trade-Setup gemacht. Wir haben einen Trading-Plan erstellt. Wir wissen, wie wir einen Trade-Ausstieg und einen Einstieg in den Markt finden. Wir wissen, wie wichtig Struktur und Strukturlevels sind. Wir wissen, wie wir die Positionsgröße bestimmen. Wir haben über die Psychologie gesprochen. Nun ist es Zeit für den ersten Trade. Sind Sie bereit?

Donnerstag morgen, kurz nach 11 Uhr. Wir haben die Forex-Märkte durchsucht und sind beim Euro gegen den Japanischen Yen hängengeblieben. Die auf Abbildung 11.01 gezeigte Struktur hat dort unsere Aufmerksamkeit auf sich gezogen:

*Abb. 11.01: EUR/JPY 15-Minuten-Chart*

Analysieren wir, was wir auf diesem Chartbild erkennen können. EUR/JPY im 15-Minuten-Chart. Die Basiswährung ist der Euro. Alle Aktionen, die wir unternehmen, beziehen sich auf den Euro.

Wir können einen Aufwärtstrend erkennen. Circa gegen 10.30 Uhr hat sich eine Spitze ausgebildet, der Markt ist danach über einen längeren Zeitraum (bis ca. 18 Uhr) zurückgelaufen und mit seinem Schlusskurs knapp bis an das Hoch des vorherigen höchsten Schlusskurses herangekommen. Hier könnte sich ein Doppel-Top entwickeln.

**Abb. 11.02: Mögliches Doppel-Top EUR/JPY-15-Minuten-Chart**

Haben Sie es erkannt? Ich zeichne die Struktur in die Abbildung 11.03 in den Chart ein:

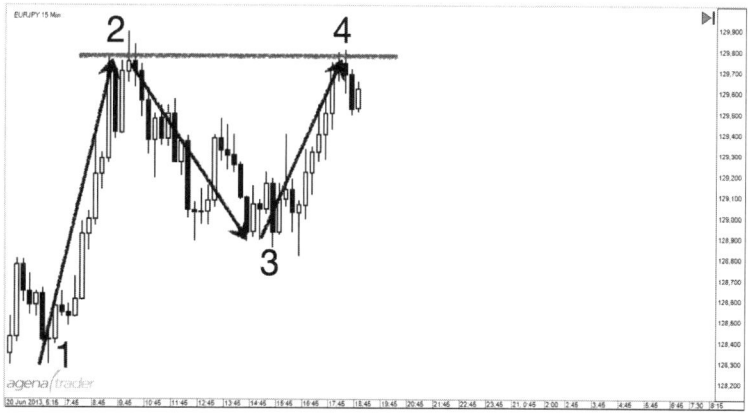

**Abb. 11.03: Mögliches Doppel-Top EUR/JPY-15-Minuten-Chart**

Haben Sie es jetzt erkannt? Es ist der uns bekannte Fibonacci Double Flip-Ansatz.

Unser Trading-Plan besagt hierzu, dass – wenn wir eine Doppelformation sehen – wir unbedingt den Bruch der die Formation bildenden Struktur benötigen. Dies ist der Punkt 3 unseres Setups. Vergleichen Sie hierzu die folgende Abbildung.

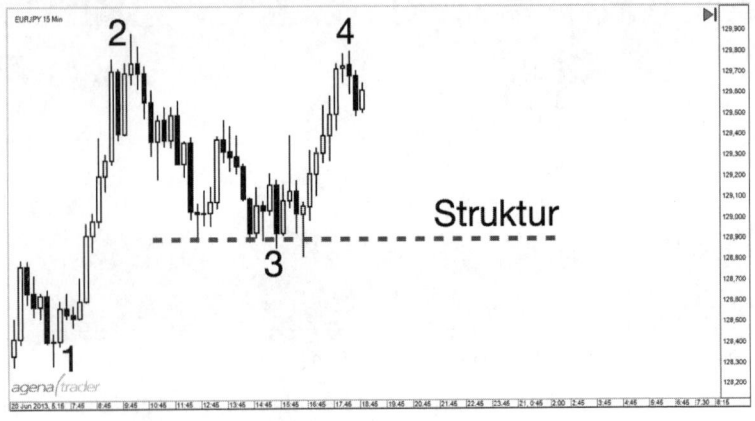

**Abb. 11.04: Struktur des möglichen Doppel-Top**

Also sitzen wir an der Seitenlinie und warten auf den Bruch der Struktur. Denn erst ab diesem Zeitpunkt können wir sicher sein, dass wir ein Doppel-Top haben. Der Markt könnte von hier aus auch weiter nach oben steigen oder auch ein Dreifach-Top ausbilden. Daher brauchen wir ein eindeutiges Signal, ab welchem Zeitpunkt wir ein Doppel-Top haben (vgl. Abb. 11.05).

Es hat knapp eineinhalb Stunden gedauert, aber hier ist der Bruch der Struktur des Doppel-Tops. Der Kurs hat mit Schlusskurs die Struktur an Punkt 3 (vgl. Abb. 11.05) durchbrochen. Erst ab diesem Zeitpunkt wissen wir, dass ein Doppel-Top vorliegt.

Was wir jetzt zu tun haben, ist zu warten, bis sich eine Wende nach oben einstellt. Erst ab dem Zeitpunkt können wir unseren Einstieg und damit auch unsere Positionsgröße bestimmen. Wir warten also auf ein Signal, dass der Markt eindrehen wird.

**Abb. 11.05: Bruch der Struktur der Doppelformation**

**Abb. 11.06: Möglicher Wendepunkt**

Auf die Durchbruchskerze folgt eine weitere schwarze Kerze. Gefolgt von zwei weißen Kerzen könnte dies eventuell schon der Wendepunkt sein (vgl. Abb. 11.06, Punkt 5).

Nun ist es Zeit, das 61,8-%-Fibo-Retracement einzuzeichnen. Dies ist allerdings nur vorläufig. Denn fällt der Markt noch ein wenig nach unten, müssen wir das eingezeichnete Fibo auf den Tiefpunkt ausdehnen. Wir ziehen also unser Fibonacci-Retracement-Werkzeug von Punkt 2 nach Punkt 5. Vergleichen Sie hierzu den Chart in Abbildung 11.07. Damit erhalten wir unseren möglichen Short-Einstiegspunkt in den Trade.

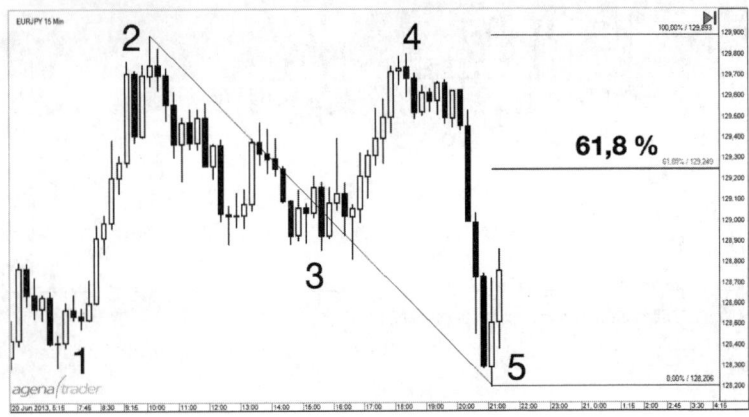

**Abb. 11.07: Einzeichnen des Fibo-Retracements**

Es könnte jedoch sein, dass der Markt tatsächlich nach oben durchbrechen möchte und eben nicht an dem 61,8-%-Retracement wendet. Daher ist es an der Zeit, dass wir uns über den Stopp Gedanken machen.

Gehen wir systematisch vor. Generelle Regel ist, der Stopp muss über das Hoch der Doppelformation. Wie weit oberhalb, das bestimmen wir durch die Struktur im Markt und die Bestätigung auf einer höheren Zeitebene. Zuerst suchen wir Struktur auf dieser Zeitebene, also im 15-Minuten-Chart. Hierzu»schrumpfen« wir den Chart so weit wie möglich zusammen.

Wir haben den Chart jetzt»zusammengefaltet«, sodass wir ca. vier Monate im 15-Minuten-Chart auf einen Blick erhalten. Scrollen Sie – auch wenn wie hier nichts auf der gleichen Preismarke zu sehen ist – trotzdem nach links. Schauen Sie immer nach links und suchen Sie Struktur.

Auf der Abbildung 11.08 können wir ganz rechts außen die Fibonac-ci-Messung erkennen, die wir eben durchgeführt haben. Dort liegt unser möglicher Trade-Einstieg. Wir sehen weiter, dass sich der größte Teil der Marktbewegung unterhalb des aktuellen Niveaus abgespielt hat.

*Abb. 11.08: 15-Minuten-Chart »zusammengeschrumpft«, ca. vier Monate auf einen Blick*

Ziehen wir den Chart wieder ein wenig auseinander (vgl. Abb. 11.09):

*Abb. 11.09: Struktur-Niveaus im Chart*

Wir können auf diesem Bild (Abb.11.09) erkennen, dass der Markt durch ein Strukturlevel (graue Linie) durchgebrochen ist, dieses erneut angetestet, kurz überwunden hat und dann wieder unterhalb dieses Levels gefallen ist. Nun hat der Markt ein zweites Mal von unten dieses Niveau angetestet und ist erneut abgeprallt. Die Chancen für unseren Trade stehen nicht so schlecht.

Da der Markt jedoch schon einmal einen Versuch unternommen hat, diese Preisstruktur zu durchbrechen, entscheide ich mich für einen engen Stopp, kurz oberhalb unserer Doppelstruktur. Denn wenn der Markt durch dieses Niveau durchbricht, stehen die Chancen gut, dass er weiter steigen wird. Dann möchte ich nicht mehr in diesem Trade engagiert sein.

Um mehr Sicherheit für meine Trading-Entscheidung zu erhalten, lasse ich mir das Strukturlevel nun noch einmal durch den hier abgebildeten Stundenchart bestätigen.

**Abb. 11.10: Strukturlevel auf dem Stundenchart**

Auf der Abbildung 11.10 können wir ganz rechts unsere Fibonaccis erkennen. Links sehen wir ein starkes Strukturlevel. Auch dies sagt mir, wenn der Markt über diese Linie (Hochpunkt unserer Doppelformation) steigt, möchte ich nicht mehr im Markt sein. Daher entscheide ich mich auch durch Bestätigung der höheren Zeitebene für einen engen Stopp.

**Abb. 11.11: Stopp des Trades**

## ATR

Alternativ könnte man als Stopp auch zwei ATR wählen. Und zwar aus der Kerze mit dem höchsten Wert, der die Aufwärtsbewegung zum ersten Hoch dieser Formation bildet (vgl. Abb. 11.11a).

Hierzu rufen Sie sich am besten den ATR-Indikator auf, betrachten die Aufwärtsbewegung und suchen sich die Kerze mit der größten Handelsspanne heraus. Dort lesen Sie dann mittels der Data-Box den aktuellen Wert ab.

Im vorliegenden Beispiel (Abb. 11.11a) zeigt der größte Wert 29,4 Pip an. Verdoppelt ergibt dies einen Stopp von gerundeten 60 Pip.

Der Einstieg über das 61,8er-Fibonacci-Retracement liegt im Bereich 129,25. Die 60 Pip Stopp dazu addiert ergibt 129,85. Damit liegen wir knapp über Schlusskurs der höchsten Kerze der Doppelformation, der lag bei 129,75. Wir sind damit aber noch unterhalb des Spike-High, der höchsten Kerze dieser Doppelformation, denn dieser lag bei 129,90.

Nach meiner Erfahrung sollte der Stopp aber über dem Spike-High liegen. Jedoch hat uns unsere Strukturanalyse gezeigt, dass wir den Stopp eng an das Hoch legen können. Durch die Absicherung durch den ATR werde ich für den Stopp einen Wert knapp unterhalb der 130er-Marke wählen. Damit haben wir für die erste Position noch immer ein Risk-Reward von 1 zu 1. Die zweite und die dritte Position bringen dann das Geld für diesen Trade.

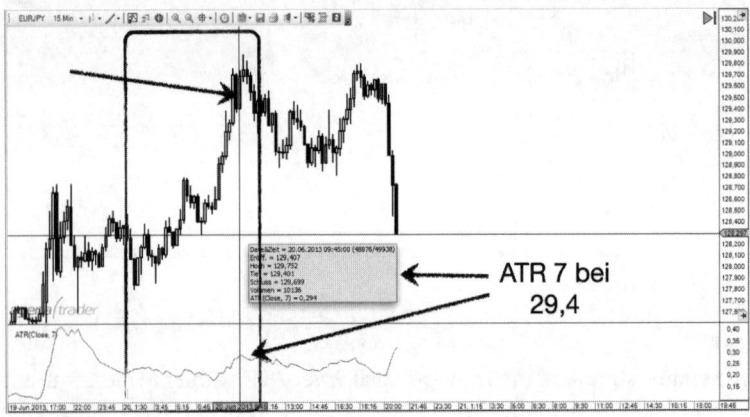

*Abb. 11.11a: ATR 7 der Kerze mit dem höchsten Wert aus der vorausgegangenen Aufwärtsbewegung*

## Positionsgröße

Jetzt, da wir wissen, wo unser Stopp liegt, können wir unsere Positionsgröße bestimmen. Hierfür messen wir die Strecke vom 61,8er-Retracement hoch bis zu unserem Stopp. Dann multiplizieren wir die Pip-Zahl mit dem Wert, den wir für unseren Pip-Wert errechnet haben. Schon haben wir das Ergebnis, was uns ein Verlusttrade kosten würde. Da dies jedoch unser erster Trade ist und wir uns zum ersten Mal mit diesem Setup an den Markt trauen, nehmen wir das Micro-Lot als Positionsgröße. Im Verlustfall würde dies weniger als einen Euro ausmachen.

Jedoch ist der Markt heute zäh, und er tritt weiter auf der Stelle. Es braucht dann voraussichtlich noch ein wenig Zeit, bis dieser sich doch weiter nach oben bewegt, auf unsere 61,8 % zu.

Unsere Aufgabe jetzt ist es, uns zu überlegen, wie wir in den Markt einsteigen werden. Eine Möglichkeit ist, den Einstieg mit einer Limit Order zu suchen. Das heißt, eine Order zum Verkauf auf die 61,8 % zu legen. Weiterhin könnte man abwarten, bis der Markt die 61,8 % erreicht hat, um dann die nächste Kerze direkt zu verkaufen.

Eine weitere Variante ist, den bestätigten Einstieg zu wählen. Hierzu legen wir einen einfachen Gleitenden Durchschnitt in den Chart und warten nach dem Erreichen des 61,8-%-Retracements, bis der Preis mit dem Schlusskurs wieder unter den Gleitenden Durchschnitt gefallen ist. Dann würden wir die nächste Kerze verkaufen.

Da es mittlerweile spät geworden ist und der Markt um 23 Uhr noch immer nicht am Einstiegspunkt angekommen ist, entscheide ich mich für eine Limit Order. Das heißt, dass ich eine Order zum Verkauf des Marktes an meinen Broker weitergebe. Diese wird ausgeführt, sobald das Preisniveau des 61,8er erreicht wurde.

Sehen wir, was passiert.

Da wir eine Limit Order in den Markt gelegt haben, müssen wir auch unseren Stopp und unseren Gewinn als Order in den Markt legen, falls über Nacht schnelle beziehungsweise weite Kursbewegungen erfolgen. Den Stopp haben wir bereits im Markt ausgemacht. Bleibt die Bestimmung der Kursziele.

Wir nehmen eine Fibonacci-Extension und messen vom Boden der Formation bis zu deren Spitze, also von Punkt 3 zu Punkt 2. Vergleichen Sie hierzu die Abbildung 11.12.

Unsere Kursziele ergeben sich aus der 127,2-% und 161,8-%-Extension (vgl. Abb. 11.12).

Am nächsten Morgen, als wir gegen 8 Uhr an das Charting-Tool kommen, sehen wir, dass wir gefüllt wurden (vgl. Abb. 11.13). Das heißt, unsere Limit-Order hat gegriffen und wurde bei Erreichen des Kurses (gegen 7 Uhr) ausgelöst, wie die folgende Abbildung zeigt. Jetzt sind wir short im Markt.

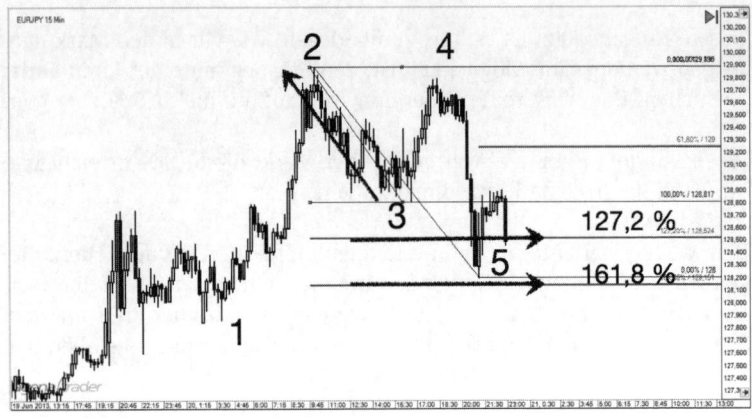

*Abb. 11.12: Kurszielbestimmung durch Fibonacci-Extensions*

*Abb. 11.13: Order wurde gefüllt.*

Es dauert noch fast sechs Stunden, dann wird unser erstes Gewinnziel erreicht.

**Abb. 11.14:** *Erreichen des ersten Gewinnziels*

Ganz entscheidend ist nun, den Stopp von oberhalb der Formation auf unseren Einstiegspreis zu setzen, also auf das 61,8er-Retracement. Denn wenn wir einmal mit einer Position Gewinn gemacht haben, möchten wir damit kein Geld mehr verlieren.

Weitere zwei Stunden später wird unser zweites Gewinnziel erreicht.

**Abb. 11.15:** *Erreichen von Gewinnziel zwei*

Mit Erreichen dieses Gewinnziels haben wir die Position geschlossen, da es Freitag 16 Uhr war. Ich will mit einem guten, erfolgreichen Trade nicht das »Übernacht-Risiko« mit in das Wochenende tragen und eventuell am Sonntagabend bei Markteröffnung mit Verlust ausgestoppt werden.

Die Frage, die sich jetzt stellt, ist folgende: Hätte ich mit einem bestätigten Einstieg dasselbe oder gar ein besseres Ergebnis erzielt? Hierzu legen wir einen Gleitenden Durchschnitt mit der Periode 13 in den Chart.

*Abb. 11.16: Chart mit SMA 13 – bestätigter Trade-Einstieg Fibonacci Double Flip*

Der bestätigte Eintritt in den Trade hätte uns hier tatsächlich ein paar Punkte gebracht. Hierzu wären wir wie folgt vorgegangen: Wir hätten gewartet, bis der Kurs am 61,8er-Retracement wieder unterhalb des Gleitenden Durchschnitts fällt und dort schließt. Die nächste Kerze hätten wir dann zum Eröffnungskurs gekauft. Dies hätte uns ein paar Pip mehr Gewinn gebracht und unser Risiko etwas weiter verringert.

Da aber unsicher war, wann wir gefüllt werden – und wir hätten auch mitten in der Nacht gefüllt werden können –, habe ich mich für den pauschalen Einstieg am 61,8er-Retracement entschieden.

Hatten Sie sich so einen Handelstag vorgestellt? Sie wissen, wenn Sie einen Trade eingehen, nicht, wie lange er dauern wird. Was als ein schneller Trade auf einer kurzen Zeitebene gedacht war, entwickelte sich zu einer profitablen, aber längeren Geschichte. Was machen wir nun?

# Kapitel 12: Am Ende des Handelstages

## Offene Orders löschen

Der Tag ist geschafft, die Trades sind alle gelaufen. Der Tag war hart und anstrengend. Gönnen Sie sich ein wenig Erholung. Eventuell machen Sie ein wenig Sport. Doch halt, haben Sie alles erledigt? Vergessen Sie nicht, noch einmal einen Blick auf Ihre Trading-Plattform zu werfen. Haben Sie auch wirklich alle noch offenen Orders für diesen Handelstag gelöscht? Nicht selten kommt es vor, dass so etwas vergessen wird.

Sollten Sie Trades etwas länger laufen lassen, zum Beispiel in einem 4-Stunden-Chart, und die Handelswoche nähert sich dem Ende, so denken Sie unbedingt auch daran, ob Sie nicht vielleicht Ihre Position schließen möchten. Auch wenn der Forex-Markt unter der Woche rund um die Uhr gehandelt wird, macht er dennoch eine Pause. Am Wochenende. Nicht selten passiert es, dass der Markt ein Gap zur Eröffnung zeigt, oft durch politische Vorkommnisse am Wochenende ausgelöst (vgl. Abb. 12.01). Haben Sie Ihren Stopp dann zu eng am Markt gelegt, kann es passieren, dass Ihr Stoppkurs nicht gefüllt wird, sondern erst mit dem Eröffnungskurs gefüllt wird. In diesem Fall hat dann auch Ihr Fallschirm Sie nicht vor größeren Verlusten gerettet. Denn dieser hat sich zu spät geöffnet.

Sollten Sie andere Märkte handeln, die nicht rund um die Uhr geöffnet sind, zum Beispiel den Dax-Future oder Aktien, dann besteht eine solche Möglichkeit jeden Tag. Achten Sie daher immer darauf, ob Sie Ihre Position wirklich dem Übernacht-Risiko aussetzen möchten. Denn wir traden. Wir investieren nicht. Beim Trading habe ich andere Stopps und andere Positionsgrößen als beim Investieren.

Das sog. „Zypern-Gap"

Eine Kurslücke zwischen
Freitag-Schlusskurs und
Sonntag-Eröffnungskurs

*Abb. 12.01: Das Zypern-Gap*

*Abb. 12.02: »Mind the Gap« – heißt die Warnung auf den Bahnsteigen der Tube in London.*

# Trading-Tagebuch

Trading-Tagebücher gibt es viele – einfache und komplizierte. Die Frage ist, ob man ein Trading-Tagebuch überhaupt braucht.

Viele Trader begegnen einem Trading-Tagebuch mit Skepsis. Das kann zwei Gründe haben. Erstens sind sie nicht gewohnt, Tagebuch zu schreiben und haben daher Berührungsängste. Oder sie halten Tagebuch schreiben für Kindereien. Der zweite Aspekt ist der, dass ein Tagebuch etwas mit Kontrolle zu tun hat. Denn in einem Trading-Tagebuch halte ich alle Trades fest, die ich tätige. Üblicherweise hat ein Trading-Tagebuch weniger mit Prosatext zu tun als vielmehr mit einer Tabelle. Dort listet man in der einfachen Version den Tag, das Datum, die Uhrzeit, das Instrument, den Einstiegsgrund (welches Setup), die Einstiegsart (Market- oder Limit Order), den Einstiegspreis, den Stoppkurs, die Gewinnziele und das Ergebnis auf. Aus diesen Daten lässt sich dann eine Statistik erstellen, anhand derer ich mein Trading optimieren kann. So kann ich zum Beispiel sehen, ob eine Strategie zu einem bestimmten Tag oder zu einer bestimmten Uhrzeit besser läuft als zu einer anderen. Ich kann auswerten, wie oft die Gewinnziele getroffen werden und diese eventuell optimieren. Ich kann das Verhältnis von Gewinn- zu Verlusttrades errechnen. Es kann das größte Risiko und der größte Gewinn abgelesen werden.

Sie sehen, die Möglichkeiten sind vielfältig und mit Sicherheit hier nicht abschließend aufgezählt.

Jedoch fehlt aus meiner Sicht eine entscheidende Spalte in dieser Tabelle. Und zwar ist dies eine »Freie Spalte« ganz am rechten Rand. Dort sollte man psychologische Aspekte eintragen. Wie habe ich mich bei diesem Trade gefühlt? Habe ich mich an die Regeln gehalten? Habe ich gar gegen die Regeln verstoßen? Wenn ja, warum? Habe ich den Trade zu früh geschlossen? Habe ich den Stopp erweitert? Bin ich ohne Trading-Setup in den Markt gegangen? Erst diese Punkte machen aus meiner Sicht ein Trading-Tagebuch wertvoll. Denn anhand dieser Kriterien können Sie Ihr Trading enorm verbessern. Sie sehen im Nachhinein, wo Ihre Schwächen liegen. Und glauben Sie mir, Sie werden ab und zu einen dieser »Trading-Fehler« begehen. Aber die Auseinandersetzung mit dem eigenen Trading-Verhalten ist das, was Sie weiterbringt. Viele Trader optimieren lieber den Einstieg ihres Trades. Aber die Märkte können Sie nicht kontrollieren. Der Markt tut, was er möchte. Der einzige Punkt, an dem Sie etwas verändern können, ist Ihr eigenes Trading-Verhalten. Trading ist Disziplin. Trading bedeutet, an sich selbst zu arbeiten. Die eigenen Fehler zu reflektieren und zu versuchen, andere Verhaltensweisen zu erlernen, um in einer ähnlichen Situation anders reagieren zu können. Hierbei hilft die rechte Spalte in einem Trading-Tagebuch.

Wenn Sie mich daher fragen, ob Sie ein Trading-Tagebuch führen sollten, ist meine Antwort schlicht JA!

Nachdem auch das Tagebuch geschrieben ist, die Positionen geschlossen und bestehende Orders gelöscht sind, ist nun wirklich Feierabend.

# Schluss

In den vergangenen Kapiteln haben wir uns mit den Grundzügen der Dow-Theorie befasst. Wir haben unser Arbeitsmittel und unsere Geschäftspartner unter die Lupe genommen. Mit Hilfe von Fibonacci haben wir den Fibonacci Double Flip Trade identifiziert, mittels eines Indikators und des KTPS haben wir einen Trade-Einstieg gefunden. Wir haben unser Risiko definiert und unsere Gewinnziele ausgemacht. Wir haben einen Trading-Plan geschrieben und unser System backgetestet. Wir sind bereit für den ersten eigenen Trade.

Dennoch möchte ich nicht, dass Sie jetzt direkt loslegen und anfangen zu traden. Nicht weil ich kein Vertrauen in das hätte, was ich Ihnen eben aufgezeigt habe. Nein, es ist vielmehr so, dass ich Sie ermuntern möchte, Ihre eigenen Entscheidungen zu treffen. Den Fibonacci Double Flip Trade habe ich Ihnen gezeigt. Ich habe Ihnen dargelegt, wie ich ihn trade. Ich habe Ihnen gezeigt, wie ich mein Gewinnziel definiere und wie ich mein Risiko versuche, in den Griff zu bekommen.

Ich möchte nicht, dass Sie mich einfach kopieren. Nicht, weil ich nicht will, dass Sie erfolgreich sind. Nein, im Gegenteil. Ich möchte, dass Sie deshalb erfolgreich sind, weil Sie alles hinterfragen.

In der Finanzindustrie gibt es viele Anbieter, die versuchen, Ihnen etwas zu verkaufen. Meist handelt es sich dabei um irgendeine »Blackbox« oder Ähnliches. Blackbox umschreibt ein Handelssystem, das Sie nicht bis ins Kleinste einsehen können. Irgendwelche Indikatoren werden automatisch auf irgendeine Art und Weise berechnet und mit anderen Indikatoren kombiniert, und spucken dann ein Signal für den Trade-Ein- und -Ausstieg aus. Das kann es nicht sein. Denn oft passiert es, dass sich nur ein kleiner Faktor ändern muss, und eine Strategie funktioniert nicht mehr.

Auch ich kann Ihnen nicht versprechen, dass der aufgezeigte Trade (Fibonacci Double Flip) in Zukunft weiter so profitabel fortbestehen wird.

Ich kann Ihnen nicht versprechen, dass der gezeigte Trade auf dem für Sie interessanten Markt funktionieren wird.

Aber ich habe Ihnen aufgezeigt, wie Sie die ganze Sache anpacken können. Sie haben Ideen erhalten, wie Sie Ihren eigenen Trading-Plan entwickeln können. Sie wissen, worauf Sie achten müssen. Ich hoffe, ich habe Sie sensibilisiert, dass Sie nicht jedem System und jeder Person einfach so Ihr Geld anvertrauen. Und so möchte ich auch, dass Sie nicht mir einfach blindlings vertrauen. Bevor Sie loslegen, testen Sie den Trade. Überprüfen Sie den Trading-Plan. Machen Sie aus meiner Vorgabe Ihren eigenen Trading-Plan. Bringen Sie Ihre eigenen Ideen mit ein. Machen Sie daraus Ihren eigenen Plan. Testen Sie diesen Plan und gewinnen Sie das Selbstvertrauen, dass Ihr eigenes, entwickeltes System funktioniert. Beginnen Sie, die Verantwortung für Ihre eigene Trading-Entscheidung zu übernehmen. Ihr Trading wird erst dann erfolgreich sein, wenn Sie bereit sind, selbst die Verantwortung für Ihre Trades zu übernehmen. Sie selbst sind für Ihren Trade verantwortlich. Egal, ob der Trade ein Gewinner oder ein Verlierer ist.

Die Quintessenz, um ein erfolgreicher Trader zu werden, ist einfach: Hören Sie auf, Dinge zu tun, die nicht erfolgreich sind.

# Anhang

## Der Fibonacci Double Flip und andere Märkte

Für diejenigen, die noch Überstunden machen möchten, hier ein kleiner Blick auf den Fibonacci Double Flip Trade in anderen Märkten. Es handelt sich um ein **Short-Setup im FDax 60 Minuten**

*Abb. Anhang 01: FDax, 60-Minuten-Chart – Fibonacci Double Flip Setup*

Die Abbildung Anhang 01 zeigt eine Aufwärtsbewegung (Punkt 1 nach 2). In den Punkten 2 und 4 ist der Versuch zu erkennen, ein Preisniveau zu überwinden, was dem Markt nicht gelingt. Punkt 3 ist die Struktur dieser Formation.

*Abb. Anhang 02: FDax, 60-Minuten-Chart – Fibonacci Double Flip Setup mit Fibonacci-Retracement*

Nach dem Bruch der Struktur (Abb. Anhang 02 Punkt 3) dreht der Future in Punkt 5 ein, um dann bei Punkt 6 das 61,8er-Fibonacci-Retracement zu testen und danach den begonnenen, neuen Trend fortzusetzen.

*Abb. Anhang 03: Target-Bestimmung – Fibonacci Double Flip FDax 60 min*

Die Gewinnziele bestimmen wir durch die 127,2er- und 161,8er-Fibonacci-Erweiterungen aus dem Hoch und Tief der Doppelformation (vgl. Abb. Anhang 03).

Hier sehen Sie ein weiteres Beispiel aus dem Bund-Future (Continuous). Es handelt sich um ein **Long-Setup im 4-Stunden-Chart.**

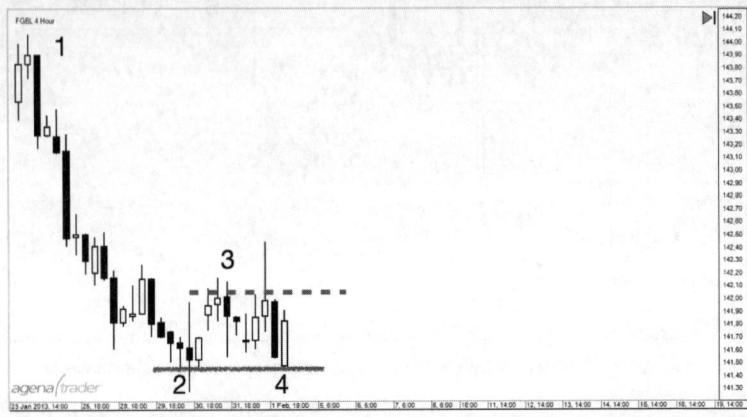

*Abb. Anhang 04: Bund-Future-4-Stunden-Chart – Fibonacci Double Flip Setup*

Auf Abbildung Anhang 04 zeigen die Punkte 2 und 4 den Versuch, durch ein Preislevel nach unten zu brechen. Punkt 3 zeigt das Strukturlevel, das überwunden werden muss.

*Abb. Anhang 05: Bund-Future-4-Stunden-Chart mit Fibonacci Double Flip Setup*

Nach dem Bruch des Strukturlevels (Abb. Anhang 05, Punkt 3) korrigiert der Markt kurz, jedoch ohne einen 61,8 %-Fibonacci-Rücksetzer zu zeigen. Erst in Punkt 5 dreht der Markt ein, um dann im Punkt 6 den gewünschten Rücksetzer zu zeigen.

**Abb.** Anhang 06: Bund-Future-4-Stunden-Chart mit Fibonacci Double Flip Setup

Unsere Zielzonen liegen im Bereich der 127,2er- und 161,8er- Fibonacci-Extensions aus dem Hoch und dem Tief der Doppelformation (vgl. Abb. Anhang 06).

Sie sehen, ein Setup kann in verschiedenen Märkten funktionieren. Testen Sie es aus!

## »Ergebnisse« der Trades

Es wird Ihnen aufgefallen sein: In den einzelnen Kapiteln habe ich nicht ausgeführt, wie sich die Trades weiterentwickelt haben, da es um das Erlernen der Setups geht. Jedoch werde ich oft gefragt, was denn aus den gezeigten Setups wurde, wie diese sich entwickelt hätten. Daher nun das »Ergebnis« der im Buch beispielhaft dargestellten Trades.

## »Ergebnis« des 5-Minuten-FDax Setups aus Kapitel 3

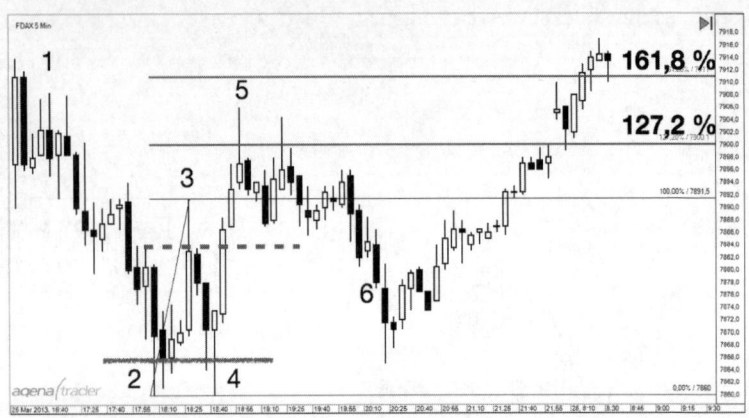

*Abb. Anhang-Ergebnisse 01: FDax, 5-Minuten-Setup aus Kapitel 3*

Abbildung 01 zeigt, dass der Markt nach dem Einstieg die Aufwärtsbewegung eingeleitet hat, um dann die beiden Gewinnziele zu erreichen. Da dies ein Trade auf der 5-Minuten-Ebene war, hängt es jetzt vom eigenen Trading-Plan ab, ob man diesen Trade am Abend geschlossen hätte, denn die Gewinnziele wurden erst am nächsten Morgen erreicht.

## »Ergebnis« des Trades aus Kapitel 5, Abb. 11 ff.

Der Markt ist, wie von uns als Möglichkeit vorhergesehen, über das Top der Formation hinausgewandert. Damit lag kein gültiges Doppeltop mehr vor.

*Anhang-Ergebnisse Abb. 01a: Trade aus Kapitel 5, Abb. 11 ff.*

## »Ergebnis« des KTPS-Trades aus Kapitel 6, Abb. 04 ff.

Nachdem der Markt die kleine Formation nach oben verlassen hat, folgte eine 400 Pip Aufwärtsbewegung. Der letzte Teil der Bewegung war durch eine Nachrichtenmeldung getrieben. Bei einer solch heftigen Bewegung ist es wohl eher Glückssache, wenn man schon im Markt ist. Aber auch Glück gehört zum Trading-Alltag.

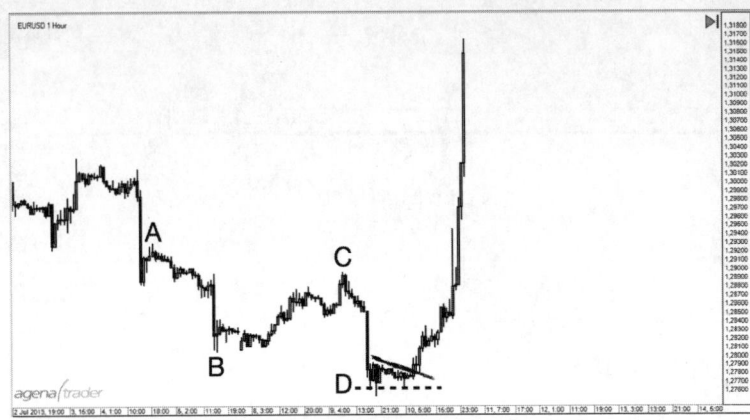

*Anhang-Ergebnisse Abb. 01b: KTPS-Beispiel-Trade aus Kapitel 6, Abb. 06.04 ff.*

## »Ergebnisse« der Trades aus Kapitel 3 – Weitere Beispiele

Der AUD/USD hat eine gute Möglichkeit geboten, den Trade zu trailen. Denken Sie daran, kleines Risiko, große Gewinnchance, das ist das Ziel!

*Anhang-Ergebnisse Abb. 02: »Ergebnis« AUD/USD 1-Stunden-Chart aus Kapitel 3*

Etwas schwieriger zu trailen war der GBP/USD im 4-Stunden-Chart:

*Anhang-Ergebnisse Abb. 03: GBP/USD-4-Stunden-Chart aus Kapitel 3*

Der EUR/USD im 4-Stunden-Chart:

*Anhang-Ergebnisse Abb. 04: EUR/USD-4-Stunden-Chart aus Kapitel 3*

Und nun noch der Trade im Tageschart, EUR/GBP:

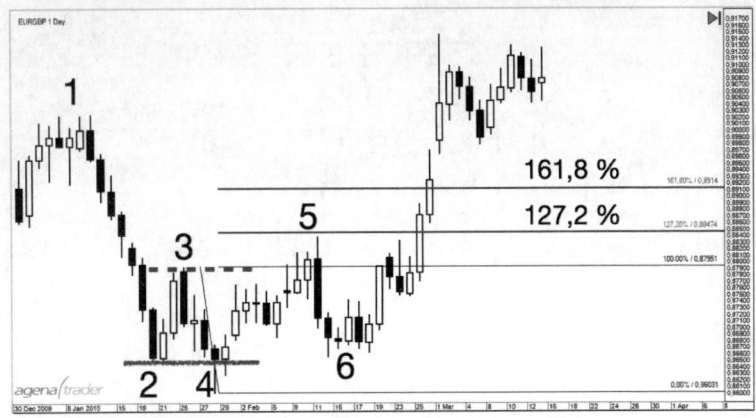

*Anhang-Ergebnisse Abb. 05: EUR/GBP-Tageschart aus Kapitel 3*

Idealisiertes Fixed-Fractional-Berechnungsbeispiel (ohne Berücksichtigung von Kosten, Spreads und Slippage):

| Trade No. | Kapital | Veränderung |
|---|---|---|
| 1 | € 5.000 | € 50,00 |
| 2 | € 4.950 | € 49,50 |
| 3 | € 4.901 | € 49,01 |
| 4 | € 4.851 | € 48,51 |
| 5 | € 4.803 | € 48,03 |
| 6 | € 4.755 | € 47,55 |
| 7 | € 4.707 | € 47,07 |
| 8 | € 4.660 | € 46,60 |
| 9 | € 4.614 | € 46,14 |
| 10 | € 4.568 | € 45,68 |
| 11 | € 4.522 | € 45,22 |
| 12 | € 4.477 | € 44,77 |
| 13 | € 4.432 | € 44,32 |
| 14 | € 4.388 | € 43,88 |
| 15 | € 4.344 | € 43,44 |
| 16 | € 4.300 | € 43,00 |
| 17 | € 4.257 | € 42,57 |
| 18 | € 4.215 | € 42,15 |
| 19 | € 4.173 | € 41,73 |
| 20 | € 4.131 | € 41,31 |
| 21 | € 4.090 | € 40,90 |
| 22 | € 4.049 | € 40,49 |
| 23 | € 4.008 | € 40,08 |
| 24 | € 3.968 | € 39,68 |
| 25 | € 3.928 | € 39,28 |
| 26 | € 3.889 | € 38,89 |
| 27 | € 3.850 | € 38,50 |
| 28 | € 3.812 | € 38,12 |
| 29 | € 3.774 | € 37,74 |
| 30 | € 3.736 | € 37,36 |
| 31 | € 3.699 | € 36,99 |

| | | |
|---|---|---|
| 32 | € 3.662 | € 36,62 |
| 33 | € 3.625 | € 36,25 |
| 34 | € 3.589 | € 35,89 |
| 35 | € 3.553 | € 35,53 |
| 36 | € 3.517 | € 35,17 |
| 37 | € 3.482 | € 34,82 |
| 38 | € 3.447 | € 34,47 |
| 39 | € 3.413 | € 34,13 |
| 40 | € 3.379 | € 33,79 |
| 41 | € 3.345 | € 33,45 |
| 42 | € 3.311 | € 33,11 |
| 43 | € 3.278 | € 32,78 |
| 44 | € 3.246 | € 32,46 |
| 45 | € 3.213 | € 32,13 |
| 46 | € 3.181 | € 31,81 |
| 47 | € 3.149 | € 31,49 |
| 48 | € 3.118 | € 31,18 |
| 49 | € 3.086 | € 30,86 |
| 50 | € 3.056 | € 30,56 |
| 51 | € 3.025 | € 30,25 |
| 52 | € 2.995 | € 29,95 |
| 53 | € 2.965 | € 29,65 |
| 54 | € 2.935 | € 29,35 |
| 55 | € 2.906 | € 29,06 |
| 56 | € 2.877 | € 28,77 |
| 57 | € 2.848 | € 28,48 |
| 58 | € 2.820 | € 28,20 |
| 59 | € 2.791 | € 27,91 |
| 60 | € 2.763 | € 27,63 |
| 61 | € 2.736 | € 27,36 |
| 62 | € 2.708 | € 27,08 |
| 63 | € 2.681 | € 26,81 |
| 64 | € 2.655 | € 26,55 |
| 65 | € 2.628 | € 26,28 |
| 66 | € 2.602 | € 26,02 |

| 67 | € 2.576 | € 25,76 |
| 68 | € 2.550 | € 25,50 |
| 69 | € 2.524 | € 25,24 |
| 70 | € 2.499 | € 24,99 |
| 71 | € 2.474 | € 24,74 |
| 72 | € 2.449 | € 24,49 |
| 73 | € 2.425 | € 24,25 |
| 74 | € 2.401 | € 24,01 |
| 75 | € 2.377 | € 23,77 |
| 76 | € 2.353 | € 23,53 |
| 77 | € 2.329 | € 23,29 |
| 78 | € 2.306 | € 23,06 |
| 79 | € 2.283 | € 22,83 |
| 80 | € 2.260 | € 22,60 |
| 81 | € 2.238 | € 22,38 |
| 82 | € 2.215 | € 22,15 |
| 83 | € 2.193 | € 21,93 |
| 84 | € 2.171 | € 21,71 |
| 85 | € 2.149 | € 21,49 |
| 86 | € 2.128 | € 21,28 |
| 87 | € 2.107 | € 21,07 |
| 88 | € 2.086 | € 20,86 |
| 89 | € 2.065 | € 20,65 |
| 90 | € 2.044 | € 20,44 |
| 91 | € 2.024 | € 20,24 |
| 92 | € 2.003 | € 20,03 |
| 93 | € 1.983 | € 19,83 |
| 94 | € 1.964 | € 19,64 |
| 95 | € 1.944 | € 19,44 |
| 96 | € 1.924 | € 19,24 |
| 97 | € 1.905 | € 19,05 |
| 98 | € 1.886 | € 18,86 |
| 99 | € 1.867 | € 18,67 |
| 100 | € 1.849 | € 18,49 |

# Über den Autor

Daniel Schütz LL.M./CFTe ist studierter Jurist mit dem Schwerpunkt Kapitalmarktrecht. Er tradet seit vielen Jahren erfolgreich an den Finanzmärkten. Mit einer fundierten Ausbildung zum zertifizierten Technischen Analysten (CFTe by IFTA) hat er sich auf die Muster- und Formationsanalyse spezialisiert. Er ist Buchautor, Wirtschaftsjournalist und Chefredakteur des »PortfolioJournals«. Sein pragmatischer und ergebnisorientierter Ansatz wird sowohl von Trading-Einsteigern als auch von Fortgeschrittenen sehr geschätzt. Als Coach und Ausbilder konzipiert er Bildungsangebote für individuelles Personal- und Klein-gruppen-Coaching.

# Abbildungsverzeichnis

Alle Chart-Abbildungen wurden mit der Charting-Software »AgenaTrader« erstellt. www.agenatrader.com.

Die Bereitstellung des Datenfeeds für die Erstellung der Charts erfolgte durch iQ FEED www.iqfeed.net/agenatrader.

Für die beiden Fotoabbildungen liegt das Urheberrecht beim Autor.

# Literatur

Atzler, Maisch, Münchrath, Wiebe: Schlag gegen die Blitzhändler, in: *Handelsblatt*, 10. Juli 2013.

Covey, Stewphen R.: *The 7 Habits of Highly Effective People*, Free Press, New York 2004.

Douglas, Mark; *Trading in The Zone*, Penguin Group, New York 2000.

Düvel, Carl-Wilhelm: *Forex-Trading in der Praxis*, FinanzBuch Verlag, München 2009.

Elder, Alexander: *Come Into My Trading Room*, FinanzBuch Verlag, München 2005.

Elder, Alexander: *Die Formel für Ihren Börsenerfolg*, FinanzBuch Verlag, München 1999.

Elder, Alexander: *Die Formel für Ihren Börsenerfolg. Workbook*, Finanz-Buch Verlag, München 1999.

Fehring, Daniel: *Faszination Forex*, BörsenBuchverlag, Kulmbach 2011.

Florek, E.; Der Elch-Test, Optionsschein-Magazin 7/98, S. 84–87.

Florek, Erich; *Neue Trading-Dimensionen*, FinanzBuch Verlag, München 2000.

Gawande, Atul: *Checklist-Strategie*, Verlagsgruppe Random House, München 2013.

Jones, Ryan: *The Trading Game*, John Wiley & Sons, Inc, Hoboken 1999.

Lo, Andrew W. & MacKinlay, Craig A.: *A Non-Random Walk Down Wall Street*, Princeton University Press, Princeton 2002.

Logue, Ann C: *Day Trading for Dummies*, Wiley Publishing Inc., Indianapolis 2011.

Malkiel, Burton G.: *Börsenerfolg ist kein Zufall*, FinanzBuch Verlag, München 2000.

Murphy, John J.: *Technische Analyse*, FinanzBuch Verlag, München 2011.

Roller, Karin: *Kursziele bestimmen mit Fibonacci*, FinanzBuch Verlag, München 2012.

Schriek, Raimund: *Besser mit Behavioral Finance*, FinanzBuch Verlag, München 2010.

Saettele, Jamie: Sentiment in The Forex Market, John Wiley & Sons, Inc, Hoboken 2008.

Taleb, Nassim Nicholas: *Narren des Zufalls*, Wiley-VCH Verlag, Weinheim 2008.

Tarp, Van K. & June, Brian: *Beruf: Trader*, FinanzBuch Verlag, München 2007.

Voigt, Michael: *Das große Buch der Markttechnik*, FinanzBuch Verlag, München 2008.

Informationen zum Thema Moratorium Kapitel 2 »Wie Ihr Broker nicht sein sollte«, S. 66 ff. wurden der Seite www.bafin.de entnommen.

# Stichwortverzeichnis

# CFD-Trading – simplified

**Daniel Schütz**

CFDs – Contracts for Difference – sind nicht nur für Sie als Trader, sondern auch für Privatanleger ein vielversprechendes Instrument. Mit CFDs können Sie überproportionale Gewinne erzielen und in verschiedensten Assetklassen wie Rohstoffe, Aktien, Indizes und Währungen handeln. Für Sie als Anleger ist aber auch die transparente Preisbildung, sowie die Möglichkeit interessant, mit kleinen Stückzahlen zu handeln und die Option auch auf fallende Kurse zu setzen.

Daniel Schütz zeigt als erfahrener Trader, wie Anleger die Vorteile von CFDs für sich sinnvoll nutzen können, und erklärt anschaulich die Grundlagen dieser spannenden Derivate.

272 Seiten | Broschiert | 14,99 € (D) | ISBN 978-3-89879-863-1